广西高校中青年教师基础能力提升项目"民族认同与国家认同的和谐关系建构研究"（编号：ky2016YB140）的研究成果
广西高校重点学科桂林电子科技大学思想政治教育学科资助出版
广西马克思主义理论研究和建设工程桂林电子科技大学研究基地资助出版

韦诗业 著

民族认同与国家认同的和谐关系建构研究

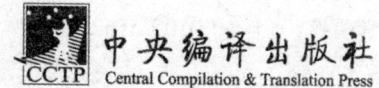

图书在版编目（CIP）数据

民族认同与国家认同的和谐关系建构研究 / 韦诗业
著 . —— 北京：中央编译出版社，2017.7
ISBN 978-7-5117-3281-1

Ⅰ. ①民…
Ⅱ. ①韦…
Ⅲ. ①民族主义—研究②民族国家—研究
Ⅳ. ① D091.5 ② D032

中国版本图书馆 CIP 数据核字 (2017) 第 039640 号

民族认同与国家认同的和谐关系建构研究

出 版 人	葛海彦
出版统筹	贾宇琰
责任编辑	曲建文
执行编辑	程　彤
责任印制	尹　珺
出版发行	中央编译出版社
地　　址	北京西城区车公庄大街乙 5 号鸿儒大厦 B 座（100044）
电　　话	（010）52612345（总编室）　（010）52612370（编辑室） （010）52612316（发行部）　（010）52612346（馆配部）
传　　真	（010）66515838
经　　销	全国新华书店
印　　刷	北京天正元印务有限公司
开　　本	710 毫米 × 1000 毫米　1/16
字　　数	237 千字
印　　张	16
版　　次	2017 年 7 月第 1 版第 1 次印刷
定　　价	48.00 元
网　　址	www.cctphome.com　　邮　箱：cctp@cctphome.com
新浪微博	@ 中央编译出版社　　微　信：中央编译出版社（ID：cctphome）
淘宝店铺	中央编译出版社直销店（http: //shop108367160.taobao.com）（010）55626985

本社常年法律顾问：北京市吴栾赵阎律师事务所律师　闫军　梁勤
凡有印装质量问题，本社负责调换，电话：（010）55626985

目 录

序 ·· 沈壮海 1

第一章 导论 ··· 1
    一、研究价值 ·· 2
    二、国内外研究现状 ······································ 9
    三、研究思路与方法 ····································· 58

第二章 民族认同与国家认同的内涵及关系 ················ 62
    一、民族认同与国家认同的内涵 ·························· 63
    二、民族认同与国家认同的关系 ·························· 79

第三章 民族认同与国家认同关系的建构取向 ·············· 93
    一、民族认同与国家认同关系建构的重要性及实质内容 ····· 93
    二、民族认同与国家认同关系建构的若干取向及其局限性 ·· 100
    三、和谐关系是民族认同与国家认同关系建构的理想取向 ·· 124

第四章 民族认同与国家认同和谐关系建构的目标、原则和支撑 ··· 140
    一、民族认同与国家认同和谐关系建构的目标 ············ 140
    二、民族认同与国家认同和谐关系建构的原则 ············ 144
    三、民族认同与国家认同和谐关系建构的支撑 ············ 157

第五章　当代中国民族认同与国家认同的和谐关系建构思考……… **171**
  一、当代中国民族认同与国家认同和谐关系建构的进展 ……… **171**
  二、当前中国民族认同与国家认同和谐关系建构所面临的问题与
　　挑战 ………………………………………………………… **180**
  三、中国民族认同与国家认同和谐关系建构的深化路向 ……… **194**

参考文献 ……………………………………………………………… **221**
后　记 ………………………………………………………………… **244**

序

如何建构民族认同与国家认同关系，是当今世界诸多国家较为头痛的问题，严峻考验着各国执政党及政府的治国理政智慧。在此方面，中国共产党和中国政府摸索出了一条独特的道路，为世界提供了可资参考的成功范例。中国由56个民族组成，自1949年新中国成立以来，各民族群众手足相亲、守望相助，在祖国大家庭内长期保持并不断增进"汉族离不开少数民族，少数民族也离不开汉族，各少数民族之间互相离不开"的民族团结和社会稳定局面，民族认同与国家认同关系整体和谐。习近平总书记在2014年中央民族工作会议上明确指出："新中国成立65年来，党的民族理论和方针政策是正确的，中国特色解决民族问题的道路是正确的，我国民族关系总体是和谐的，我国民族工作做的是成功的。"[①] 当然，我们并不因此骄傲自满和掉以轻心。由于我国处于社会转型期，各种问题与矛盾集中凸显，国外敌对势力和国内分裂分子从未停止破坏活动，新形势下我国民族认同与国家认同关系建构工作仍然复杂艰巨。中共中央、国务院2014年印发的《关于加强和改进新形势下民族工作的意见》指出，当前我国民族工作具有"五个并存"的阶段性特征："改革开放和社会主义市场经济带来的机遇和挑战并存；民族地区经济加快发展势头和发展低水平并存；国家对民族地区支持力度加大和民族地区基本公共服务能力建设依然薄弱并存；各民族交往交流交融趋势增强和涉及民族团结因素的矛盾纠纷上升并存；反对民族分裂、宗教极端、暴力恐怖斗争成效显著和局部地区暴力恐怖活动活跃多发并存。"[②] 这一阶段性特征表明，当代中国对民族认同与国家认同关系的建构工作只能进一步加强，而不可受到任何干扰或削弱。

加强当代中国民族认同与国家认同关系的建构，既需要党和政府的实践

[①] 《习近平的民族观》，http://www.wenming.cn/specials/zxdj/xjp/mtjd/201508/t20150824_2817116_2.shtml。
[②] 《中共中央、国务院印发〈关于加强和改进新形势下民族工作的意见〉》，《人民日报》2014年12月23日。

摸索，也需要学界的理论探思。政界与学界在分析问题与解决问题方面的视角或许存在差异性，但坚持以社会主义核心价值观为引领，应成为大家的共同遵循。这是因为，民族认同与认同民族，抑或国家认同与认同国家，皆为人们的价值取向问题。民族认同与国家认同关系建构，实质上属于统一多民族国家社会主流价值观建设范畴。在统一多民族国家里，如果公民普遍信奉社会主流价值观念，就可以保证民族认同与国家认同方向一致，使整个国家拥有强大的凝聚力和向心力。反之，民族认同与国家认同之间就会爆发激烈的对立冲突，使整个多民族国家陷入族群被撕裂、凝聚力和向心力被解构、文化国力被大幅削减的危险境地。故而，习近平总书记在2014年5月召开的第二次中央新疆工作座谈会上特别强调："要在各族群众中牢固树立正确的祖国观、民族观，弘扬社会主义核心价值体系和社会主义核心价值观，增强各族群众对伟大祖国的认同、对中华民族的认同、对中华文化的认同、对中国特色社会主义道路的认同。"①

社会主义核心价值观是中国的兴国之魂，也是中国各民族相互团结、相互依存的思想价值纽带，只有坚持以社会主义核心价值观为引领才能克服各族群众民族认同的狭隘性和破坏性，助益中国国家认同的建构与强化，实现民族认同与国家认同求同存异、和谐共生。然而，坚持以社会主义核心价值观引领民族认同与国家认同关系建构的理论根据和实践路径何在？这是当前学界研究的一个薄弱环节。韦诗业博士的《民族认同与国家认同的和谐关系建构研究》一书，坚持以社会主义核心价值观为统领，尤其以"和谐"价值观为遵循，从理论与实践、历史与现实、宏观与微观、国内与国外等立体视角探讨民族认同与国家认同关系的建构问题，在一定程度上填充了学界研究的薄弱环节，具有较强的学术价值和创新意义。该著作有如下三个显著特点：

一是开阔的研究视域与新颖的切题视角。从传统的相对微观的思想政治教育学视角看来，民族认同与国家认同问题似乎属于民族学、政治学或社会学等的研究领域，思想政治教育学的研究者不宜"越界"其中。但以宏观思想政治教育的视角进行审视，这却是思想政治教育研究者必须倾力关注的重

---

① 《习近平：要在各族群众中牢固树立正确的祖国观、民族观》，http://politics.people.com.cn/n/2014/0529/c1024-25083277.html。

大论域。《民族认同与国家认同的和谐关系建构研究》一书以宏观的理论视野去观察、思考、研究民族认同与国家认同关系建构问题,为思想政治教育学的理论建设吸纳更多理论与实践资源做出了积极而有益的推动。同时,民族认同与国家认同属于国内外人文社会科学研究的热点问题和前沿问题,相关成果十分丰硕,然而专门系统研究两者关系及其建构的成果仍不多见。该著作以马克思主义理论为指导,以和谐价值观为遵循,对民族认同与国家认同关系及其建构问题进行深入探讨,在切题视角上较为新颖。

二是扎实的文献功夫与综合性的研究方法。国内外有关民族认同与国家认同的研究文献可谓汗牛充栋,这对于现今研究者既是好事也是难事。参考文献多,便于立足巨人臂膀,站得高看得远,这无疑是好事;但参考文献太多,庞杂凌乱,逐一通读必定耗时费力,这又成了难事。然而难能可贵,韦诗业博士潜心学习,以静坐冷板凳之功,广泛收集与研读文献资料,扎扎实实写出了约四万字的文献综述。这种扎实的文献功夫,体现出作者严谨治学的态度和勤奋踏实的学风。当前,民族认同与国家认同研究已经越来越成为跨学科、综合性的研究论域,政治学、社会学、历史学、民族学、人类文化学、哲学、新闻传播学等无不涉足其中。该著作综合吸取这些学科领域的理论、观点和方法,对民族认同与国家认同的和谐关系建构开展跨学科、综合性的研究,全面探讨其实现的目标、原则和支撑,提出中国民族认同与国家认同和谐关系建构的深化路径,这种系统性、综合性的研究方法值得肯定。

三是独到的思想观点、强烈的中国文化自信。在民族认同与国家认同研究领域,各种真知灼见散布于浩如烟海的文献之中。该著作充分借鉴这些研究成果,同时大胆提出独到的思想观点。如,该著作依据马克思唯物辩证法,从部分与整体、个性与共性、认同与认异(即认同的排他性)等多维视角,剖析与论证了民族认同与国家认同属于矛盾统一体的关系;该著作提出,民族认同与国家认同关系建构的重心在于国家如何对待民族认同,根本指向是要确保国家认同首位的前提下发挥民族认同的积极功能,尽量缓解或消除民族认同的消极作用,增强民族认同与国家认同的共生性,培育二者在功能和方向性上的耦合与同构。又如,该著作从长时段历史理论考量,提出民族认同与国家认同和谐关系建构具有初级、中级和高级等三个层次目标,并认为这三个层次目标适应于不同历史时期的生产力与生产关系,而当代世界所处的历史时期决定了民族认同与国家认同和谐关系建构目标应定位于初级目标，而以中级目标和高级目标为今后所应努力追求的奋斗目标等。该著作的整个研究以马克思主义为指导，遵循中国文化特色的和谐价值，主张以和谐的思维与理念处理民族认同与国家认同关系。该著作认为，当代中国民族认同与国家认同关系建构属于和谐建构取向，取得了举世瞩目的成就，为世界提供了可供参考的成功案例，这充分展示出作者强烈的文化自信。

在 2016 年哲学社会科学工作座谈会上，习近平总书记曾指出，目前我国哲学社会科学"在学术命题、学术思想、学术观点、学术标准、学术话语上的能力和水平同我国综合国力和国际地位还不太相称"[①]，因而今后我国哲学社会科学研究工作"要围绕我国和世界发展面临的重大问题，着力提出能够体现中国立场、中国智慧、中国价值的理念、主张、方案"[②]。这一讲话既饱含鞭策和激励，也指出努力的任务与方向。学界同仁理应为此加倍奋发图强，加倍鼓劲前行。令人欣慰的是，诸多同仁包括青年学子正在为之默默辛勤劳作、挥洒青春汗水。韦诗业博士的《民族认同与国家认同的和谐关系建构研究》一书就是见证。通观这本著作，语言流畅、思路清晰、内容翔实、结构合理、方法得当。作者对各派理论主张理解准确，对各种问题的分析鞭辟深入，且在广泛吸取已有成果基础上，提出许多独到见解。当然，由于全书篇幅所限，作者的一些重要观点、结论未能更深入地研究和阐发；由于论题的宏阔性，作者难以面面俱到，故而对一些问题就有所疏漏；由于人生阅历限制，作者提出的某些论点有些不够成熟，等等。不过瑕不掩瑜，这仍然是一本值得推荐的好书。书中存在的问题和不足，可以留待后续研究逐步解决。韦诗业于 2009 年至 2012 年在武汉大学攻读博士研究生，我担任他的指导老师，毕业论文在答辩中获得评委们的高度肯定，获评"优秀"。不论在校期间的学习，还是毕业后的继续努力，诗业的挚灼与勤奋都给我留下了深刻印象。希望他再接再厉，于无涯学海之中建树更丰、舟行愈远！

沈壮海

2016 年 12 月于武汉大学

[①] 习近平：《在哲学社会科学工作座谈会上的讲话》，《人民日报》2016 年 5 月 19 日。
[②] 习近平：《在哲学社会科学工作座谈会上的讲话》，《人民日报》2016 年 5 月 19 日。

第一章　导论

　　由于民族认同与国家认同的不一致性而引发各种矛盾冲突，是几乎所有多民族国家都存在的问题。这两种认同如影随形数千年，对人类历史产生了无可估量的影响。在很多国家，两者的博弈甚或决定国家的命运，或兴或衰，或合或分。① 在现代化与全球化迅速推进的当今时代，这一问题并未像一些人预想的那样获得根本性缓解，反而呈现出更加复杂难控的态势。正如美国学者约瑟夫·奈所言："对立种族之间关于认同、领土要求和政治制度的冲突并非现代独有的现象。但形成对照的是，迅捷而深远的社会、技术和经济变革带来了跨国认同、国家认同和次国家认同的错综交织。这些认同交织在一起，颇具张力。鉴于传播的瞬时性，它们能够促使潜在的紧张关系转化为突然的冲突。大国的迅速兴衰、苏联帝国的瓦解与共产主义的衰微、技术革命与通信革命没有导致某些人坚信的历史的终结，而是某种形式的历史回归，即个人、群体和民族之间的认同冲突。"② 在当今世界，因为民族认同与国家认同所导致的冲突或战争依然持续不断。这些冲突或战争时刻警示我们：研究和认识民族认同、国家认同及二者关系，并采取有效措施加以应对，关乎统一多民族国家的兴衰成败。也正因为如此，近数十年来，关于民族认同与国家认同的研究如火如荼、经久不衰，成为国内外学术界的"显学"。

---

① 都永浩：《民族认同与公民、国家认同》，载《黑龙江民族丛刊》2009年第6期。
② 〔美〕约瑟夫·S.奈：《硬权力与软权力》，门洪华译，北京大学出版社2005年版，第86页。

中国是一个由56个民族组成的统一多民族国家。自新中国成立以来，由于党和国家实施正确的民族政策，中国长期较好地保持了民族团结与社会稳定，民族认同与国家认同呈现出前所未有的和谐一致关系。但随着时代的发展变化，也出现了许多新情况、新问题和新挑战，影响民族认同与国家认同的和谐关系。如，2008年拉萨"3·14事件"和2009年乌鲁木齐"7·5事件"，就在某种程度上反映了中国民族认同与国家认同关系的欠和谐问题。这两次事件中的少数犯罪分子当然不能代表任何民族、任何宗教，简单地把他们与某一民族、某一宗教划等号的做法无疑是错误的，但在这两个较大规模群体暴力事件背后却又客观存在着民族认同与国家认同之间的张力问题，这是我们必须予以深思和研究的。事件发生后，"一石激起千层浪"，社会上认为"非我族类其心必异"，因而对藏族、维吾尔族等少数民族产生偏见和排斥者有之；认为中国的民族政策客观上固化或强化了民族认同，因而主张对包括民族区域自治政策在内的民族政策进行大调整者有之；认为中国的民族政策落实得还不够，为增强少数民族的国家认同，还应该扩大民族优惠政策、狠抓民族政策的贯彻落实者亦有之，等等。这些思想观点孰是孰非？我们应该建构怎么样的民族认同与国家认同关系？建构民族认同与国家认同关系的科学民族政策是什么？针对民族认同与国家认同的矛盾冲突，我们新时期的思想政治教育又应该如何开展？诸如此类问题，将会是长期考验我们智慧的重大理论与现实课题。显然，解决问题的前提在于，我们必须从宏观思想政治教育的视角，对民族认同与国家认同关系进行深入系统研究，并形成"能够说服人"的"彻底理论"。①

一、研究价值

民族认同与国家认同关系问题，属于多学科领域共同关注的研究论题。

---

① 马克思指出："理论只要彻底，就能说服人。"参见《马克思恩格斯选集》第1卷，人民出版社1995年版，第9页。

思想政治教育学科是否需要参与其中进行深入研究呢？答案是肯定的。因为此一论题的研究，十分有助于拓宽思想政治教育研究领域、有助于促进中国民族政治理论发展、有助于增强各民族爱国主义教育有效性、有助于提升中华民族凝聚力、有助于推进社会主义和谐社会建设等，这些都是现代思想政治教育所无法回避的重大理论与现实课题。

（一）有助于拓宽思想政治教育研究领域

思想政治教育学科建设近30年，在多个领域和多个方向的研究上，都取得了丰硕的成果。但是，仍然面临视野不够开阔、领域不够开放的问题，很大程度上导致思想政治教育学科的"定域关注""精细发展""学院走向"和"解题低效"等弊端。[①]比如，据武汉大学沈壮海教授的统计分析，学界关于领域思想政治教育的研究成果，有68%集中在高校思想政治教育研究方面，而对于高校之外的其他社会领域，则涉足相对不多。[②]针对这些问题和不足，沈壮海教授开拓性地提出了"宏观思想政治教育学"的命题，这一提法已经在学界引起关注。[③]可以说，面对当代中国社会日益深刻广泛的变革，面对社会阶层、社会利益日趋多质多样发展，更大程度地向广阔的社会领域开放，开展宏观层次的思想政治教育研究，是思想政治教育学科建设与学术发展的必然进路。

建设宏观思想政治教育学的意义，"绝不止于构建形成相对完整的基本理论体系，更表现为它提醒我们以宏观的理论视野，去观察、思考、研究有着丰宏性存在的思想政治教育，以便看到更为丰富的景致，为思想政治教育学的理论建设，吸纳更多的理论与实践资源"[④]。基于此，民族认同与国家认同问题理应进入思想政治教育研究领域。历史与实践都表明，民族问题无小

[①] 沈壮海：《思想政治教育有效性研究》，武汉大学出版社2008年版，第192—196页。
[②] 沈壮海：《思想政治教育发展报告2009》，高等教育出版社2009年版，第14页。
[③] 沈壮海：《宏观思想政治教育学初论》，载《思想理论教育导刊》2011年第12期。
[④] 沈壮海：《宏观思想政治教育学初论》，载《思想理论教育导刊》2011年第12期。

事①，其中的民族认同与国家认同更是关系统一多民族国家稳定与发展的重大问题。近30年来，关于民族认同与国家认同的研究领域已成为民族学、人类学、政治学、社会学、历史性、心理学、新闻传播学等多个学科的共同研究热点，相关研究新成果陆续产生。这种多科性研究符合学术发展的趋势和需要，如有学者指出的，民族研究需要的就是与当代社会科学的变革和进步保持一致，从当代社会科学的变革和进步的趋势中吸取力量，将多种学科知识融会贯通。"事实上，当代世界研究民族问题的大家及论者，都很难归于哪一个学科。"②但是，颇有些令人遗憾的是，作为马克思主义理论一级学科下的二级学科——思想政治教育学，对涉及国家安全稳定的民族问题，尤其是属于思想意识领域的民族认同与国家认同问题却涉足不多、研究不深和回应不够，这与思想政治教育学科所承担的国家主流意识形态建设功能和使命是不相匹配的。因此，开展民族认同与国家认同的研究，成为拓宽思想政治教育研究领域的迫切需要。

（二）有助于促进中国民族政治理论发展

新中国成立60多年来，在中国共产党的领导下，中国将马克思主义民族政治理论与中国国情相结合，成功开辟了解决民族政治问题的道路，积累了处理民族政治问题的丰富经验。同时，中国的民族学、政治学、社会学等学科的理论工作者也对民族政治理论问题进行了大量的研究，取得了较丰硕的理论成果。改革开放以来，中国还大量翻译和引介了国外民族政治理论，促进了中国民族政治理论研究的新发展。但是，一方面，马克思主义民族政治理论必须随时代的发展变化而创新发展。因为"一切划时代的体系的真正的内容都是由于产生这些体系的那个时期的需要而形成起来的"③。"每一个时代

---

① 江泽民指出："民族、宗教无小事，各级党委和政府一定要采取特别慎重、十分严谨、周密考虑的态度，绝不能掉以轻心、麻痹大意。"参见《江泽民文选》第3卷，人民出版社2006年版，第392页。
② 王建娥：《族际政治：20世纪的理论与实践》，社会科学文献出版社2011年版，第18页。
③ 《马克思恩格斯全集》第3卷，人民出版社1960年版，第544页。

的理论思维,从而我们时代的理论思维,都是一种历史的产物,它在不同的时代具有完全不同的形式,同时具有完全不同的内容。"①这就要求,中国业已形成的马克思主义民族政治理论必须不断与时俱进。另一方面,对于国外传入的民族政治理论,我们需要在批判鉴别的基础上不断消化吸收,但更为重要的是,还需要实现理论上的"自主创新",即努力构建出自己的学术话语体系。正如民族学研究专家郝时远指出的:"在应对西方学术话语霸权方面,应该发掘和梳理我们自身的传统,构建自己的学术话语体系。"②

民族认同与国家认同是近些年来国内外对于民族政治研究的前沿性理论问题。但是,我们必须实事求是地承认,目前西方学界对于民族认同与国家认同问题的研究,要比我们更为深入系统。故此,以马克思主义理论为指导,立足于当代中国的实际,借鉴国外的民族理论,对新时期中国的民族认同为国家认同问题进行多学科、宽视角的系统性理论探讨,从而促进中国民族政治理论的新发展,是一项十分紧要的论题,而这正是本研究的一个重要学理诉求。

(三)有助于增强爱国主义教育有效性

爱国主义是各民族共同的精神支柱,是中华民族自强不息之凝聚力、生命力所系。在中国社会主义现代化建设进程中,加强对国内各民族的爱国主义教育,培养各民族的爱国主义精神,强化各民族的国家认同,是建设社会主义精神文明的重要任务。新中国成立以来,特别是改革开放以来,中国的面貌发生了翻天覆地的变化,中国共产党领导各族人民取得了社会主义现代化建设的伟大成就,中国各族人民的爱国主义精神和国家认同意识不断提升。不过,我们也必须清醒地看到,在改革开放和社会主义市场经济体制深化改革发展的今天,中国各民族的爱国主义教育也面临许多严峻挑战。如,"疆独""藏独""台独""港独"等分裂分子在西方敌对势力的暗中鼓动和支持下,刻意制造事端挑起民族间矛盾与冲突,企图达到分裂中华民族、分裂

---

① 《马克思恩格斯选集》第4卷,人民出版社1995年版,第284页。
② 牛锐:《民族国家建构中的民族问题》(下),载《中国民族报》2007年1月19日。

中国的最终目的。为有效应对挑战，必须大力加强对各民族人民的民族团结教育和爱国主义教育。但是，在人们思想观念日益多质多元的新时期里，我们应如何在全国各族人民中大力弘扬爱国主义精神，如何有效开展爱国主义教育，这是全国上下共同关注的现实问题，也是常论常新的研究课题。

民族认同与国家认同关系问题研究，是新历史时期爱国主义教育理论的重要领域。如何实现民族认同与国家认同关系的和谐一致，是统一多民族国家爱国主义教育的核心问题。我们要充分重视民族认同和国家认同的关系研究，以切准规律、对症下药，大力增强各民族爱国主义教育的实效性。本研究以"民族认同与国家认同的和谐关系建构"为主线，对中国民族认同与国家认同和谐关系建构所面临的问题与挑战进行全面剖析，指出中国今后民族认同与国家认同和谐关系建构的深化路向，力图为增强中国各民族的爱国主义教育实效性开启新思路。

（四）有助于提升中华民族凝聚力

中华民族凝聚力的提升是诸多因素共同作用的结果，其中的精神因素特别是中华民族文化对于中华民族凝聚力提升起着主导作用。中国是世界上的文明古国，其文明从未中断，靠的就是源远流长的中华民族文化。在文化愈来愈成为综合国力重要支撑的当下，中华民族文化是培养一代代人对伟大祖国、中华民族、中国共产党、中国特色社会主义道路的认同感，进而提升中华民族凝聚力的精神动力资源。正因为如此，胡锦涛同志特别强调："面对当今世界各种思想文化相互激荡的大潮，面对国家发展和人民生活改善对文化发展的要求，面对社会文化生活多样活跃的态势，如何找准我国文化发展的方位，创造民族文化的新辉煌，增强我国文化的国际竞争力，提升国家软实力，是摆在我们面前的一个重大现实课题。"[①] 在党的十七大上，胡锦涛更是深刻地指出："当今时代，文化越来越成为民族凝聚力和创造力的重要源泉、越来越成为综合国力竞争的重要因素，丰富精神文化生活越来越成为我

[①] 胡锦涛：《在中国文联第八次全国代表大会 中国作协第七次全国代表大会上的讲话》，人民出版社2006年版，第4页。

国人民的热切愿望。"①可以说，在提升中华民族凝聚力方面，中华民族文化的地位和作用越来越突出。

认同是文化软实力的思想意识呈现，指称一种被赋予具有军事、暴力等"硬权力"（hard power）所无法企及的独特和具有非凡能量的"软权力"（soft power）。②历史与现实表明，只有培育各民族对中华民族文化的强烈认同，才能具有强大的国家文化软实力，才能弘扬中华民族的强大精神，建构起中华民族共同精神家园，进而形成强大的中华民族凝聚力。然而，如何才能不断增加各民族对中华民族文化的认同呢？在当今时代，无论是通过强制性的民族同化，还是通过顺其自然的多元文化建构，都不是科学合理的方式，都不足以形成各民族对中华民族文化的强大认同。理想的方式是和谐建构方式。本研究所要探讨的民族认同与国家认同和谐关系的建构，根本目的就是要通过和谐方式，尽量发扬国内各民族的民族认同积极功能，克服其狭隘性和消极作用，增进各民族之间的共同性，建构各民族对中华民族文化的强大认同，进而提升国家动员各民族共同为中国特色社会主义理想而奋斗的能力，为提升中华民族凝聚力提供强大支持。

（五）有助于推进社会主义和谐社会建设

构建社会主义和谐社会，是全面建设小康社会与社会主义现代化建设的重大战略选择，是中国共产党和中华民族梦寐以求的伟大目标。中国是一个统一的多民族国家，有56个民族13亿人口，其中55个少数民族人口为10643万人，占总人口的8.41%，主要分布于占全国国土总面积的64%的民族自治地方，并且少数民族聚居区大部分处于西部和边疆地区。这一基本国情决定了民族问题具有极端重要性，对民族认同和国家认同关系的正确处理也始终是关系中国社会和谐发展的一项主要任务。20世纪90年代以来，苏

---

① 胡锦涛：《高举中国特色社会主义伟大旗帜为夺取全面建设小康社会新胜利而奋斗——在中国共产党第十七次全国代表大会上的报告》，人民出版社2007年版，第33页。
② 李友梅、肖瑛、黄晓春：《社会认同：一种结构视野的分析：以美、德、日三国为例》，上海人民出版社2007年版，第1页。

联和东欧的政治剧变、世界此起彼伏的民族冲突、恐怖主义问题以及东南亚各国的反政府武装等无不警示我们，民族认同、国家认同的状况会对多民族地区和国家稳定产生深远的影响。二者关系处理不当将严重破坏多民族国家的和谐稳定与长治久安。

在多民族国家，各民族成员对本民族的认同是民族及其文化存续的前提，而各民族对国家的认同是保证民族团结和构建和谐社会的基本前提和动力所在。各族人民只有在本民族认同的基础上形成强大的中华民族认同与祖国认同，民族团结的局面才能真正实现，社会主义和谐社会建设也才能获得成功。长期以来，中国各民族相互学习、相互帮助、相互依存，感情不断深化，相互团结不断加强，国家认同不断强化，形成了"汉族离不开少数民族，少数民族离不开汉族，各少数民族之间也相互离不开"[①]的大好局面，为中国社会主义和谐社会建设奠定了牢固基础。但我们也要看到，不利于中国各民族团结和国家认同的因素仍客观存在。正如胡锦涛指出："民族和民族问题的存在是一个长期的历史现象，在我国社会主义制度下也是这样。我国各民族的民族特点和相互之间的民族差异将长期存在，各民族由于历史等方面原因在经济文化发展上形成的差距也难以在短期内得到解决。特别值得注意的是，冷战结束以来，民族因素、宗教因素在国际环境中的影响明显上升，一些地区民族主义思潮和活动日趋活跃，民族分裂势力、宗教极端势力、暴力恐怖势力相互勾结、相互利用，使民族因素、民族问题、民族矛盾呈现出更为复杂的局面。"[②]如果这些民族问题处理不当、解决不好，国家安定团结将难以保证，构建社会主义和谐社会目标也就无法实现。民族认同和国家认同的理论研究为上述问题的解决提供了全新视角，为科学理解民族内部成员的思想动态、预测民族团结关系走向，以及采取及时调控措施提供理论依据，从而有利于促进民族团结、国家统一和社会主义和谐社会建设。概言之，这一问题的研究将助益于中国各民族的团结统一，为开创社会主义和

---

① 《十四大以来重要文献选编》上，人民出版社 1996 年版，第 297 页。
② 《民族工作文献选编：2003~2009》，中央文献出版社 2010 年版，第 155—156 页。

谐社会建设新局面提供理论支持。

二、国内外研究现状

近数十年来,在各种学术著作和文章中,"认同"(identity)是一个频繁出现的研究术语。认同分为多个层次和种类,具有"语境(环境)"的特征。如,我们有多重的集体归属认同——家庭、性别、职业、党派、地区、阶级、民族(族群)、宗教和国家等。在诸多认同中,最为重要的是民族认同(族群认同)和国家认同。国内外学界关于这两种认同的研究,成果较为丰硕。梳理国内外学界的相关研究概况,提炼其中的主要论点,把脉研究的整体状貌,对我们开展进一步的深入研究,具有重要的意义。

(一)总体概况

1. 国内研究概况

在20世纪80年代之前的中文语境中,"民族认同"与"国家认同"还极少使用。笔者通过中国知网(CNKI)进行期刊论文搜索,结果显示,关键词含"民族认同"的文章最早为1986年,含"族群认同"的文章最早为1983年,含"国家认同"的文章最早为1983年。从已有研究成果时间段来看,近10年关于"民族认同""族群认同""国家认同"的研究处于最高峰期。其中,2006—2011年的成果又占据绝大部分比重。从篇名进行分析,已有的研究成果呈现多学科特点,研究范围涉及哲学、政治学、民族学、社会学、历史学、教育学、心理学、文学等学科领域。不过,大多数研究成果要么集中于民族认同,要么集中于国家认同,对二者关系进行研究者仅占少数。如,中国知网(CNKI)搜索显示,篇名同时含"民族认同"和"国家认同"的论文,1981—2005年只有4篇,2006—2011年有47篇;篇名同时含"族群认同"和"国家认同"的论文,1981—2005年只有2篇,2006—2011年仅见8篇。

在国家科研课题立项方面,据笔者统计,1993—2011年间国家社科基金项目立项中,标题含"认同"一词的课题共有136项。其中,标题含

"民族认同""族群（别）认同""国家认同"的立项课题有77项。就立项时间来看，绝大部分是2006年以后的课题。从研究项目名称分析，研究民族认同或者国家认同的居多，而研究民族认同与国家认同关系的却只有8项，分别是：揣振宇的《少数民族基督教信仰与民族认同和国家认同研究》（一般项目），都永浩的《加强公民的民族认同感和国家认同感教育研究》（一般项目），白志红的《国家认同与民族认同的典型个案研究》（一般项目）；朴光星的《经济全球化背景下东北朝鲜族的民族认同和国家认同研究》（青年项目），何艳杰的《民族认同与国家认同的历史考察研究》（青年项目），袁娥的《中国跨境民族的民族认同与国家认同实证研究》（青年项目）；王嘉毅的《新疆南疆地区少数民族青少年民族认同与国家认同研究》（西部项目），罗彩娟的《壮族的族群认同与国家认同研究》（西部项目）等。

在相关著作成果方面，笔者通过中国国家图书馆、武汉大学图书馆网站进行书目检索，结果显示，书名中含有"族群认同""民族认同""国家认同"的书籍共有54本（包括7本译著）。从著作数量上看，台湾对民族认同与国家认同问题的研究，与中国大陆的研究成果相当（除去译著，大陆为24本，台湾为19本）。从出版时间上看，中国大陆的著作基本上是在2003年之后出版的新著，而台湾、香港在20世纪90年代就有不少相关著作出现。由此而言，台湾、香港学界对于民族认同和国家认同的研究要稍早于中国大陆。台湾、香港学界多是从族群理论入手分析民族认同和国家认同的。其中，代表性著作主要有：江宜桦的《自由主义、民族主义与国家认同》，王明珂的《华夏边缘：历史记忆与族群认同》，卢建荣的《分裂的国族认同：1975~1997》，施正锋的《民族认同与台湾独立》，石之瑜的《后现代的国家认同》，张茂桂的《族群关系与国家认同》，刘文斌的《台湾国家认同变迁下的两岸关系》，李鸿禧的《国家认同学术研讨会论文集》，葛永光的《文化多元主义与国家整合：兼论中国认同的形成与挑战》，李筱峰的《台湾，我的选择：国家认同的转折》，台湾历史学会编辑委员会主编的《国家认同论文集》，王家英的《公民意识与民族认同：后过渡期香港人的经验》

和《香港人的公民意识与民族认同：回归一年的发展》等。

2. 国外研究概况

民族认同和国家认同的研究源起于欧美国家。20世纪60、70年代，由于民族矛盾与宗教冲突的频繁发生，民族认同问题迅速成为西方民族学家、政治学家、人类学家、社会学家等关注的热点。20世纪70年代，国家认同概念出现于西方行为主义盛行的政治学领域，但是，此后一段时期未受到应有重视。随着苏东剧变以及第三波民族主义浪潮席卷全球，加之全球化进程亦冲击着民族国家主权，国家认同的重要性日益突显，对此问题的研究迅速成为学界热点。

国外关于民族认同和国家认同的研究成果颇多，代表性著作有：安东尼·D.史密斯的《全球化时代的民族与民族主义》《民族主义：理论，意识形态，历史》，菲利克斯·格罗斯的《公民与国家：民族、部族和族属身份》，安德森的《想像的共同体：民族主义的起源与散布》，亨廷顿的《失衡的承诺》《谁是美国人？美国国民特性面临的挑战》（台湾译名为《谁是美国人？族群融合的问题与国家认同的危机》），曼纽尔·卡斯特的《认同的力量》和《千年终结》，哈罗德·伊罗生的《群氓之族：群体认同与政治变迁》，安东尼·吉登斯的《现代性与自我认同》，爱德华·莫迪默、罗伯特·法恩主编的《人民·民族·国家：族性与民族主义的含义》，马丁·N.麦格的《族群社会学：美国及全球视角下的种族和族群关系》，查尔斯·泰勒的《自我的根源——现代认同的形成》，安吉洛·M.科迪维拉的《国家的性格》，威尔·金里卡的《多元文化公民权：一种有关少数族群权利的自由主义理论》《少数的权利：民族主义、多元文化主义和公民》等。

（二）主要论点

国内外学界关于民族认同与国家认同的成果堪称汗牛充栋。笔者分别从民族认同的研究、国家认同的研究、民族认同与国家认同的关系研究、当代中国应对民族认同与国家认同矛盾冲突的策略等方面，对这些研究成果进行力所能及的梳理归纳。

1. 关于民族认同的研究

国内外学界对民族认同进行了广视角、多维度的深入研究和探讨。这些研究主要集中在民族认同的发生、民族认同的特征、民族认同的构成、民族认同的发展、民族认同的功能、民族认同的影响因素、中国国内少数民族认同以及民族认同比较等方面。

（1）民族认同的发生

学界对于民族认同的发生进行了多方研究和探讨，并给出了不同的理论解释，其中影响较大的是原生论（又称根基论等）、工具论（又称建构论、场景论等）和边界论。

原生论者认为，人类天生从属于特定的民族共同体，民族认同扎根于人类社会和历史之中，是人类群体生活的永恒特征。民族认同主要是来自于原生性的情感联系。对于个人而言，民族认同这种原生性的情感来自由亲属传承的"既定天赋"，即以某种血缘关系、种族、语言、地域与风俗等条件为基础的原乡感情或依附感所形成的民族认同，构成了社会得以存在的"先天条件"。[①] 工具论者则强调，认同是"情境性"而非普遍性或原生性的，自身所处的环境是人们选择、构筑自己集体认同的根据，而民族特征只是可供选择的资源之一。[②] 民族认同是人类资源竞争的工具，是人们在特定的资源竞争关系中为了维护共同资源而产生的[③]，民族的自我认知以及民族间的互动关系会随着权力关系的改变而发生改变，以至在打造各自的基本民族认同上，出现一种扭曲变形的新安排。[④] 与原生论、工具论者不同，边界论者采取了

[①] 郑杭生：《中国社会发展研究报告2009》，中国人民大学出版社2009年版，第193页。

[②] 〔英〕安东尼·史密斯：《全球化时代的民族与民族主义》，龚维斌等译，中央编译出版社2002年版，第34—35页。

[③] 王明珂：《华夏边缘：历史记忆与族群认同》，社会科学文献出版社2006年版，第4页。

[④] 〔美〕哈罗德·伊罗生：《群氓之族：群体认同与政治变迁》，邓伯宸译，广西师范大学出版社2008年版，第64页。

族际"边界"的视角来解释民族认同的发生，提出"他者"才是民族认同发生的根源。边界论者提出，认同由自我界定，但又是自我与他人交往的产物，任何层面上的认同(个人的、部族的、种族的和文明的)只能在与"其他"——与其他的人、部族、种族或文明——的关系中来界定。①民族间交往是民族认同发生的前提，民族成员必须和"非我族类"的外人接触，才会产生民族认同。②民族认同发生的强弱程度由民族交往决定。③民族认同发生的基本动力往往源于外在的敌意和排斥感，或者说认同意识是通过对"他者"的排除和隔离而体现出来的。④

这三种理论提供了民族认同发生的基本解读范式，但都存在一些片面性和局限性。如安东尼·史密斯指出，原生论者没有看到环境对族裔选择的影响，实际上，"个人有比原生论者所允许的更大自由去选择他们更愿意归属的族裔共同体，铸就他们自己及家庭的命运"。工具论也"很难解释在相互联系日益密切的世界上，族裔民族认同与族裔民族主义的能动的、爆发性的、有时是非理性的本质"。⑤王明珂指出，原生论者只是指出了民族认同的根本性，但并没有解释这种原生性感情联系是如何产生、维系和传承的。工具论强调资源竞争与民族边界和认同的变迁，但无法解答民族认同与其他社会认同之间的差别问题。⑥罗什指出，"边界固然可以产生认同，但不一定产生出族群认同，所以，族群认同的产生既需要有互动的边界，也需要有亲属

---

① 〔美〕塞缪尔·亨廷顿：《谁是美国人？美国国家特性面临的挑战》，程克雄译，新华出版社2010年版，第18页；〔美〕塞缪尔·亨廷顿：《文明的冲突与世界秩序的重建》，周琪等译，新华出版社2010年版，第108—109页。
② 费孝通：《中华民族多元一体格局》，中央民族大学出版社1999年版，第10页。
③ 王希恩：《民族认同发生论》，载《内蒙古社会科学》1995年第5期。
④ 吴玉敏：《公民道德建设中的民族认同与国家认同相统一探析》，载《青海师范大学学报》2010年第3期。
⑤ 〔英〕安东尼·史密斯：《全球化时代的民族与民族主义》，龚维斌等译，中央编译出版社2002年版，第38、44页。
⑥ 王明珂：《华夏边缘：历史记忆与族群认同》，社会科学文献出版社2006年版，第21—22页。

制的隐喻"。①

随着研究的逐渐深入,一些学者采取了综合运用上述两种或三种理论的方法,力求全面阐释民族认同的发生。如斯蒂文·郝瑞提出,在决定人们的民族认同时,原生性族群情感和工具性选择都起着作用,并相互影响。②安东尼·史密斯强调,现代民族认同的建构是以民族文化为内核,通过官僚融合和本土动员来实现的。这两种建构过程既具有工具性,也包括一系列原生性。③王明珂认为,民族认同是在这两种力量之间形成与变迁:民族认同有家庭、家族等亲属体系延伸而来的原生性基础,现实性或工具性的"集体记忆"与"结构性失忆"是其维持、延续与发展的必须手段。④王建民提出,民族认同是基于内在因素(如价值观念、道德规范和民族性格等的差异),通过某些外显特征(如风俗习惯、语言文字、体质特征、宗教信仰、政治主张、经济生活等的区别)进行的⑤,等等。

(2)民族认同的特征

综合学界观点,民族认同主要有如下特征:一是民族性。人们的认同发生在一个已经存在着的客观世界之中,而非在真空中发生。⑥这就是说,民族认同是民族成员自己民族特性的一种主观心理认知活动,这种认知是基于本民族客观的语言、宗教、习俗、历史渊源等民族性而生发。民族认同由此带有民族性特征。二是稳定性。当集体认同主要建立在民族文化成分基础上

---

① 那日碧力戈:《现代背景下的族群建构》,云南教育出版社1999年版,第66页。
② 〔美〕斯蒂文·郝瑞:《田野中的族群关系与民族认同》,巴莫阿依、曲木铁西译,广西人民出版社2000年版,第53页。
③ 〔英〕安东尼·史密斯:《全球化时代的民族与民族主义》,龚维斌等译,中央编译出版社2002年版,第74—77、104—107页。
④ 王明珂:《华夏边缘:历史记忆与族群认同》,社会科学文献出版社2006年版,第33页。
⑤ 王建民:《民族认同浅议》,载《中央民族学院学报》1991年第2期。
⑥ Friedman J, *Culture Identity and Global Process*, London, Sage publication, 1994:117.

时，认同感就更为强烈和持久。[①] 民族认同随民族的产生而产生，并作为维系民族的纽带贯穿民族始终。它具有较强的稳定性，一般不随时空而改变。[②] 三是排异性。从某种意义上说，民族是一种排他的文化共同体，因此民族认同过程也是排异的过程[③]，是一种反映本民族内部成员的相互联系性以及对外民族的态度和看法的心理活动[④]。认同的差异性与民族身份之间存在着必然关系[⑤]，民族认同问题有必要在差异和趋同之间保持一定张力。[⑥] 四是地域性。民族认同往往将共同地域作为依托，体现出对故土或领土的眷恋。[⑦] 五是多维性。随着研究的深入，学者们已将民族认同放到多维空间进行探究，由此揭示民族认同构成多维特性。[⑧] 关于民族认同构成要素的多维特性，将在接下来的"民族认同的构成"中展开论述。

（3）民族认同的构成

学界对民族认同的构成要素和层次进行了多角度探讨。关于民族认同的要素，吉恩·菲尼认为，民族认同是一个包括个体对群体的归属感、积极评价以及对群体的文化感兴趣和实际行为卷入情况等的动态、多维、涉及自我概念的复杂系统结构。[⑨] 科旺和索多斯基认为，民族认同包括认知、道德、

---

① 〔英〕安东尼·史密斯：《民族主义：理论，意识形态，历史》，叶江译，上海人民出版社2006年版，第19页。
② 滕星、张俊豪：《试论民族学校的民族认同与国家认同》，载《中南民族学院学报》1997年第4期。
③ 赵必珊：《试论民族的认同形态》，载《前沿》2006年第3期。
④ 唐书明：《认同理论中演变出来的民族认同》，载《思想战线》2008年第2期。
⑤ 何叔涛：《民族过程中的同化与认同》，载《云南民族大学学报》2005年第1期。
⑥ 陈刚：《多元文化与民族认同》，载《华中科技大学学报》2007年第3期。
⑦ 马惠兰、陈茂荣：《论民族认同与国家认同一体化路径选择》，载《中南民族大学学报》2011年第4期。
⑧ 王莉：《民族认同研究综述》，载《湖南民族职业学院学报》2009年第4期。
⑨ Phinney,J.S., "Ethnic Identity in Adolescents and Adults:Review of Research", *Psychology Bulletin*, 1990,108(3):499—514.

情感和行为等要素。[①] 卡拉等认为，民族认同包含群体的认识、行为、态度和归属感等要素。[②] 在对儿童的研究基础上，班内特等人提出，民族认同包含民族自我认同、民族守恒、民族知识和民族偏好等要素。[③] 特里姆鲍指出，民族起源、民族文化、民族身份和民族群体成员资格是民族认同的一般要素。[④] 在对加拿大学者的相关研究进行梳理的基础上，科斯提甘提出民族认同由自我标签、民族肯定和民族归属、民族认同的实现和集体自尊组成。[⑤] 菲尼和欧恩通过文献分析，重新归纳并提出了民族认同的成分：自我分类与标签、投入与依恋、探求、民族行为、群体态度、价值与信念以及民族重要性与凸显性。[⑥] 国内学者在分析民族认同要素时一般是从广义角度着手的。王亚鹏指出，国外学界所提民族认同只是一种狭义的民族认同。广义的民族认同既不仅包含个体对本民族的信念、态度和行为卷入，还包括个体对其他民族的态度、信念和行为卷入。王亚鹏等还进一步提出，民族认同可划分为一般成分（包括民族自我认同、民族归属感、民族态度和民族卷入等）和特色成分（因具体民族的不同而不同，如民族文化，包括民俗、民族历史等）。[⑦] 周大鸣教授提出，民族认同的基础要素是共同的历史记忆和遭遇，一

[①] Kwan K K, Sodowsky G R, "Internal and external ethnic identity and their correlates:A study of Chinese American immigrants", *Journal of Multicultural Counseling and Development*, 1997,25:51—67.

[②] Carla J, R eginald J. "Racial identity,African self— consciousness,and career decision making in African American college women", *Journal of Multicultural Counseling and Development*, 1998,26(1):28—36.

[③] Bennett M,Lyons E,Sani F,Barrett M. "Children's subjective identification with the group and ingroup favoritism", *Developmental Psychology*, 1998,34:902—909.

[④] Trimble J E. "Prolegomena for the Connotation of Construct Use in the Measurement of Ethnic and Racial Identity", *Journal of Counseling Psychology*, 2007,54:247—258.

[⑤] Costigan C,Su T F, "Hua J M, Ethnic Identity Among Chinese Canadian Youth:A Review of the Canadian Literature", *Canadian Psychology*, 2009,50:261—272.

[⑥] Phinney J S,Ong A D, "Conceptualization and measurement of ethnic identity:Current status and future directions", *Journal of Counseling Psychology*, 2007,54:271—281.

[⑦] 王亚鹏：《少数民族认同研究的现状》，载《心理科学进展》2002年第1期；王亚鹏、万明钢：《民族认同研究及其对我国民族教育的启示》，载《比较教育研究》2004年第8期。

般要素是语言、地域、宗教、习俗等文化特征。[①]张友国认为,民族认同有文化和血统渊源两个基础[②],等等。

关于民族认同的层次,学界主要有双层论、三层论和四层论等观点。一是双层论观点。滕星、张俊豪认为,民族认同包括民族成员在个体交往间彼此认同和个人对民族整体的认同两个方面。[③]孔庆榕认为,民族认同包含族类认同和社会认同,族类认同即承认彼此为同一族类,社会认同体现在社会物质生产方面、社会制度方面和精神文化方面。[④]徐迅认为,民族认同包含着政治认同(国家认同)和文化认同(族群认同)。[⑤]二是三层论观点。王鉴和万明钢认为,构建现代意义上的民族认同可从族群认同、民族—国家认同和文化认同等三个层面入手,全球化时代的民族认同体现为这三层次认同的相互交替依存关系。[⑥]张海超认为,民族认同包含历史记忆、文化、社会因素的改造等三个方面。[⑦]三是四层论观点。王付欣和易连云将民族认同划分为文化认同、价值认同、历史认同和政治认同四个层次,并认为这四个层次相互关联、相互融合,各占一定的地位和起相关的作用。[⑧]周建新和罗柳宁认为,民族认同包括自我意识、民族意识、多重认同和超民族认同等四个层次。[⑨]

综上所述,国内外关于民族认同的结构问题研究,观点丰富却不尽一

[①] 周大鸣:《论族群与族群关系》,载《广西民族学院学报》2001年第2期。
[②] 张友国:《亚文化、民族认同与民族分离主义》,载《西南大学学报》2007年第4期。
[③] 滕星、张俊豪:《试论民族学校的民族认同与国家认同》,载《中南民族学院学报》1997年第4期。
[④] 孔庆榕:《改革开放与民族认同》,载《广东省社会主义学院学报》2008年第4期。
[⑤] 徐迅:《民族主义》,中国社会科学出版社1998年版,第36—39页。
[⑥] 王鉴、万明钢:《多元文化与民族认同》,载《广西民族研究》2004年第2期。
[⑦] 张海超:《微观层面上的族群认同及其现代化发展》,载《云南社会科学》2004年第3期。
[⑧] 王付欣、易连云:《论民族认同的概念及其层次》,载《青海民族研究》2011年第1期。
[⑨] 周建新、罗柳宁:《试论多样性文化互动下的民族认同》,载《广西民族学院学报》2004年第1期。

致，这与民族认同是一个复杂结构系统，以及学界研究的视角五花八门有密切关系。今后，如果要确定一个公认的民族认同结构，"还需要更多的实证研究，特别是跨文化、跨民族研究的支持"[1]。

（4）民族认同的发展

学界一般认为，民族认同的发展是一个分阶段性的终身动态发展过程。一些研究者提出了许多理论模式来解释民族认同的发展情况。最早对民族认同发展进行研究的是美国学者托马斯，他提出了黑人民族认同发展的五阶段模型。其后，克洛斯也提出了一个黑人民族认同发展的五个阶段模型。克洛斯的黑人民族认同发展模型是关于非裔美国人从自我憎恨到自爱的五个阶段模型：接触身份、遭遇、沉没浮现、内化和责任内化。这一模型试图勾画出健康黑人认同发展的方向。由于托马斯和克洛斯的理论都是针对黑人、白人而提出的，其理论具有一定局限性，但对后人的相关研究仍具有重要启示。

在托马斯和克洛斯之后，对民族认同发展理论贡献较大的是菲尼和赫尔拉姆，他们分别提出了自己的民族认同发展模型。在马西亚把艾瑞克森的认同发展理论概念化之基础上，菲尼提出了民族认同发展模型的三个阶段论：一是弥散的民族认同阶段，即个体几乎对民族没有积极的归属感；二是寻求民族认同阶段，即个体开始探索成为一个民族成员的意义，并开始融入自己的文化本源；三是民族认同形成阶段，即个体已经正确评价自己的民族成员资格，清楚的知道民族划分在他们生活中的意义，对自己的民族有清晰的归属感。[2] 这一模式的独特之处在于，它能够很好地解释个体年龄、民族认同及民族偏见之间的关系。1996年，赫尔拉姆相继提出白人和适合于有色人种的民族认同发展模型，并且认为，按照认同变化的逻辑顺序，有色种人认同模式的发展过程由六个平衡图式发展的因素构成，即一致性、不协调、浸

---

[1] 佐斌、秦向荣：《中华民族认同的心理成分和形成机制》，载《上海师范大学学报》2011年第4期。
[2] 王亚鹏：《少数民族认同研究的现状》，载《心理科学进展》2002年第1期。

入、浮现、内化、整合意识。①赫尔拉姆主要侧重于关注个人认同,特别是某一个体对于另一个体的接纳的研究。

综观之,学界在民族认同发展的相关研究中,十分重视个体在环境中的表现,却忽略了不同的环境对个体民族认同的影响。同时,学界对适用于大多数民族的民族认同发展理论也缺乏深入探讨和研究。

(5) 民族认同的功能

学界大致是从个体和社会两个角度,对民族认同的功能研究进行探讨的。一是民族认同的个体功能。个人认同与群体认同之间有着极深的关联,因为"个人的认同问题常会受到缺乏安全感的催化,并以不同的方式与族群认同的感情交互作用","只有通过族群认同的感情投资,人才能找到自己的个人认同"。②个人为确保身心安全,往往需要借助于民族认同的资源,需要重返民族认同这一"姆庇之家"③。在多元群体或异质性的社会场所中,个体总是会面临"归属的不确定",以及自尊心遭受挑战。这个时候,民族等基本群体的认同与某种社会位阶的条件就再度成为决定性的因素。④吉登斯指出,民族认同是个人认同的一种有效资源,以自己归属于某一民族来保护自己的个人认同,以对抗那些可能会威胁到自己的力量,在道德上是有理的。⑤就此,国内外学界还分别从民族认同与心理健康、文化适应、人格发展等的关系方面做了深入研究。结果显示,民族认同和心理健康、文化适应、人格发展、行为适应等方面均显著相关。

---

① 万明钢、王舟:《族群认同、族群认同的发展及测定与研究方法》,载《世界民族》2007年第3期。
② 〔美〕白鲁恂:《族群认同的先知》,见〔美〕哈罗德·伊罗生:《群氓之族:群体认同与政治变迁》,邓伯宸译,广西师范大学出版社2008年版,第4—5页。
③ 〔美〕哈罗德·伊罗生:《群氓之族:群体认同与政治变迁》,邓伯宸译,广西师范大学出版社2008年版,第16页。
④ 〔美〕哈罗德·伊罗生:《群氓之族:群体认同与政治变迁》,邓伯宸译,广西师范大学出版社2008年版,第66页。
⑤ 〔英〕安东尼·吉登斯:《第三条道路:社会民主主义的复兴》,郑戈译,北京大学出版社2000年版,第135页。

二是民族认同的社会功能。学界普遍认为，民族认同对社会具有双重功能。一方面是积极正面的功能。英国社会人类学家米切尔·温特指出，民族认同最为显著的特征是能够把人们凝聚起来。[①] 罗斯·普尔也认为，民族认同发挥着人们社会交流与社会联系的桥梁作用。[②] 国内学者高永久认为，民族认同对民族地区的社会稳定起着预警、整合、调控和保障等方面的作用。[③] 李明明认为，民族认同主要有以下几种功能：确定了民族这一群体的地域边界；经济上控制了该地域内的主要资源；政治上使国家和它的文化对等物——民族形成有机的联系；通过社会化把民族的成员塑造成为国民和公民；依靠提供共有的价值、象征和传统在不同阶层的人们中建立了共有的社会纽带；为个人追求在世界上的自我定位提供了有利的条件。[④] 基于中国现状，陈晓婧认为个体成员的族群认同及其认同行为是影响族群存在和发展的关键因素和继承族群文化、维系族群精神的保障，族群的民族认同及其认同行为对于中华民族发展的功效体现在，可以保障中国边疆稳定、领土完整，可以有效增强中华民族的凝聚力和实现对各族群力量的有效整合。[⑤] 姜勇认为，民族认同可以维护民族生存和稳定，促进民族发展和进步，协调民族内部成员之间的关系，推动民族社会经济文化的发展。[⑥] 王希恩认为，积极民族认同使得本民族有着强烈的内聚性，有力地维系着民族的团结和统一。[⑦]

另一方面是消极负面功能。由于民族认同具有"认同"与"认异"的一体两面性，民族认同的强化往往伴随着民族认异的强化，这会导致民族间的偏见、歧视、隔离、排斥乃至压迫，成为多民族国家与多元民族社会的动荡之

---

① Michel Wintle, ed., *Culture and Identity in Europe*, Illinois Hunt, 1995:23.
② Ross Poole, *Nation and Identity*, Hampshire Ashgate Publishing Limted, 2002:70.
③ 高永久：《论民族心理认同对社会稳定的作用》，载《中南民族大学学报》2005年第5期。
④ 李明明：《试析欧洲认同与民族认同的关系》，载《欧洲研究》2005年第3期。
⑤ 陈晓婧：《浅析中华民族多元一体格局中的民族认同》，载《广西民族研究》2005年第4期。
⑥ 姜勇：《论庸俗民族认同观》，载《新疆大学学报》2002年第2期。
⑦ 王希恩：《民族认同与民族意识》，载《民族研究》1995年第6期。

源。美国学者白鲁恂指出,族群意识可以建立一个国家,也可以撕裂一个国家。因族群认同而造成的冲突,曾为历史带来极大的浩劫。① 国内学者王建娥也指出,民族认同的存在是民族分离主义进行政治动员的前提。没有民族认同就不可能有民族分离主义。② 王希恩指出,民族认同会产生程度不同的对外排拒性,对其他民族的东西带有一种天然的偏见。③ 姜勇认为,民族认同是在对异的过程中成为"同一"的,不可避免地具有某种程度的排他性、狭隘性。对此问题如不能正确地加以解决,势必造成同与异的冲突,严重的还会影响民族之间的正常交往和民族自身的发展。④

(6) 民族认同的影响因素

民族认同的生成与发展有其自身规律性,但是它终归是在现实社会当中生成与发展,总会受到各种外在因素的影响。学界对这些影响因素进行了诸多探究。

美国人类学家科尼尔和哈特曼把影响民族认同的因素分为两方面:一是外部力量,比如政府的政策等,二是民族成员对本民族认同的主动构建,比如对本民族历史的重述,建立研究学会等。⑤ 哈佛大学社会学教授沃特斯在《族群选择》一书中,从不同侧面对族际通婚子女的认同选择加以审视,指出影响民族认同力量强弱的根本原因是民族分层,即各民族社会经济地位的差距。⑥ 本尼迪克特·安德森和传播学大师麦克卢汉都认为,媒介对民族主义和民族认同的塑造起到重要作用。通过媒介,时空相隔的人得以互动,而

---

① 〔美〕白鲁恂:《族群认同的先知》,见〔美〕哈罗德·伊罗生:《群氓之族:群体认同与政治变迁》,邓伯宸译,广西师范大学出版社 2008 年版,第 3、5 页。
② 王建娥:《民族分离主义的解读与治理——多民族国家化解民族矛盾、解决分离困窘的一个思路》,载《民族研究》2010 年第 2 期。
③ 王希恩:《民族认同与民族意识》,载《民族研究》1995 年第 6 期。
④ 姜勇:《论庸俗民族认同观》,载《新疆大学学报》2002 年第 2 期。
⑤ 余海波:《纳西族中学生的民族认同意识》,载《中央民族大学学报》2008 年第 4 期。
⑥ 马忠才:《族群认同的力量——读沃特斯〈族群选择〉》,载《西南民族大学学报》2009 年第 7 期。

媒介在某种程度上也塑造了民族主义。① 比如，印刷语言就以不同方式奠定了民族意识的基础。② 美国学者斯蒂文·郝瑞以国家意识形态理论的视角进行研究，指出国家及其所代表的意识形态制约着特定的族群认同生成，同时规定着更大范围内的认同的社会场景、性质与话语。在对中国西南彝族研究中，郝瑞认识到，国家在民族身份的赋予和认同的塑造上起到决定性的作用。③ 以美国为背景，美国学者英格尔提出了包括14个影响族群或民族成员认同程度的自变量的分析种族或民族关系的变量体系(见表1)。④ 这是社会学家对于美国族群或民族关系研究的理论总结，也是对于影响族群或民族关系的各种因素加以系统化的尝试。⑤

表1　影响族群成员身份认同的变量

使族群成员身份认同强化	使族群成员身份认同弱化	变量概括
1. 人口规模很大（在总人口中的比重）	1. 人口相对规模很小	人口规模
2. 在地区和基层社区中集中居住	2. 在地区和基层社区中分散居住	居住格局
3、居住时间短（新移民比例大）	3. 居住时间长（新移民比例小）	移民比例
4. 回访母国既方便又频繁	4. 回访母国非常困难，因而很少回访	母国联系
5. 与本地其他族群的语言不同	5. 与本地其他族群的语言相同	语言差别
6. 信仰与本地主要族群不同的宗教	6. 信仰与本地主要族群相同的宗教	宗教差异
7. 属于不同的种族（明显体质差异）	7. 属于同一个种族（没有明显体质差异）	种族差异
8. 通过外界强力或征服行为进入这一社会	8. 自愿地进入这一社会	迁移方式

---

① 龙运荣：《全球网络时代的大众传媒与民族认同》，载《广西民族研究》2011年第1期。
② 〔美〕本尼迪克特·安德森：《想象的共同体：民族主义的起源与散布》，吴睿人译，上海人民出版社2005年版，第43页。
③ 祁进玉：《族群认同与族群性研究——兼论对中国民族问题研究的意义》，载《青海民族研究》2010年第1期。
④ Yinger, J. Milton, "Intersecting Strands in the Theorisation of Race and Ethnic Relations", John Rex and David Mason eds, Theories of Race and Ethnic Relations, New York: Cambridge University Press, 1986:31.
⑤ 马戎：《民族社会学——社会学的族群关系研究》，北京大学出版社2004年版，第469—471页。

（续表）

9. 来自具有不同文化传统的其他社会	9. 来自具有相似文化传统的其他社会	文化差异
10. 母国的政治与经济发展对其具有吸引力	10. 被母国的政治和经济发展所驱除出来	母国情感
11. 在阶级和职业方面的同质性	11. 在阶级和职业方面的多样性	阶级构成
12. 平均受教育水平比较低	12. 平均受教育水平比较高	教育水平
13. 经历了许多族群歧视	13. 没有经历过什么族群歧视	歧视经历
14. 所生活的社会没有社会流动	14. 所生活社会的社会阶层是开放的	社会流动

国内学者对民族认同影响因素的研究，主要是从三个视角进行。一是研究影响民族认同的综合因素。如王建民提出，在某些原因的作用之下，不同民族的民族认同表现出许多不同。这些原因中有较大作用的方面包括人口、地域、文化、物质生产活动、民族性格和典型人格、强化作用等。[①]彭兆荣提出，民族认同变化的因素或曰指标有：背景化指标，即民族、历史、文化、传统、国家等；基本指标，即经济状况、与周边族群的文化互动、本民族支系间的关系、主体民族的政策变化、自然生态等；个性指标，即氏族、家族、血缘、村落领袖、宗教仪式、风俗习惯等。这些指标共同对认同产生作用。[②]解志苹等认为，改革开放以来中国出现强化与淡化少数民族认同的多种因素，这些因素表现在：国家对民族地区的优惠政策一定程度上有利于民族认同的加强；族际交往频繁导致民族融合与多元认同。[③]在对少数民族大学生进行研究的基础上，张庆林等认为，本民族认同的因素除客观身份、民族自豪感外，主要是少数民族的特殊地域、风俗习惯、民族文化、历史和语言文字等一些特色因素。[④]余海波对纳西族学生进行研究，认为民族认同

---

① 王建民：《民族认同浅议》，载《中央民族学院学报》1991年第2期。
② 彭兆荣：《民族认同的语境变迁与多极化发展——从一个瑶族个案说起》，载《广西民族学院学报》1997年第1期。
③ 解志苹、吴开松、马娜：《改革开放以来少数民族认同意识的变迁》，载《中国民族》2009年第2期。
④ 张庆林、史慧颖、范丰慧、张劲梅：《西南地区少数民族大学生民族认同内隐维度的调查》，载《西南大学学报》2007年第1期。

是受到了政治、教育、社区等各方面因素的影响。①艾菊红对"藏彝走廊"东北部的甘肃省陇南地区宕昌县进行实地调查,论证了民族认同实际上是在政治、经济和文化心理共同作用下的一个不断重构的主观动态过程。②

二是研究影响民族认同的特定因素。一些学者认为,中国的民族识别工作和民族政策对各少数民族的民族认同起到了极大的建构和强化作用③,甚至使得中国民族成员的族群认同已演变为功利性与利益性的结合体,是工具性策略选择。族群性的区分成了一种政府行为,是一种有利益倾向性的区别。④有学者认为,宗教是民族认同的重要标识,宗教能够强化民族认同意识,在一定条件下宗教的群体认同感还可以转移为民族认同,成为巩固民族认同感的纽带。民族认同的排斥功能受到宗教认同排他性的促进。⑤有学者认为,

---

① 余海波:《纳西族中学生的民族认同意识》,载《中央民族大学学报》2008年第4期。
② 艾菊红:《族群认同与构建的动态过程——历史与现今的陇南宕昌藏族》,载《民族研究》2009年第6期。
③ 于鹏杰:《族群认同的现代含义:以湖南城步苗族为例》,载《广西民族学院学报》2004年第6期;王琛:《都市生存的文化策略与族群认同——对一个苗族流动群体的个案研究》,载《深圳大学学报》2006年第5期;明跃玲:《也论族群认同的现代含义:瓦乡人的民族识别与族群认同的变迁兼与罗树杰同志商榷》,载《中南民族大学学报》2006年第6期;明跃玲:《民族识别与族群认同——以湘西红土溪村的民族识别过程为个案》,载《云南社会科学》2008年第2期;谌华玉:《族群认同的工具性延伸——以粤东蓝屋畲族村为例》,载《赣南师范学院学报》2009年第4期;程守艳:《制度安排与族群认同——民族区域自治视闲下族群认同的"工具性"因素分析》,载《广西民族研究》2010年第2期;苏利嫦:《民族政策对现代苗族族群认同的影响——以"三苗网"网民群体为研究对象》,载《重庆科技学院学报》2010年第21期;袁娥、陈晓婧:《当代民族认同的建构思考——新时期沧源地区佤族认同建构实践》,载《民族学刊》2011年第1期;李树燕:《国家建构与跨境民族国家认同——基于云南跨境民族的实证研究》,载《理论月刊》2011年第6期,等等。
④ 于鹏杰:《族群认同的现代含义:以湖南城步苗族为例》,载《广西民族学院学报》2004年第11期;明跃玲:《也论族群认同的现代含义——瓦乡人的民族识别与族群认同的变迁兼与罗树杰同志商榷》,载《湖北民族学院学报》2006年第6期;唐胡浩:《当代土家族民族认同的维系因素剖析——以来凤县土家族为例》,载《中南民族大学学报》2008年第3期。
⑤ 徐红霞:《略论宗教的族群认同和族际排斥功能》,载《前沿》2005年第9期;周佳、杨明东:《浅论宗教信仰对民族认同形成过程的影响》,载《科教导刊》2010年第11期。

社会关系的变迁导致的人群利益关系的重组是造成民族认同变迁的重要因素，并且从长时段的历史连续性看，民族认同会随着文化和民族性的变迁而不断变迁。① 王锋认为，语言是民族认同中的核心要素，其重要性在新时期的族群认同中将日益凸显。② 有学者认为，民族语言的认同是各个民族集团最有特征的行为，因而经常成为分辨不同民族的基本标志，共同的语言是民族认同的基础文化要素之一。③ 有学者认为，民族旅游对民族认同起到了强化和弱化的双重作用。④ 有学者提出，只有出自于个体、民族内部缺乏状态引发的需求满足，才在根本上决定着认同的有无及其强弱。需求的满足是形成民族认同内在的根本动力。⑤ 有学者提出，全球化引发的身份相对化、流动化和竞争化对民族认同造成冲击。⑥ 有学者认为，新农村建设为增强少数民族的心理认同提供了一个新的历史机遇。⑦

三是探讨影响中华民族认同的因素。孔庆榕提出，从根本上说，对民族领导核心的认同程度决定了民族认同的程度、民族凝聚力的状况。改革开放促进中华民族凝聚力不断增强，改变了中华民族政治领导核心中国共产党的形象。从深层看，就是增进了中华民族的认同。⑧ 栗志刚提出，精神文化对

---

① 王亚鹏：《少数民族认同研究的现状》，载《心理科学进展》2002 年第 1 期；索端智：《历史事实·社会记忆·族群认同———以青海黄南吾屯土族为个案的研究》，载《青海民族学院学报》2006 年第 1 期。
② 王锋：《论语言在族群认同中的地位和表现形式》，载《云南师范大学学报》2010 年第 4 期。
③ 高梅：《语言与民族认同》，载《满族研究》2006 年第 4 期；宋银秋：《语言意识形态与民族认同》，载《社会科学战线》2009 年第 6 期。
④ 杨慧：《民族旅游与族群认同、传统文化复兴及重建———云南民族旅游开发中的"族群"及其应用泛化的检讨》，载《思想战线》2003 年第 1 期；曹慧中：《民族认同与民族旅游》，载《民族论坛》2007 年第 4 期；罗芳洲：《在旅游开发影响中强化的傣族族群认同———对傣族文化主题公园的研究》，载《消费导刊》2009 年第 1 期，等。
⑤ 陈晓婧：《从需求的角度看我国的民族认同》，载《新疆大学学报》2006 年第 1 期。
⑥ 戴晓东：《全球化视野下的民族认同》，载《欧洲研究》2006 年第 3 期。
⑦ 罗强强：《新农村建设中少数民族的认同心理分析———以云南维西县塔城村为例》，载《湖北民族学院学报》2010 年第 4 期
⑧ 孔庆榕：《改革开放与民族认同》，载《广东省社会主义学院学报》2008 年第 4 期。

促进民族认同具有重要作用，建设中华民族共有精神家园，实际上就是对民族精神文化的认同、丰富和发展。① 左旭东提出，民族素质的提升将会增强社会凝聚力，增加中华民族认同感。② 朱虹认为，2008 北京"奥运会"为唤醒中国青年的民族认同提供了一个历史性的契机。③ 在对青少年儿童进行研究的基础上，佐斌等认为，影响中华民族认同的因素主要有年龄、家庭、学校、书刊电视等大众传媒，以及个人的社会经历，国家的民族政策等。④ 张娟从语言文字使用角度提出，在维系中华民族的统一和传承汉文化过程中，汉字表现出了明显的民族认同性。⑤ 张庆林等对西南地区少数民族大学生的调查结果表明：影响西南地区少数民族大学生对中华民族认同的内隐维度主要有归属感、客观身份、自豪感、政治与政策、历史和地域等；影响西南地区少数民族大学生对本民族认同的内隐维度主要有客观身份、自豪感、地域、习俗、文化、历史和归属感等；西南地区少数民族大学生对双重身份的认同在某些维度上符合线性两极模型，而在其他维度上则更符合二维模型的理论假设。⑥

（7）中国国内少数民族认同

中国是一个多民族的统一国家，拥有丰富的民族认同研究资源。近些年来，学界对中国各少数民族、多民族杂居区等的民族认同开展了许多有益研究，为我们深入认识各民族认同的现状，及时发现存在的问题以及思考民族政策的改进、民族团结的措施提供了重要参考。在这些研究中，有三个方面

---

① 栗志刚:《精神文化的民族认同功能——兼论中华民族共有精神家园建设》，载《华中科技大学学报》2010 年第 1 期。
② 左旭东:《民族认同与民族素质》，载《社会科学家》2006 年第 4 期。
③ 朱虹:《"奥运热"与中国青年的民族认同》，载《当代青年研究》2008 年第 1 期。
④ 佐斌、陈晶、周少慧:《城市儿童对中国人的印象及信息来源》，载《中国临床心理学杂志》2003 第 3 期；秦向荣、佐斌:《民族认同的心理学实证研究：11—20 岁青少年民族认同的结构和状况》，载《湖北民族学院学报》2007 年第 6 期。
⑤ 张娟:《汉字的民族认同性研究》，载《安徽文学》2008 年第 10 期。
⑥ 张庆林、史慧颖、范丰慧、张劲梅:《西南地区少数民族大学生民族认同内隐维度的调查》，载《西南大学学报》2007 年第 1 期。

值得认真关注。

第一，新疆维吾尔族的民族认同。热米娜·肖凯在《南疆族群认同根源另类探析》一文中提指出，形成族群最主要的"边界"不是其语言、文化、信仰等族群"内涵"要素，而是族群存在的"社会边界"。南疆封闭性、板块性的地域特征带来聚居在这里的族群整体社会认知心理的高度统一。恶劣的地理交通和生态环境造成了南疆板块性绿洲参与现代化的困难，使得在同一国家制度体系下经济发展水平相对落后的本地族群更易受传媒刺激而产生比较性劣势心理，从而导致认同强化。在社会转型期，这种比较性认同的强化很容易借助各式各样的社会问题转化为群体事件。[1] 王嘉毅、常宝宁在对新疆南疆地区青少年进行比较研究后发现：南疆地区维吾尔族青少年的国家认同比民族认同表现得更为积极，但与汉族青少年相比，其民族认同较高而国家认同较低。国家认同的形成会提升维吾尔族青少年的民族认同。来自县镇和城市的青少年在国家认同和民族认同上都比来自农村的青少年高。父母亲的文化程度越高，子女的国家认同与民族认同就越高。[2] 姚学丽、孙秀玲以问卷调查和访谈方式对维吾尔族大学生进行调查，结果发现：民族认同不同方面的影响因素互有差异，但性别、母亲的学历、学习汉语的时间、所在学校的位置等对民族认同影响显著。公民角色、学生角色和民族认知、民族行为存在显著正相关；伊斯兰教对维吾尔族大学生的民族认同有重要影响。[3] 杨英通过问卷对新疆维吾尔族中学生进行调查，结果显示：虽然他们的中华民族认同整体情况良好，但在行为维度上还较低；随着年级的增长，学校教育对他们的中华民族认同的影响逐渐减弱，而报刊、影视和网络等对他们的

---

[1] 热米娜·肖凯提：《南疆族群认同根源另类探析》，载《西南民族大学学报》2010年第1期。
[2] 王嘉毅、常宝宁：《新疆南疆地区维吾尔族青少年国家认同与民族认同比较研究》，载《当代教育与文化》2009年第3期。
[3] 姚学丽、孙秀玲：《新疆维吾尔族大学生的民族认同》，载《新疆社会科学》2009年第4期。

影响逐渐增强；家庭中父亲的教育水平和民族观念对他们的影响很显著等。[①]

第二，藏族的民族认同。万明钢、王亚鹏对藏族大学生的民族认同进行研究，结果显示：汉族朋友数量、学习汉语时间、父母的民族身份以及汉族的接受性等可预测藏族学生民族认同；消极民族认同与社会孤立感、失范感和文化分离感之间存在显著正相关；民族认同的不同成分与不同文化适应策略间存在着正、负相关。[②] 朱志勇对内地西藏学校进行的个案分析研究反映，学校对于学生族群认同感的建构存在两种张力：一是国家和学校通过国家意识形态的渗透而指定的学生的族群认同感；二是学生通过自身藏族文化符号的再现而声称的族群认同感。[③]

第三，跨界、跨国民族的民族认同。何平指出，中国西南边疆地区与东南亚地区之间的跨境民族中，有不少人既保持对所居住国家的认同，也保持对故土的强烈认同。这些跨境民族成为联系云南乃至中国与东南亚国家的天然纽带。但这种认同的存在也是一把双刃剑，很可能会威胁国家安全。[④] 周建新等通过中国南方跨国民族地区的民族文化多样性进行研究，发现多民族多样性文化互动条件下各民族认同情况的特点：各自拥有相对稳定的适于自身文化特点的自然地理区位；多样性接触频繁；多样性互动中的相互影响和制衡所形成的相对"稳定对立"的文化结构；强弱互动不明显。[⑤] 朴光星通过实地调查分析发现，赴韩国务工的朝鲜族的认同呈现民族认同在清晰、跨国族群文化认同在增强的特点。影响民族认同的主要因素是业已形成的群体差异和社会适应困难，影响跨国族群认同的主要因素是韩国文化辐射力增

---

① 杨英：《新疆维吾尔族中学生的中华民族认同——以喀什市双语中学为例》，载《喀什师范学院学报》2010年第1期。
② 万明钢、王亚鹏：《藏族大学生的民族认同》，载《民族论坛》2004年第1期。
③ 朱志勇：《学校教育情境中族群认同感的建构———内地西藏班的个案研究》，载《南京师大学报》2006年第4期。
④ 何平：《中国西南与东南亚跨境民族的形成及其族群认同》，载《广西民族研究》2009年第3期。
⑤ 周建新、罗柳宁：《试论多样性文化互动下的民族认同———以中国西南跨国民族地区为例》，载《广西民族学院学报》2004年第1期。

强。①金烨认为,1980年以来很多中国朝鲜族以探亲和劳务的名义前往韩国,这就是朝鲜族们常说的"韩国风"。"韩国风"使中国朝鲜族认识到与韩国人的差异甚至冲突,加深了自身对中华民族的归属感。②

(8) 民族认同的比较

随着民族认同问题研究的广泛铺开,学界对不同国家、不同历史时期的民族认同进行了研究,为我们提供了比较的研究视界。

一是对不同国家的民族认同研究。欧东明以印度20世纪中叶巴基斯坦建国的穆斯林分离运动为案例,说明在宗教上的认同分歧的作用之下,原本属于同一民族之内的不同团体也有着演变成不同民族的趋势。③吕磊认为,西欧现代国家的民族认同在很大程度上是在法国大革命后依靠大规模缔造民族运动而建立的,因此从理论上而言,民族认同建立的一个基本方面就是政治制度对民族认同形成的影响问题。④庄国土认为,"二战"以后东南亚华人的国家认同逐渐从认同于中国转为认同于当地,其族群认同也从认同于中华民族转为认同于华人族群。各国华人的族群认同的发展过程和走势各不相同,但总体趋势是融合于当地社会,或作为族群之一构成当地国家民族的组成部分,或是同化于当地主体族群。但他们在此后很长时间里,仍将维持强弱不等的华人族群认同。⑤在田野调查的基础上,郭玉聪认为日本对华侨、华人的区别对待或歧视,是日本华侨、华人仍然坚持民族认同的重要原因之一。⑥周文京以德国的重新统一与德意志民族的重整为例,阐明了民族认同

---

① 朴光星:《赴韩朝鲜族劳工群体的国家、民族、族群认同》,载《云南民族大学学报》2010年第3期。
② 金烨:《朝鲜族族群认同的变化》,载《黑龙江史志》2010年第18期。
③ 欧东明:《印度民族认同与宗教认同》,载《南亚研究季刊》2008年第4期。
④ 吕磊:《社会认同、政治制度和民族认同的建立——以西欧的历史经验为基础的一般性讨论》,载《世界经济与政治论坛》2003年第1期。
⑤ 庄国土:《略论东南亚华族的族群认同及其发展趋势》,载《厦门大学学报》2002年第3期。
⑥ 郭玉聪:《日本华侨华人二、三代的民族认同管窥——以神户的台湾籍华侨、华人为例》,载《世界民族》2005年第2期。

是国家统一的重要因素,是民族整体割不断的联系纽带。不断加强民族性的整合和统一,不断促进民族凝聚和聚合,是在国家统一过程中应重视的重大理论和现实问题。① 何树认为,16、17世纪爱尔兰形成了天主教盖尔民族认同、新教英—爱民族认同和长老会—苏格兰民族认同等三种不同的民族认同。这三种民族认同后来一直用不同的甚至是对立的政治权力观念和财产神话表现出来,成为爱尔兰内乱和分裂的主要原因。② 余建华指出,南斯拉夫各民族长期处于外部帝国异族统治和分裂割据状态之下,其成员的族类民族主义明显强于对统一多民族社会共同体的认同,成为南斯拉夫多民族统一的阻碍,而南斯拉夫联邦体制变革不当和相关政策失误使民族危机重新激化。③ 赵威也认为,南斯拉夫的塞尔维亚族、克罗地亚族和斯洛文尼亚族之间由于宗教、经济发展不平衡和历史上的大国干涉等因素影响,分别产生了定位相似,但是相互之间缺乏包容性的民族认同。这些民族在外力干涉下于20世纪组成了共同的国家,但每一次组国的努力都在各自民族认同所引起的分歧下以失败而告终。④

二是民族认同的历史研究。展龙认为,元代汉族士大夫的民族意识随着历史的推进和民族关系的演变而发生变化:其"夷夏"观念和不满蒙元统治的抵触情绪逐渐淡薄,对蒙古民族的文化、一统政权及民族成员表现出强烈的认同意识。这种变化与元朝"汉化"政策的持续推行、空前的"大一统"局面、较为稳定的社会秩序、相对宽松的文化氛围等密不可分,它进而又推动了元代统一多民族国家的发展。⑤ 黄秀蓉认为,在整个清代的民族认同过程中,清帝身上存在着自卑与自大的相互矛盾的二元心态:一方面继承

---

① 周文京:《民族认同意识与国家统一——从两德的重新统一看民族认同对西德国家政策的影响》,载《世界民族》2000年第4期。
② 何树:《试析爱尔兰多元民族认同形成的原因》,载《史学月刊》2002年第2期。
③ 余建华:《民族认同与南斯拉夫民族危机》,载《世界历史》2006年第5期。
④ 赵威:《民族认同与近现代南斯拉夫国家》,载《魅力中国》2010年第14期。
⑤ 展龙:《试论元末汉族士大夫的民族认同意识》,载《内蒙古社会科学》2008年第6期。

发扬儒家传统民族观中有利于其统治的部分，另一方面去除传统民族观中的一些民族歧视成分，争取以满族为代表的少数民族与汉民族的平等地位。这种民族认同的结果是，在清代200多年的统治中，中国境内的各少数民族基本保持了自身的民族特性，统一的中华民族也最终形成，源远流长的汉民族的"华夷之辨"终于走到尽头，清帝所提倡的"华夷一体"观念成为如今中国境内各民族平等发展的基石。① 常书红认为，在清末亡国灭种的阴霾下，中国近代民族主义思潮蓬勃兴起。在对民族主义的解读上，资产阶级革命派和立宪派分别给出了"革命排满"与"满汉一体"的不同文本，二者在随后的发展中逐渐由对立转向趋同，最终共同创造了"五族共和"这一具有明确中华民族认同特征的新文本。中华民族认同诞生的过程反映了满汉关系的根本变化。② 申剑敏认为，中国传统民族认同符号以华夏中心主义为思想基础，形成牢固的泛化政治文化秩序。在世界殖民体系的冲击下，华夏中心主义被动摇，整个传统文化认同符号陷入了结构性危机。中国先进分子试图从种族、文化、经济、政治等四个方面重新构建新的民族认同符号，但这些认同符号之间缺乏有效整合，最终无法达成目标。民族认同危机无法解决，直接导致了中国近代现代化的停滞与中断。③ 吴玉军认为，经济、政治和军事上的落后，使近代中国的民族认同面临尴尬境地：要自强于世就必须全方位地追求现代性，要保持本民族的独立品格又需要对带有浓厚西方中心主义色彩的现代性保持高度警惕。对于西方国家所主导的全球化，近代中国既爱又恨，对于自身的文化传统，既忧又憎。处于自我与他者、传统与现代夹击下的这种双重困境，促成了近代中国民族认同的矛盾品格。④ 张诗亚指出，中

---

① 黄秀蓉：《在"自卑"与"自大"之间——清帝民族认同中的矛盾心态论析》，载《黑龙江民族丛刊》2008年第2期。
② 常书红：《清末满汉关系的变化与中华民族认同的诞生》，载《陕西师范大学学报》2010年第4期。
③ 申剑敏：《晚清民族主义思潮与近代中国的民族认同》，载《人文杂志》2001年第6期。
④ 吴玉军：《"他者"之镜中的"自我"——全球化语境下的中国近代民族认同》，载《山东社会科学》2006年第5期。

国礼教在前所未有的现代西方文化的面前，再难担负起民族认同的中轴作用。当礼教日渐式微之际，作为一种群体心理特质的华夏民族认同感之所以能不断生长，关键在于存在着一种能适应其不断生长的基质。其构成要素是，以汉字为物化形态的民族思维模式和融人文风情与自然风貌为一体的民族文化心理场。华人教育必须解决的关键问题是，礼教失落后如何树立新的民族自觉。①

2. 关于国家认同的研究

国家认同与民族认同一样，也是当今学术界广泛关注的研究问题。以下分别从国家认同的理论流派、形成、构成、功能、影响因素以及特殊群体国家认同、国家认同比较等方面，简要梳理国内外专家学者们的研究论点。

（1）国家认同的理论流派

对于国家认同的研究，学界基本上分成两个主要理论流派，即民族主义与自由主义两种论述系统。这两种流派在国家认同概念、国家认同意义及国家认同基础等问题上，均有不同看法。②

民族主义流派的主要代表人有埃瑞斯特、安德森·本尼迪克特和史密斯·安东尼等。其主要论点是：国家是维护民族文化、实现民族使命的制度性组织，而认同是个别成员认清自己所属脉络从而产生归属感的心路历程，由于确认了民族国家对自我实现的关键性意义才形成了国家认同，因此国家认同也可以说是国族认同；人天生是社会学的动物，国家民族在各种群居生活中是位置最高、道德作用最大的群体，因此人们对国族产生认同是自然而然的现象，没有国家就没有个人；国族认同是认同于自身生命延绵不绝的民族文化，其基础包括血缘种姓、历史神话、语言宗教、生活习俗等，由于这些基础都属于过去，所以国家认同主要表现为一种回溯式、寻根式的活动；国家认同具有最高道德优先性；国家认同不能轻易改变，即使它对当事人造

---

① 张诗亚：《华夏民族认同的教育思考》，载《北京大学教育评论》2003 年第 2 期。
② 江宜桦：《自由主义、民族主义与国家认同》，扬智文化事业股份有限公司 1998 年版，第 21—23 页。

成难以弥补的伤害。国民不应该任意脱离母国，开放性的移民代表道德上的不义或个人生命意义的断丧。

与民族主义相对应的是自由主义关于国家认同的理论。其代表人物有哈贝马斯、罗尔斯、格罗斯等。自由主义流派认为，民族是具有浓厚的血缘传统色彩的前政治群体组织。国家则是深具法律含义的词语，指涉的是一种政治法律秩序。必须严格区分民族(nation)和国家(state)两种形态。自由主义流派的主要论点是：国家是人们为了保障私人的利益和防止彼此侵犯的弊病而组成的政治共同体，个别成员在确定国家可以满足自己的需要后才选择认可国家的政治权威，在这种意义下的认同不是强调归属与情感，而是多了一些意志选择的成分；现代社会价值是充满多元分歧的，如果要共同从事什么事业或防止不同价值之相互侵犯就必须异中求同、建立共识，因此政治共同体的成员必须对国家有起码的承认与奉献，这些要求通常呈现于宪政法律之规范，遵守它就是展现国家认同的主要方式；认同国家的基础在于宪政制度、程序规则、基本人权保障以及公平正义原则等普遍性规范；国家认同只是充实个人自我认同的途径之一，其他途径包括性别、阶级、家庭、政党、民间结社等都有不容忽视的重要性，没有理由认为国家认同是其中最具备道德正当性的一环；不能把国家认同的转变看成是严重的道德败坏或缺憾，移民是个人应有的选择权利，不是背叛或离弃。对外来移民应一视同仁，只要他们确实服从本国宪政规范，没有理由不赋予他们公民身份及应有之保障。

（2）国家认同的形成

学界从多方面对国家认同的形成因素及其表现形式做了深入研究。社会建构主义者彼得·卡赞斯坦充分肯定，国家认同指涉的是行为体所持有和表现的、通过和重要"他者"的关系而形成的(随时间推移而改变的)个性和独特性(自我认同)的形象。这强调了对"他者"的"认异"是国家认同形成的前提与源起。但是，国家认同还有包括直觉信念、传统的军事文献和政治思想、国内的政治经历以及宗教因素等其他来源。换言之，国家认同也可能是包含具体内容、源于国家自身独特性的国内互动所建构起来的认识。[①] 事实上，人们对国家的认同最初起源于原生的共同物质基础，也基于共同的历史、经验和记忆等而由社会建构而成。同时，国家也通过由一系列代表了群体所赖以建立诸原则的符号所象征的"民族基质"来界定自己，此种民族基质可以包括某些经典（如犹太教法典、基督教圣经、美国人宪法和独立宣言、英国大宪章等），也包括种种不成文的神话和礼仪等。[②] 由此而言，国家认同可以是强加的，但很少如此。更正确地说，国家认同是皈依的，因为国家呈现的正是人们所需要的。[③] 此外，国家认同还存在其他的形成性因素和表现形式，如公民的阶级地位不仅可以引发赞同性国家认同与归属性国家认同之间的错位，还可以催生阶级认同、规划性认同等国家认同形式；通过对人类认识过程中主客体关系的分析则显示，国家认同实际上是公民"理性地建构"与社会"结构性制约"双向互动的产物等。[④] 综观之，国家认同的形成是多源和多表现形式的，既源于同"他者"的比较，也源于原生、客观的因素，更源于国家和公民的主观建构等。

此外，还有学者从心理学的微观层面提出了儿童形成国家认同的"五阶段"论：第一阶段，儿童要获得他们所属群体的名称，即在与父母等人的接触当中所听到的关于群体的最突出的知识；第二阶段，他们开始能够用第三人称描述自己国家的人的某些特点；第三阶段，儿童渐渐能够区分自己国家的人和外国人，并对自己国家或民族成员产生系统性偏爱；第四阶段，他们开始学会使用第一人称来描述自己的国家；第五阶段，受媒体、学校、家

---

① 宋伟：《国家认同与共有观念——对社会建构主义核心概念的反思》，载《国际政治科学》2008年第4期。
② 复旦大学历史学系、复旦大学中外现代化进程研究中心：《近代中国的国家形象与国家认同》，上海古籍出版社2003年版，第129页。
③ 〔美〕约瑟夫·拉彼德、弗里德里希·克拉拖赫维尔：《文化和认同：国际关系回归理论》，金烨译，浙江人民出版社2003年版，第43页
④ 郭忠华：《动态匹配·多元认同·双向建构——再论公民身份与国家认同的关系》，载《中山大学学报》2011年第2期。

庭、同伴等影响,青少年的国家认同感内容趋于复杂,认同感主观心理成分作用增大。①

（3）国家认同的影响因素

学界关于国家认同影响因素的研究,较集中于全球化、现代化和大众传媒的影响,此外还有一些独特视角的影响因素研究。关于全球化、现代化对国家认同的影响是研究焦点。学界普遍认为,全球化和现代化给世界各国、各民族带来发展机遇的同时,也造成了民族国家认同危机：一方面是超国家认同（全球认同、区域认同等）迅速强化,大有取代国家认同之势；另一方面是次国家认同（民族认同、地方认同等）对国家认同形成了强烈的冲击。②不过,全球化和现代化进程中的社会变迁所引发的民族国家认同危机孕育着新的民族国家认同的重建③,为解构与重塑国家认同提供机遇④。

大众传媒对国家认同也具有重大影响。马丁·巴贝罗指出,如果没有大众传媒,我们就无法理解民族国家是如何将群众转变成人民,将人民转变为民族,再演变成一个国家的过程。⑤安德森认为,早期的大众传媒促进国家认同方面发挥了作用,它使原本不同群体的民众相信他们同属于一个国家。⑥

---

① 佐斌：《论儿童国家认同感的形成》,载《教育心理与实验》2000年第2期。
② 〔美〕曼纽尔·卡斯特：《认同的力量》,曹荣湘译,社会科学文献出版社2006年版,第54、56、297—355页；〔美〕约瑟夫·S.奈：《硬权力与软权力》,门洪华译,北京大学出版社2005年版,第86页；〔美〕塞缪尔·亨廷顿：《谁是美国人？美国国民特性面临的挑战》,程克雄译,新华出版社2010年版,第11页；沈桂萍：《民族问题的核心是国家认同问题》,载《中央社会主义学院学报》2010年第2期；奂平清：《全球化背景下的当代中国民族认同》,载《北京工业大学学报》2010年第1期；顾大伟、吴闻博：《全球化进程与民族国家认同》,载《华章》2009年第5期；黄岩：《试论全球化与国家认同》,载《前沿》2007年第11期,等。
③ 贾英健：《当代民族国家的认同变化及价值重建》,载《中共济南市委党校学报》2006年第3期。
④ 解志苹、吴开松：《全球化背景下国家认同的重塑———基于地域认同、民族认同、国家认同的良性互动》,载《青海民族研究》2009年第4期。
⑤ 刘燕：《国家认同建构的现实途径：大众媒介与"想象社群"的形成》,载《浙江学刊》2009年第6期。
⑥ 鲁曙明、洪浚浩：《传播学》,中国人民大学出版社2007年版,第108页。

日本学者佐藤卓已在著作《现代传媒史》中指出，近代以来的国家都曾大量运用大众媒介如报纸、电视加强国民的民族国家认同。国内一些学者也提出，中央电视台"国庆60周年庆典"现场直播[①]、春节联欢晚会[②]、《人民日报》的"澳门回归"报道[③]等，都极大提高了国民的国家认同，激发了国民的凝聚力和向心力。

学界还从一些特殊视角探讨了国家认同的影响因素。鲍曼认为，国民对国家的期待程度以及国民感觉国家对这种期待的满足程度是影响国家认同程度的变量。[④]顾肃指出，宗教和民族主义对于国族认同（国家认同）的作用不可忽视，在有些国家甚至还是至关重要的。[⑤]欧阳彬认为，现代货币作为民族国家权力建构的产物，本身是国家认同的重要组成部分，发挥着合法性辩护、激励民族情感、协调社会活动、整合国家力量等重要功能。[⑥]梁银湘认为，红色记忆是人民关于中国共产党领导革命、建立中华人民共和国的一种政治心理叙事呈现形式，对于当代中国政治生活中的国家认同结构存在着重要的影响。[⑦]马翀炜认为，多民族国家中的少数民族文化以所在国国家文化的名义进入"世界遗产"名录，具有民族认同与国家认同相统一的意义。[⑧]还有一些学者认为，体育成就是公民形成和强化国家认同的重要原因，现代社会中的国家或政府也一般通过象征、认同、操作等方式对体育加以利用，

---

① 曾一果:《媒介仪式与国家认同——"国庆60周年庆典"央视电视直播的节目分析》，载《电视研究》2009年第12期；张兵娟:《全球化时代的仪式传播与国家认同建构——论国庆阅兵仪式的传播意义及价值》，载《郑州大学学报》2010年第5期。
② 金玉萍:《媒介中的国家认同建构———以春节联欢晚会为例》，载《理论界》2010年第1期。
③ 闫旭宁:《〈人民日报〉的"澳门回归"报道与国家认同建构》，载《新闻窗》2010年第1期。
④ 李瑞君、贺金瑞:《试论风险社会视域下国家认同机制的建构》，载《重庆社会主义学院学报》2011年第3期。
⑤ 顾肃:《论宗教与国族认同上的民族主义》，载《晋阳学刊》2008年第5期。
⑥ 欧阳彬:《论货币与国家认同的建构》，载《青海民族研究》2010年第3期。
⑦ 梁银湘:《红色记忆与国家认同》，载《中国井冈山干部学院学报》2010年第5期。
⑧ 马翀炜:《世界遗产与民族国家认同》，载《云南师范大学学报》2010年第4期。

比如奥运会作为全球性的体育赛事，无疑可以进一步强化和提升国家认同。[①]

（4）国家认同的功能

近些年来，学界越来越清晰地认识到国家认同的极端重要性。一般认为，国家认同在维系国家安全稳定、社会和谐以及保证个体的本体性安全等方面皆可以发挥非常重要的作用。

国家认同对于民族国家的安全稳定具有重大意义。阿尔蒙德指出："人们在过去的经历中形成的态度类型对未来的政治行为有着重要的强制作用。……态度类型影响政治生活的正在进行中的活动，构成这些活动的基础。"[②] 国家认同作为政治文化的核心内容和民族国家的心理基础，直接关系到国家的安全统一和边疆稳定，是彻底战胜和消除民族分裂主义势力的必要条件。[③] 如果国家缺乏国民的强烈认同，就可能因缺乏稳固的心理基础而沦至解体。[④]

国家认同是现代国家的合法性基础。美国历史学家斯特雷耶强调，国家主要存在于人民的内心和头脑中，如果人民不相信它的存在，那么就没有逻辑联系会使国家活起来。[⑤] 江宜桦和李强指出，现代国家的合法性一方面通过宪法、主权等法律形式表现出来，另一方面从国民的认同中获得。[⑥] 黄岩

[①] 钱熠、张瑞玲：《奥运会：提升青年国家认同的良好契机》，载《上海青年管理干部学院学报》2008年第2期；李春华：《体育在国家认同形成与强化中的功能》，载《武汉体育学院学报》2007年7期；王家宏等：《文化视野下的奥林匹克》，北京体育大学出版社2007年版；董国礼、陆小聪：《体育的仪式意义与社会功能》，载《体育科研》2008年第6期，等。

[②] 〔美〕加布里埃尔·A.阿尔蒙德、小G.宾厄姆·鲍威尔：《比较政治学：体系、过程和政策》，曹沛霖等译，东方出版社2007年版，第26页。

[③] 周平：《论中国的国家认同建设》，载《学术探索》2009年第6期。

[④] 吴玉军：《国家认同视阈中的社会主义核心价值体系》，载《中国特色社会主义研究》2011年第4期。

[⑤] 吴玉军：《国家认同视阈中的社会主义核心价值体系》，载《中国特色社会主义研究》2011年第4期。

[⑥] 江宜桦、李强：《华人世界的现代国家结构》，台湾商周出版社2003年版，第132页。

认为，国家认同是维系一个国家存在和发展的重要纽带，是现代国家构建所必需的"软件"及合法性基础。①

国家认同与国家利益、外交问题关系密切。亨廷顿指出："国家利益来自于国家特性。要知道我们的利益是什么，就得首先知道我们是什么人。"②从全球化在认同方面所产生的悖论效应中可以看到，民族国家认同以及与之相关的文化认同的再生产，在很大程度上正在变为各个主权国家捍卫自身利益的最为重要和有效的武器。③国家认同决定着人民对国家在对外关系中应该追求什么目标、在国际社会中应扮演什么角色以及追求一种什么样的国际地位等基本问题的看法，因此深刻地影响国家外交政策、外交战略取向。④

在现代社会中，国家认同对于个人也发挥着重要功能。美国社会学家盖纳认为："在现代思维中，一个没有国家的人是难于想象的。一个人一定需要有其国民身份，就好像他必须有一个鼻子两只耳朵一样。"⑤从个人层面看，国家认同的成功建构对于个人融入社会生活、维护个人的本体性安全、防止本体性焦虑、确定生活和道德的方向感等方面均有重要作用。⑥国家认同一旦出现危机，对于个人的情感来说是很痛苦的。同时，国家认同影响个人行为方式和处事准则。它能引导人们遇事时是理性地诉诸于法律或其他正常手段，而不是走极端方式。⑦

---

① 黄岩：《试论全球化与国家认同》，载《前沿》2007年第11期。
② 〔美〕塞缪尔·亨廷顿：《谁是美国人？美国国民特性面临的挑战》，程克雄译，新华出版社2010年版，第8页。
③ 李友梅、肖瑛、黄晓春：《社会认同：一种结构视野的分析：以美、德、日三国为例》，上海人民出版社2007年版，第15页。
④ 王立新：《美国国家认同的形成及其对美国外交的影响》，载《历史研究》2003年第4期。
⑤ 杨毅周：《一个中国原则的法理与情感——重建两岸同胞共同的中国认同》，载《读者论坛》2003年第10期。
⑥ 李友梅、肖瑛、黄晓春：《社会认同：一种结构视野的分析：以美、德、日三国为例》，上海人民出版社2007年版，第10页。
⑦ 李瑞君：《改革开放以来"国家认同"研究概述》，载《中共杭州市委党校学报》2010年第6期。

当然，国家认同功能也有消极方面的功能。当国家认同趋于偏执的时候，可能会导致忽视国内一些群体的正当利益，或者导致盲目自大、国家霸权主义，或者导致艳羡别国、自卑自弃等。①

（5）国家认同的构成

学界对国家认同的构成要素、层次等进行了多方探讨，并形成不同论点。综合观之，可分别从宏观或微观视角进行划分。从宏观角度看，国家认同可划分为二至三个层次。比如，郭艳认为，国家认同表现为个人和国家两个层面。②崔贵强认为，个人对国家的认同分为三个不同层次，即初级的认同、中级的认同、高级的认同。③

从微观角度看，国家认同可划分二至四要素（维度）。一些学者综合民族主义和自由主义流派的主张，认为国家认同包含政治和文化方面的要素。如社群主义者沃尔泽认为，政治认同与文化认同都是国家认同的重要层面，两者可以兼顾而且必须兼顾。因为它们共同创造了公民对国家的忠诚感。④大陆学者沈桂萍、肖滨等也此类似观点。⑤此外，佐斌在总结国外关于国家认同的心理学研究基础上，提出国家认同可划分为认知成分系统、情感成分系统等两个方面。⑥还有一些学者在二要素的基础上进一步拓展，提出了三要素之说。江宜桦认为，国家认同可以在概念上化约为族群认同、文化认同

---

① 滕星、张俊豪：《试论民族学校的民族认同与国家认同》，载《中南民族学院学报》1997年第4期。
② 郭艳：《印度尼西亚国家认同的危机与重构》，载《东南亚纵横》2004年第8期。
③ 崔贵强：《新马华人国家认同的若干观察（1945~1959年）》，载《兵团党校学报》2009年第3期。
④ 江宜桦：《自由主义、民族主义与国家认同》，台湾扬智文化事业股份有限公司1998年版，第90、93页。
⑤ 沈桂萍：《民族问题的核心是国家认同问题》，载《中央社会主义学院学报》2010年第2期；肖滨：《两种公民身份与国家认同的双元结构》，载《武汉大学学报》2010年第1期；吕芳：《北京部分高校大学生国家认同的调查与分析》，载《政治学研究》2010年第4期；何明：《国家认同的建构———从边疆民族跨国流动视角的讨论》，载《云南师范大学学报》2010年第4期，等。
⑥ 佐斌：《论儿童国家认同感的形成》，载《教育研究与实验》2000年第2期。

与制度认同等三个主要层面。① 杭聪认为，国家认同又可以分为文化认同、政治法律认同和经济福利认同。② 王宇认为，国家认同主要表现为政治认同、历史认同和文化认同。③ 还有学者在细致剖析国家认同在中文语境中的用法后提出，其核心问题可以区分为谁认同、认同什么、认同到什么程度等三个方面。④ 另有学者主张国家认同分为四个要素（维度）。金志远认为，国家认同包括国家认同的主体、客体、目的和依据等四要素。⑤ 徐黎丽认为，各个民族与国家政权的共同利益是国家认同的物质基础，多元文化背景下的共有价值观是国家认同的精神支柱，民族爱国情感的统一是国家认同的心理纽带，政治认同是国家认同的载体。⑥

（6）特殊群体的国家认同

特殊群体的国家认同问题，如边疆少数民族、跨境民族、港澳台民众以及海外华人的国家认同是近些年来国内学者们关注的焦点。

边疆少数民族的国家认同关乎国家的领土安全与社会稳定，学界对此关注较多。何明认为，边疆民族因其居住地属于国家边缘地带和其族群属于非主体民族，形成了民族认同与国家认同之间的张力，在国家认同问题上存在着一定的模糊性，并具有选择的地缘条件和社会条件。⑦ 陆海发和袁娥认为，对中国边疆少数民族的国家认同建设受诸如经济发展水平滞后、基础教育薄

---

① 江宜桦：《自由主义、民族主义与国家认同》，台湾扬智文化出版社1998年版，第15页。
② 杭聪：《国家认同、国家制度建设和国民经济福利——兼与陈晓律教授商榷》，载《探索与争鸣》2010年第4期。
③ 王宇：《历史教育与文化认同———美国高校国家观念教育的特色分析与借鉴》，载《高等农业教育》2007年第8期。
④ 苏晓龙：《浅论中文语境中的国家认同》，载《科学社会主义》2008年第6期。
⑤ 金志远：《论国家认同与民族(族群)认同实质的相异性》，载《前沿》2011年第9期。
⑥ 徐黎丽：《论多民族国家中民族认同与国家认同的冲突———以中国为例》，载《西北师大学报》2011年第1期。
⑦ 何明：《国家认同的建构———从边疆民族跨国流动视角的讨论》，载《云南师范大学学报》2010年第4期。

弱、现代化冲击、民族政策负面效应和境外势力渗透等多重挑战,急需从培育普适性公民文化、转变边疆治理思路、拓展利益表达渠道、调整民族政策取向、强化国族认同等方面强化国家认同。① 周俊华认为,历史上纳西族以自己所处地缘上的连接优势,以自身的方式参与、认同中国"大一统",为边疆民族地区的政治稳定和中国"大一统"的形成做出了自己特殊的贡献。② 李晓霞认为,新中国成立后,维吾尔民众的国家认同意识上升很快,民族认同感也在增强,宗教认同依然具有很强的影响力,因此应合理调整三者关系,促进新疆的长治久安。③ 王嘉毅等对新疆南疆地区青少年进行调查后发现,他们的国家认同比民族认同更为积极。与汉族青少年相比,南疆地区青少年的民族认同偏高而国家认同偏低。国家认同的形成会提升维吾尔族青少年的民族认同,能帮助他们形成正确的民族观和民族意识。④ 姚学丽和贾永萍通过对维吾尔族大学生国家认同的情况调查发现,维吾尔族大学生宏观和微观的国家认同状况较好,但是存在着公民身份自评较差和冲动性的民族情感问题。⑤ 解志苹和吴开松我们对新疆少数民族大学生展开问卷调查,结果显示,随着年龄的增长和认知的发展,新疆少数民族大学生的国家认同表现得更为积极。⑥ 杨海萍的调查表明,新疆大学生对国家具有较好的归属感和自豪感。但境内外敌对势力利用民族宗教对中国实施分裂与渗透活动,使新疆大学生对中华

---

① 陆海发、袁娥:《边疆少数民族国家认同建设的意义、挑战与对策》,载《青海民族研究》2010 年第 4 期。
② 周俊华:《历史上纳西族中国认同的发展历程及其启示》,载《云南社会科学》2007 年第 2 期。
③ 李晓霞:《试析维吾尔民众的国家认同、民族认同与宗教认同》,载《北方民族大学学报》2009 年第 6 期。
④ 常宝宁:《新疆南疆地区青少年国家认同影响因素实证研究》,载《新疆社会科学》2010 年第 1 期;王嘉毅、常宝宁、丁克贤:《新疆南疆维吾尔族青少年国家认同调查》,载《新疆社会科学》2008 年第 4 期。
⑤ 姚学丽、贾永萍:《新疆维吾尔族大学生国家认同的调查》,载《兵团党校学报》2009 年第 3 期。
⑥ 解志苹、吴开松:《全球化背景下国家认同的重塑———基于地域认同、民族认同、国家认同的良性互动》,载《青海民族研究》2009 年第 4 期。

文化的认同面临着挑战。①李紫烨认为，历史根基性导致新疆喀什维族表现出极高的民族认同。喀什维族的国家认同在国家全方位扶持政策、经济发展水平差距明显、青少年教育缺失等现实工具性的共同影响之下有所波动。②

跨境民族国家认同的研究也是学界较为关注的问题。王纪芒认为，中国朝鲜族作为中华民族的一部分，对中国有着坚定认同。在全球化的背景下，社会认同纽带趋于多元化，中国朝鲜族亦发展着多元化的社会认同。③朴光星通过实地调查分析发现，赴韩国务工的朝鲜族的认同呈现国家认同在加强的特点，而影响国家认同加强的主要因素是制度性适应的困难和中国的快速发展。④刘智文认为，朝鲜族国家认同意识的确立有一个渐进的历史过程，其中的重要一环是与中国兄弟民族共御外辱。近代日本殖民侵略引发的"间岛问题"催生了朝鲜族"中华"认同意识的萌发，开始由移民到国民的意识转换，朝鲜族逐渐融入中华民族。⑤

香港、澳门回归后，当地民众的国家认同变化问题引发学界普遍关注。郭艳和徐博东认为，在客观环境和主观操纵的双重作用下，国家认同渐成港台两地同胞政治生活中的一个问题。考察香港同胞国家认同现状，能够检视"一国两制"在香港实践的效果，也有助于我们了解台湾同胞的"国家认同"状况并预测其发展方向。⑥冉源懋认为，与民族国家的联盟，注定香港"身份政治"的尴尬：既以差异为基础又以团结为基础，既保持互相依赖、互惠

---

① 杨海萍：《新疆大学生国家认同教育的现状调查与路径选择》，载《新疆师范大学学报》2010年第4期。
② 李紫烨：《浅析喀什维族的民族认同与国家认同》，载《科学大众·科学教育》2011年第7期。
③ 王纪芒：《全球化时代中国朝鲜族的民族认同与国家认同———以中国某边疆的朝鲜族为例》，载《湖北民族学院学报》2008年第4期。
④ 朴光星：《赴韩朝鲜族劳工群体的国家、民族、族群认同》，载《云南民族大学学报》2010年第3期。
⑤ 刘智文：《"间岛问题"与朝鲜族"中华"认同意识的萌发》，载《大连民族学院学报》2007年第6期。
⑥ 郭艳、徐博东：《回归前后香港同胞"国家认同"的变迁及其对解决台湾问题的启示》，载《北京联合大学学报》2008年第19期。

互利，又保持其独特性和独立性。① 冯颖红认为，"一国两制"在香港的成功实践，使香港同胞的国家认同不断得到提升。但是，仍存在着一些有待于解决的问题。必须加强香港同胞对"一国两制"的深层认同，做好人心回归工作，实现文化的认同。② 林伟通过对《香港基本法》条文的整体结构做提纲挈领的剖析，从规范法学的角度探讨了国家认同如何在基本法中得以体现，并分析了如何通过实施基本法来促进香港市民对国家的认同。③ 陆平辉认为，在"一国两制"背景下，澳门特区仍然面临培养国家认同感的任务。这不仅是基于殖民地历史消极影响的长期性和复杂性，也是"一国两制"背景下"两制"共处带来的新问题，同时还和澳门国民教育在经济发展、时代变迁、文化多元、赌权开放背景下遭遇的困难相关。④

实现台湾与祖国大陆尽早统一是重大的时代课题，学界对此也展开了诸多探讨。在客观分析台湾民众思想状况后，学者们认识到，受历史与现实、内部与外部因素的影响，"台湾主体性"意识已经在台湾社会生根。台湾民众中自认为是台湾人、认同台湾的比例一直在升高，而认同中国和认同中华民族的人数不断减少，由此出现了国家认同的危机。⑤ 虽然台湾民众的国家

---

① 冉源懋：《身份政治与民族国家认同焦虑———对香港国际学校的一种解读》，载《贵州民族学院学报》2009 年第 4 期。
② 冯颖红：《关于在"一国两制"条件下促进香港同胞"国家认同"的思考》，载《广东省社会主义学院学报》2009 年第 4 期。
③ 林伟：《〈香港基本法〉视野之下的国家认同》，载《陕西社会主义学院学报》2011 年第 2 期。
④ 陆平辉：《试论澳门特区的国家认同和民族认同建设———纪念澳门回归祖国十周年》，载《学习与探索》2009 年第 6 期。
⑤ 林震：《论台湾民主化进程中的国家认同问题》，载《台湾研究集刊》2010 年第 2 期；刘强：《社会记忆与台湾民众的国族认同》，载《中华文化》2011 年第 2 期；黄德展：《对台传播中的国家认同危机》，载《青年记者》2010 年第 30 期；林晓芳：《浅析五十年来台湾民众"国家认同"的多元化走向》，载《中央社会主义学院学报》2004 年第 1 期；胡文生：《台湾民众"国家认同"问题的由来、历史及现实》，载《北京联合大学学报》2006 年第 12 期，杨毅周：《一个中国原则的法理与情感———重建两岸同胞共同的中国认同》，载《台声》2003 年第 10 期，等等。

认同曾遭受过内外两股势力的干扰，特别是被"台独"分子极度扭曲，但中华民族的共相在台湾地区有着强烈的存在，难以消灭。对中华民族的政治与文化认同是台湾民众国家认同的根基所在。① 在分析台湾国家认同现状的基础上，许多学者提出了国家认同建设的意见和建议。杨毅周提出，台湾地区难于从法理上撼动一个中国原则，但从情感上并不是没有影响，因此我们既要关注一个中国原则的法理面向，也要重视一个中国原则的情感面向（即中国认同的情感）。② 郭树勇提出，国家认同建设从来都是国内互动与国际互动的综合体。在正确的方向下，两岸互动有着广泛的空间，即"和平发展下的治权竞争"，"一个中国下的高度入世"，"多种形式下的中华共同体"。在"一个中国"观念下，大陆支持台湾以可以接受的条件进入国际社会，两岸和平发展，和平竞争，为中华崛起而努力。③ 范宏云提出，两岸国家认同可以简化为两岸认同"在横跨台湾海峡两岸的 960 万平方公里的土地上只存在一个主权国家"，这个早已确定的事实和法律应当成为各界讨论两岸和平协议和构建两岸和平发展框架以及推进两岸和平统一事业的起点。④

海外华人的国家认同问题也受到一些学者的关注。有学者指出，除新加坡外，东南亚所有国家都希望能同化华人，并且都采取了各种同化政策。对于这些同化政策，华人的反应因国家的不同而异。一般而言，华人在那些更多是以国族观念而不是以种族来界定民族概念的国家中，融合的情况比较好。不过，一个共同的现象是，华人即使取得居留国的国籍，一般仍保持对

---

① 王萍：《台湾民众国家认同"源"与"流"的历史文化透视》，载《军事历史研究》2008 年第 1 期。
② 杨毅周：《一个中国原则的法理与情感———重建两岸同胞共同的中国认同》，载《台声》2003 年第 10 期。
③ 郭树勇：《两岸互动与国家认同的重建》，载《博览群书》2005 年第 6 期。
④ 范宏云：《国际法的国家同一性理论与两岸国家认同》，载《特区实践与理论》2011 年第 3 期。

中国文化的认同,其中尤以汉族中的亚群客家最为明显。①庄国土认为,辛亥革命以后南洋华侨民族主义随着中国本土民族危机的加深而愈发强烈,其核心是对中国的全面认同。但这种以中国认同为核心的民族主义忽视了华侨在南洋社会的政治目标,以及为此目标而进行华侨社会自身的整合活动和与其他族群关系的调整,这是20—30年代以中国认同为全部内容的华侨民族主义局限性。②陈维国认为,东南亚华人青年较为普遍地存在国家认同多元化的情形。华人青年作为居住国公民认同于该国,在文化层面上仍然认同中国是他们的"宗祖国",同时也认同于美国等西方发达国家。③王爱平对华侨大学华文学院印尼华裔学生的调查研究表明,印尼华裔青少年均已完全认同印度尼西亚国家,但是印尼长期推行歧视、排斥华人政策极大地挫伤了这种感情归属。他们的身份认同和国家认同均是一个动态的过程,国家的有关法律和政策在其中起着决定性的支配作用。④王中妍对马来西亚近代华人的国家认同进行探讨,认为华人的国家认同因马来西亚国内形势和国际形势的变化而有所不同,但大致经历了三个阶段:认同于祖籍国中国、认同对象复杂和认同于居留国马来西亚。⑤石维有认为,1932年立宪革命是华裔认同泰国的标志性事件。华裔认同泰国是泰国政府长期执行自然同化政策的结果。亚洲民族解放运动和泰国半殖民地的国际命运促使华裔组织或参与了革命,并

---

① 骆莉:《国族塑造与族群认同——二战后东南亚民族国家建构中的华族身份认同变化》,载《东南亚研究》2010年第4期;谢剑:《试论全球化背景下的国族认同:以东南亚华人为例》,载《浙江大学学报》2010年第4期。
② 庄国土:《从民族主义到爱国主义:1911—1941年间南洋华侨对中国认同的变化》,载《中山大学学报》2000年第4期。
③ 陈维国:《印尼泰国华人青年的国家认同比较——对暨南大学华文学院的一次问卷调查》,载《东南亚纵横》2003年第11期。
④ 王爱平:《印尼华裔青少年的身份认同与国家认同——华侨大学华文学院(集美)印尼华裔学生的调查研究》,载《武汉大学学报》2006年第2期。
⑤ 王中妍:《近代马来亚华人的国家认同(1511—1957)》,载《东南亚之窗》2007年第3期。

实施唯泰主义政策以强化国家认同。①

（7）国家认同的比较

随着国家认同问题研究的广泛铺开，学界对不同国家、不同历史时期的国家认同进行了研究，为我们深入认识国家认同提供了比较视界。

一是对不同国家的国家认同研究。郭艳认为，苏联的国家认同主要建立在马克思主义意识形态基础之上，马克思主义的教条化和对马克思主义的背离，不断削弱官方意识形态，导致人民的国家认同感丧失，苏联作为一个国家才难以为继。②刘莹认为，普京的"国家主义"执政理念表现为对内"可控民主"与对外"主权民主"，这一国家理念成功利用了国家政权这一符合俄罗斯民族传统政治文化心理的符号，为重建被苏联解体和叶利钦自由主义泛滥损毁的民族国家认同找到了集文化、政治于一体的认同对象，从内、外两个层面分别确立和加强了国民认同情感。③王立新认为，美国的国家认同建立在新英格兰的历史经验、共同的革命经历以及对普世自由主义价值观和理想的信奉基础之上。但是，随着移民来源愈益多样化和多元文化主义兴起，美国国家认同中的历史文化因素日趋减弱，并越来越依赖政治意识形态和制度的共识。④在分析美国文化保守主义者与多元文化主义者之间的论争后，张文宗认为，从长远来看，"和而不同"的理念即对多元文化的尊重和对"美国信念"的共识，也许是对美国国家认同的最好诠释。⑤刘中民指出，阿拉伯国家认同深受民族认同的困扰。民族认同与国家认同的冲突是影响阿拉伯国家内部冲突的主要社会文化因素，使阿拉伯国家的民族国家建构遭遇

---

① 石维有：《华裔国家认同与泰国 1932 年立宪革命》，载《广西师范大学学报》2009 年第 4 期。
② 郭艳：《意识形态、国家认同与苏联解体》，载《西伯利亚研究》2008 年第 4 期。
③ 刘莹：《普京的国家理念与俄罗斯民族国家认同重建》，载《俄罗斯文艺》2008 年第 4 期。
④ 王立新：《美国国家认同的形成及其对美国外交的影响》，载《历史研究》2003 年第 4 期。
⑤ 张文宗：《浅析美国的多元文化主义与国家认同》，载《哈尔滨工业大学学报》2007 年第 6 期。

很大挫折甚至失败。①刘辉认为，苏丹一直缺乏真正的认同和真正的灵魂。北方阿拉伯主义与南方的非洲主义之间的对抗，导致国内战乱不断。苏丹持续多年的内战是国家的认同危机。②郭艳指出，由于印尼"千岛之国"这一独特的地理状况，加之西方殖民统治者曾经长期推行的"分而治之"政策，建国后政府的民族政策发生偏颇，使得少数民族分离主义运动一直存在。印尼政府应确保国家认同与其他认同的分离，维护社会秩序的稳定，妥善处理中央与地方的权益关系。这也是绝大多数后发展国家在建构民族国家的过程中应该予以高度重视的问题。③一些学者探讨了新加坡政府的国家认同教育措施，希望对中国的国家认同感培育提供有益启示。如认为新加坡政府通过不断更新公民道德教育内容，以及加强历史与国情教育、双语教育、社区服务计划等途径培育本国青少年的国家认同感，卓有成效。④新加坡在重视国家认同教育时，制定层次分明的教育目标，实施统筹兼顾的教育内容，采用丰富多彩的教育形式，构筑三位一体的教育环境。⑤新加坡国家认同教育的要义是灌输"我是新加坡人"意识。以唤醒生存意识、打破民族认同、灌输国家意识和开展隐性教育为国家认同教育的特色内容，催生和强化国家认同感。⑥新加坡政府在国家认同教育中积累的丰富经验值得我们认真学习。⑦

二是国家认同的历史研究。黄兴涛指出，美国的部分"新清史"学者总爱笼统强调中国与"大清"始终为两回事，这就必然涉及清代满人的"中国

---

① 刘中民：《从族群与国家认同矛盾看阿拉伯国家的国内冲突》，载《阿拉伯世界研究》2008年3期。
② 刘辉：《国家认同危机下的苏丹南北内战》，载《学术论坛》2008年第1期。
③ 郭艳：《印度尼西亚国家认同的危机与重构》，载《东南亚纵横》2004年第8期；郭艳：《民族分离运动与国家认同的建构———印度尼西亚个案研究》，载《国际论坛》2004年第5期。
④ 谢东宝、梁鹏：《新加坡的国家认同感教育》，载《中国民族教育》2010年第6期。
⑤ 杨艳、张鸿燕：《新加坡国家认同教育特色及对香港教育的启示》，载《现代中小学教育》2010年第7期。
⑥ 刘兴旺：《新加坡国家认同教育特色探析》，载《黑龙江教育学院学报》2010年第6期。
⑦ 吴玉军、吴玉玲：《新加坡青少年国家认同教育及其启示》，载《外国中小学教育》2008年第7期。

认同"问题。在对这一认同形成发展的过程与特点进行专门系统的考察和分析后,黄兴涛认为不能把两者简单对立起来。① 常建华认为,清朝的统治定位于接续明朝、延续历代皇帝的统治,清朝统治者将儒家思想作为官方意识形态,通过对儒家的文化认同来赢得汉人的好感并换取其服从清朝统治,实现国家认同,清朝的正统观尤其是历代帝王庙确立的正统观念,孕育着新的多民族国家观念和隐含着重新解释大一统的国家观念。② 杨亮军认为,在近代以来西方资本主义国家的侵略下,中国传统国家认同面临着转型困境。清政府多种尝试都失败后,把重建国家认同的希望寄托于立宪政体上。虽然最终没能成功,却提供了有益启示:要有一个能整合社会的中央权威存在,要合理对待"他者"与"自我"之间关系,要培育与宪政体制相兼容的政治文化。③ 许纪霖评述了晚清以来中国思想家的民族国家认同观点,认为共和主义和民族主义之间并非没有结合的可能。现代民族国家本身就是一个文化与政治的结合,是在民族的基础上形成的国家共同体。④ 许小青分析了1903年前后新式知识分子围绕民族国家的理论建构进行的讨论,认为新式知识分子在主权意识支配下,明确提出"中国者,中国人之中国"的口号,标志着民族国家理想的产生。但"中国人"下的民族认同却出现了严重的危机,民族国家建构方案也朝"排满建国主义"和"大民族主义"两个方向发展,这表明他们还没有找到从文化民族到政治民族的有效转换机制和方法。⑤ 石碧球也认为,辛亥革命是近代中国民族国家建构过程的一个重大转折点。辛亥革命爆发前,围绕着如何构建现代意义上的民族国家问题,出现了"排满"和

---

① 黄兴涛:《清代满人的"中国认同"》,载《清史研究》2011年第1期.
② 常建华:《国家认同:清史研究的新视角》,载《清史研究》2010年第4期。
③ 杨亮军:《危机中的变革:清末重塑国家认同的制度性选择》,载《福建论坛》2011年第4期。
④ 许纪霖:《现代中国的民族国家认同》,载《世界经济与政治论坛》2005年第6期;许纪霖:《共和爱国主义与文化民族主义——现代中国两种民族国家认同观》,载《华东师范大学学报》2006年第4期。
⑤ 许小青:《1903年前后新式知识分子的主权意识与民族国家认同》,载《天津社会科学》2002年第4期。

"合满"为认同符号的不同民族国家建构主张，并引发改良派和革命派激烈的论战，最终导致民族国家认同危机的产生和加剧。辛亥革命爆发后，中国近代民族主义在民族国家建构理论上完成了从汉族国家到五族共和国家再到中华民族国家的嬗变。民族国家认同在近代中国的正式形成的标志，就在于以中华民族为建构民族国家新认同的符号。① 徐慧清指出，日本发动侵华战争造成了中华民族生存危机，激发了中国人产生自我群体身份急待确认的需要和对现代民族国家的诉求和想象。在战争中，国人不同程度地从所属社群脱离出来，并加入建构自己民族国家的宏大叙事中。② 解志苹等认为，中国少数民族地区在改革开放前以"大家"即国家的浓缩形式到"小家"的认同意识为主导，改革开放后由"小家"认同到对延伸和扩大了的"大家"即国家的认同。③

3. 关于民族认同与国家认同的关系研究

民族认同与国家认同的关系十分复杂。学界关于民族认同与国家认同关系的研究，其观点也是五花八门，可分别从概念辨析，从发生论、结构论和建构论等视角进行大致区分。

从概念辨析角度看，一些学者提出，民族认同与国家认同之间既密切联系又互相区别。在形式上，两种认同都是内部成员对主体的认可，并且二者之间是一种递进的关系：民族认同是国家认同的基础；国家认同借助民族认同中的传统因素来取得，同时国家认同也保护着民族认同。就其区别而言，民族认同与国家认同的认同客体、认同基础、涵盖范围各不相同。民族认同侧重于本民族内部的经济、文化和政治认同，国家认同则涉及国家主权、政权及其他国家的认同。从性质分析，民族认同是一种文化认同，国家认同则是一种具有强烈的政治色彩的更高层次的政治认同。对此，可分别从认同的

---

① 石碧球：《辛亥革命前后近代中国民族国家认同的形塑》，载《思想战线》2011年第4期。
② 徐慧清：《抗战对中国民众现代国家认同的建构》，载《齐鲁学刊》2009年第2期。
③ 解志苹、吴开松、马娜：《改革开放以来少数民族认同意识的变迁》，载《中国民族》2009年第2期。

主体、客体、目的和标准特性等方面加以论证。①

从发生论视角看，如按照"从部落发展成民族和国家"②的马克思主义民族理论，人类社会最早的民族和国家几乎是同时产生的，二者一开始就有密切关联。与之相应，民族认同与国家认同也必然有密切联系。③许多学者认为，民族认同与国家认同都以差异和交往为前提，不同民族、国家的成员交往是民族认同、国家认同发生的关键因素。但是，民族认同与国家认同孰先孰后，大家的观点不一，而进行历史考证也几乎不可能。因为"经过几千年沧海桑田的变幻之后，历史考证已经非常困难。即使族群和国家实体的物质形态可以基于考古发现和历史研究而在一定程度上还原，前文字时代人们的思想观念和认同也几乎无从证明"④。不过，国家认同可以催生现代民族（国族）认同却是学界较为认可的观点。美国学者安德森指出，民族的形成是国家出现以后的事。进入民族国家时代(17世纪之后)，当这些国家的人民的身份从过去的臣民转向公民时，现代意义上的国家层面的民族才渐渐出现。⑤

从结构论视角看，国内外学者对民族认同与国家认同的关系研究，主要有三种不同论点：一是冲突关系。有学者认为，民族认同与国家认同之间存

---

① 高永久、朱军：《论多民族国家中的民族认同与国家认同》，载《民族研究》2010年第2期；张宝成：《民族认同与国家认同之比较》，载《贵州民族研究》2010年第3期；金志远：《论国家认同与民族（族群）认同实质的相异性》，载《前沿》2011年第9期；郑娇、叶兴艺：《民族认同与国家认同的整合模式研究》，载《兵团党校学报》2011第3期，等。
② 《马克思恩格斯选集》第4卷，人民出版社1995年版，第381页。
③ 周文京：《民族认同意识与国家统———从两德的重新统一看民族认同对西德国家政策的影响》，载《世界民族》2000年第4期。
④ 钱雪梅：《从认同的基本特性看族群认同与国家认同的关系》，载《民族研究》2006年第6期。
⑤ 〔美〕本尼迪克特·安德森：《想象的共同体——民族主义的起源与散布》，吴睿人译，上海人民出版社2003年版。

在着难以调和的矛盾冲突,二者是此消彼长的冲突关系。^①亨廷顿把这种观点演绎到极致,他认为民族认同在解构着美国的国家认同,是威胁美国国家安全的重要因素。^②二是共生关系。有学者认为,民族认同与国家认同属于不同层次的认同,二者不是非此即彼的关系,即"高层次的认同并不一定取代或排斥低层次的认同,不同层次可以并存不悖"^③。进言之,国家认同与民族认同未必相互削弱,二者在价值共识和功能上是相互依赖的关系,在社会实践中可以实现和谐共生。^④三是辩证关系。一些学者运用辩证思维,强调

---

① 戴晓东:《浅析族裔民族主义与公民民族主义》,载《现代国际关系》2002年第12期;郭艳:《全球化时代的后发展国家:国家认同遭遇"去中心化"》,载《世界经济与政治》2004年第9期;黄岩:《浅析多民族国家的国家认同》,载《赤峰学院学报》2007年第5期;刘中民:《从族群与国家认同矛盾看阿拉伯国家的国内冲突》,载《阿拉伯世界研究》2008年03期;贺金瑞、燕继荣:《论从民族认同到国家认同》,载《中央民族大学学报》2008年第3期;周平:《论中国的国家认同建设》,载《学术探索》2009年第6期;都永浩:《民族认同与公民、国家认同》,载《黑龙江民族丛刊》2009年第6期;左岫仙:《2010年国家社会科学基金项目〈加强公民的民族认同感和国家认同感教育研究〉简介》,载《黑龙江民族丛刊》2010年4期;马惠兰、陈茂荣:《论民族认同与国家认同一体化路径选择》,载《中南民族大学学报》2011年第4期;陈茂荣:《论"民族认同"与"国家认同"》,载《学术界》2011年第4期,等等。
② 〔美〕塞缪尔·亨廷顿:《谁是美国人?美国国民特性面临的挑战》,程克雄译,新华出版社2010年版。
③ 费孝通:《简述我的民族研究经历和思考》,载《北京大学学报》1997年第2期。
④ 钱雪梅:《从认同的基本特性看族群认同与国家认同的关系》,载《民族研究》2006年第6期;王嘉毅、常宝宁、丁克贤:《新疆南疆维吾尔族青少年国家认同调查》,载《新疆社会科学》2008年第4期;张友国:《族群认同与国家认同:和谐何以可能》,载《首都师范大学学报》(社会科学版)2008年第5期;王嘉毅、常宝宁:《新疆南疆地区维吾尔族青少年国家认同与民族认同比较研究》,载《当代教育与文化》2009年第3期;罗惠翾:《族群认同与国家认同:和谐何以可能》,载《理论视野》2009年第8期;高永久、朱军:《论多民族国家中的民族认同与国家认同》,载《民族研究》2010年第2期;金志远:《论国家认同与民族(族群)认同的共生性》,载《前沿》2010年第19期,等等。

民族认同与国家认同是冲突关系、统一关系的矛盾综合体。[①]

从建构论视域看，国内外对于民族认同与国家认同的关系问题，大致可以分成三类观点。一是同质论。这种理论在全世界较为普遍，它主张主体民族对少数民族进行同化或驱逐，其最终目的是实现"一国一族"，进而实现民族认同与国家认同的同质关系。二是多元论。多元论的观点有很大差异性，但都主张以"公民认同"作为维系社会的纽带，主张各民族不分大小一律平等，都有其存在的合理性，要求尊重和支持各民族保持自己的独特文化。如一些学者主张把民族认同"文化化"和"去政治化"，将之变成个人的私事，与政治性认同即"国家认同"相剥离。[②] 三是和谐论（或整合论）。总体上看，和谐论就是通过费孝通所提出的"多元一体"[③]方式协调各民族间关系，增进民族间联系与一体化进程，实现民族认同与国家认同之间的"美美与共"，其未来走势是不断的"从多元走向一体"。[④]

[①] 滕星、张俊豪：《试论民族学校的民族认同与国家认同》，载《中南民族学院学报》1997年第4期；李禹阶：《民族认同与国族认同》，载《重庆师范学院学报》1999年第2期；张永红、刘德一：《试论族群认同和国族认同》，载《中南民族大学学报》2005年第2期；张友国：《亚文化、民族认同与民族分离主义》，载《西南大学学报》2007年第4期；张宝成：《民族认同与国家认同之比较》，载《贵州民族研究》2010年第3期；李崇林：《边疆治理视野中的民族认同与国家认同研究探析》，载《新疆社会科学》2010年第4期；唐胡浩：《论各民族认同与中华民族认同的整合》，载《咸宁学院学报》2010年第4期；徐黎丽：《论多民族国家中民族认同与国家认同的冲突———以中国为例》，载《西北师大学报》2011年第1期；肖锐、胡琦：《伊犁跨界民族的国家认同与民族认同调查研究》，载《黑龙江民族丛刊》2011年第1期；马惠兰、陈茂荣：《论民族认同与国家认同一体化路径选择》，载《中南民族大学学报》2011年第4期，等等。

[②] 马戎：《理解民族关系的新思路———少数族群问题的"去政治化"》，载《北京大学学报》2004年第6期；都永浩：《民族认同与公民、国家认同》，载《黑龙江民族丛刊》2009年第6期；郭艳：《印度尼西亚国家认同的危机与重构》，载《东南亚纵横》2004年第8期；郭艳：《民族分离运动与国家认同的建构———印度尼西亚个案研究》，载《国际论坛》2004年第5期，等等。

[③] 费孝通：《中华民族多元一体格局》，中央民族大学出版社1999年版。

[④] 徐杰舜：《从多元走向一体》，广西师范大学出版社2008年版。

4.关于当代中国应对民族认同与国家认同冲突的策略

历史与现实表明,民族认同与国家认同无可避免地存在张力,处理不当就会导致民族分离、社会动荡甚至国家衰亡。国内学界对中国如何有效应对民族认同与国家认同的张力问题进行了诸多研究,并提出各种各样的思路和策略。综合起来,可简要归纳为如下四个方面。

(1)强化中华民族即国族认同。按照"国族"的逻辑思路,对中华民族的认同就等于对国家的认同。这有一定的合理性,因为中国是以中华民族为基础的。但对中华民族的认同并不完全等同于对中国的认同,因为在海外的华人和炎黄子孙也是中华民族的一部分,他们认同自己是属于中华民族的一分子,但不一定对中国国家身份认同。不过可以肯定地说,中华民族认同与中国国家认同是有密切关联的。[①]强化国族认同的基本观点是,主张推进国内各民族文化的共同性乃至同质化,实现民族认同与国家认同的同质与同构,从而根本上消除二者的冲突,牢固奠定国家团结统一的思想基础。按此思路进行实践,可能导致两种不同的民族政策:一是民族整合政策(自然同化)。即在客观承认各个民族差异性的基础上,提倡各个民族相互接近、相互交流、相互补充、相互容纳,最终形成一种既包容国内各民族文化又为各个民族所认同的国民文化,重塑统一国族。二是民族同化政策。国家运用政权的力量"迫使"少数民族接受主导民族的文化,使其丧失原来的民族特征,与主导民族融为一体的政策。这两种政策的共同点在于,都以"一国一族"为目标追求。

(2)强化"公民身份"的政治认同。其基本观点是,要求以更具包容性的、超越民族认同的公民身份认同为整合纽带,规制各民族与国家的关系,强化国家认同。按照这一思路进行实践,也可能导致两种不同的民族政策:

[①] 佐斌、秦向荣:《中华民族认同的心理成分和形成机制》,载《上海师范大学学报》2011年第4期;邱永君:《加强对"中华国族"的核心认同》,载《理论视野》2010年第6期;吴开松、解志苹:《论我国少数民族地区国族认同的构建》,载《中南民族大学学报》2008年第3期;郑晓云:《中华民族认同与中华民族21世纪的强盛——兼论祖国统一》,载《云南社会科学》2002年第6期。

一是多元文化政策,即倡导自由、平等和包容,承认国内各个民族文化具有独特的价值和平等的地位,尊重各民族维护自身民族文化的愿望,支持和鼓励各个民族传承发展自己文化特色。多元文化政策的独特之处在于,它试图以公民认同这种"弱式认同"来统合和凝聚各民族,使国家认同从文化认同向政治地域认同转变,民族认同与国家认同之间的冲突因此得以缓解。二是民族"融合"政策,即借助平等主义的导引打碎原有的各个民族,并通过公民身份的赋予实现各民族身份认同的"单一化"。基本的做法是,国家明确要求各民族断绝过去所有的一切地域、语言、宗教与社会的认同,而能以自由、平等、博爱的价值,缔造一新的"民族"。[①]

（3）同时强化国族认同与公民身份认同。这种思路是前面两种思路的综合,主张双面出击、两手兼顾。如肖滨认为,我们应该一手构建公民的赞同性国家认同,即国家基于宪法所规定的公民权利;另外一手则是构建公民的归属性国家认同,即国家通过强化民族内部的族群团结,维护国家的领土主权,传承民族的历史传统,培育民族的公共文化,诠释国家的象征符号等。[②]查火云等认为,爱国主义教育本质上是一种国家认同教育。当代中国爱国主义教育存在以中华民族为核心的民族国家认同模式和以公民为主体的公民国家认同模式两种不同的教育模式。当代中国社会发展的特殊国情决定了两种认同教育共存之必要。我们需要以公民国家认同教育为重心,通过构建公共文化来重塑爱国主义教育话语来化解两种认同模式之间的紧张与冲突。[③]

（4）提出具体的经济、文化、政策、法律等措施。韩震提出,必须通过人口流动促进人民之间的交流与文化融合;要把经济社会的区域均衡发展置于今后工作的重心位置;强化国家认同必须有政策和法规的支撑,民族政

---

① 许纪霖：《公共性与公民观》,江苏人民出版社 2006 年版,第 88 页。
② 肖滨：《两种公民身份与国家认同的双元结构》,载《武汉大学学报》2010 年第 1 期。
③ 查火云、郑航：《当代中国爱国主义教育的话语分析：国家认同的视角》,载《教育学报》2010 年第 6 期。

策应以增加国家认同的程度为标准。①吴玉敏提出，要加强民族认同与国家认同相统一的道德教育。②何明提出，在建构国家认同的过程中，国家必须兼顾两个方面安全感的建构：一是通过各种政策措施和舆论工具促进各个民族形成对国家的包括信赖和归属的安全感；二是通过各种平衡策略和氛围营造增进各民族之间的平等和公正的安全感。③欧阳景根提出，要从制度维度对国族认同与文化认同进行补充，构建中华多元一体的三维立体式国家认同大厦。中国具有建党在先、以党建国、党政同构和党国同构的鲜明特点，决定了实现制度性国家认同必须以执政党认同为基础。④周平提出，应将国家认同提升到国家核心价值层面，构建起具有统摄性的国家认同建设战略；应维持民族意识与国家意识之间的平衡，对于个别民族的民族意识的过快增长必须保持警惕；应加强边疆治理，促进边疆多民族地区的发展。⑤从立宪主义的视角，韩轶提出，民族与国家关系的重整既意味着保持文化民族与政治国家之间的一定距离，也意味着正视民族的凝聚力量，重视民族国家特定的文化传统与集体诉求，并通过民族认同实现国家政治认同和宪法认同。⑥马惠兰和陈茂荣提出，建构民族认同与国家认同一体化的路径是依据中国的国情，强化各级政府对民族工作的领导，加快民族地区经济快速发展，引领和

---

① 韩震：《论国家认同、民族认同及文化认同——一种基于历史哲学的分析与思考》，载《北京师范大学学报》2010年第1期。
② 吴玉敏：《公民道德建设中的民族认同与国家认同相统一探析》，载《青海师范大学学报》2010年第3期。
③ 何明：《国家认同的建构——从边疆民族跨国流动视角的讨论》，载《云南师范大学学报》2010年第4期。
④ 欧阳景根：《社会主义多民族国家制度性国家认同的实现机制》，载《西北师大学报》2011年第1期。
⑤ 周平：《论中国的国家认同建设》，载《学术探索》2009年第6期。
⑥ 韩轶：《从"民族认同"到"宪法认同"——立宪主义视角下民族与国家关系之反思与重构》，载《法学评论》2011年第3期。

整合民族意识，不断发展民族地区文化和教育①，等等。

（三）简要评述

综观民族认同和国家认同的相关研究，西方学界研究时间早、起点高，在概念界定、构成要素、发生理论、功能作用、发展模型、影响因素、关系研究、政策探讨等方面都取得了丰硕的成果。西方学界的研究既具全球的广阔视野，也有丰宏的理论支撑，更富大量现代、精致的研究方法和手段运用，因而其研究成果质量较高，对多民族国家制定相应的民族政策也颇具参考价值。如菲利克斯·格罗斯在《公民与国家：民族、部族和族属身份》中提出了多民族国家处理民族关系的多元主义理性原则，强调要将族属认同与政治认同相分离的思想，主张多民族国家以超越民族认同、更具包容性的公民身份认同为整合纽带来处理民族认同与国家认同的关系，这为多民族国家提供了有益参考。塞缪尔·亨廷顿在其著作《谁是美国人？美国国民特性面临的挑战》和《失衡的承诺》中，对美国国家认同所面临的挑战及美国认同的核心理念——自由民主信念的运行状况进行剖析，提出了强化美国国家认同的独到见解，这对于当代别的多民族国家也提供了一些有益启示。安东尼·史密斯在《全球化时代的民族与民族主义》《民族主义：理论、意识形态、历史》中认为，尽管民族主义会广泛地带来恐怖和毁灭，但它也为现代世界秩序提供了唯一现实的社会文化框架。时至今日，它们还没有势均力敌的竞争对手，民族认同仍具有广泛的吸引力和效力。安东尼·史密斯的观点，为多民族国家强化国家认同提供了另一种思路，即通过强化国族认同（即合理利用民族主义）来强化公民国家认同，这为当代中国强化中华民族认同提供了很好的理论参考。威尔·金里卡在《少数的权利：民族主义、多元文化主义和公民》《多元文化公民权》中，为我们深刻阐释了少数民族的应有正当权利，启示我们在推行民族国家建构时，保持民族认同与国家认同

---

① 马惠兰、陈茂荣：《论民族认同与国家认同一体化路径选择》，载《中南民族大学学报》2011年第4期；陈茂荣：《论"民族认同"与"国家认同"》，载《学术界》2011年第4期。

和谐关系的必要性和有效路径。此外，一些文化人类学、社会学和心理学科等的个案调查、量化分析研究，也为我们深入认识民族认同与国家认同提供了科学依据，等等。当然，我们在充分肯定国外相关研究成果的重要价值时，也必须清醒认识到，国外研究成果也存在问题与缺陷，并不能提供认识和解决民族认同与国家认同关系问题的"放之四海而皆准"的真理。尤其在当今全球化、信息化的大背景下，各国各民族间经济、政治、文化等方面的交流交融交锋日盛，世界范围内的民族矛盾与冲突频繁发生，多民族国家面临民族分离主义的威胁仍然严峻，要求各国结合自身实际，开展长期深入的本土化探究。

从国内研究情况看，近些年来中国的相关研究呈现百花齐放的局面，其广度和深度皆是不断拓进的。国内学界的相关研究，呈现出如下方面的特征：一是时间不长，但成果剧增。国内学界关于民族认同、国家认同的研究，大多起步于21世纪之初。但我们惊喜地看到，近10年来的相关研究迅猛发展，相关成果蜂拥而出。二是视角宽广，内容丰富。国内的相关研究涉及理论与实践、历史与现实、国内与国外、汉族与少数民族等，研究视角宽广，涉猎内容丰富。三是学科多元，联系实际。民族认同与国家认同是一个跨学科的研究领域，目前国内政治学、民族学、社会学、人类学、历史、教育学、心理学、哲学、新闻学、法学、文学等学科都已投入其中。这些研究既注重理论创新，也注重立足中国国情，有针对性地提出了许多宝贵的对策建议，为中国科学认识和正确处理民族认同与国家认同关系提供了有益参考。

但是在另一方面，国内关于民族认同与国家认同的研究起步较晚，因此也存在一些薄弱之处，主要表现在四个方面：一是借鉴国外理论较多，但消化吸收不够充分。作为后起研究者，国内学者对国外民族认同与国家认同的相关理论的推介工作十分必要，但我们在借鉴国外理论时，如果盲目采取"拿来主义"的态度，就会带来研究工作的契合性缺失问题。我们可以大胆借鉴，但绝不能盲目移用或过多使用具有不同文化背景的国外理论来对中国的民族认同与国家认同进行分析与研究，否则必然会发生"水土不服"的偏差。正确的做法是，要以马克思主义的民族理论为指导，在批判借鉴西方相关理论的基础上做到"洋为中用"。二是自主创新能力亟待加强，研究质量仍需提升。近些年来，国内学界相关研究成果数量剧增，但内容观点重复颇多，真正有创见性的高质量成果仍然不太多。今后，亟待在深入调查研究之基础上，不断提高研究质量，努力建构中国特色的民族认同与国家认同创新理论体系。三是跨学科合作不足，研究方法较为单一化。如上述，国内多个学科都积极投入了民族认同与国家认同的研究工作中，但是各个学科的研究基本上是"各自为政"，组建跨学科研究团队开展研究者很少见，这在某种程度上制约了跨学科研究方法的综合使用。虽然也有少数学者在研究过程中既运用了各自学科的研究方法，也交叉使用多种研究方法，如问卷调查法、田野调查法、非介入性研究法、定性与定量分析方法、比较研究法等，但总体而言方法单一化，在研究方法的综合化、研究工具本土化、研究技术的现代化方面做得十分有限。四是研究的系统性、深入性有待加强。21世纪以来，国内学界关于民族认同与国家认同的研究成果剧增，但是整体观之，不少科研成果存在着观点相近、内容重复、方法陈旧的问题，真正系统深入的理论研究和实证研究成果较少见。当然，这与国内研究时间不长有一定关系。我们应充分认识到，当前国内学界的相关研究仅仅处于起步阶段，民族认同与国家认同将会是一个长期艰巨的研究论题。

三、研究思路与方法

（一）研究思路

本研究坚持以马克思辩证唯物主义和历史唯物主义为指导，遵循社会主义核心价值观，紧紧抓住"民族认同与国家认同的和谐关系建构"的研究主线，从理论、历史、现实的立体维度，对多民族国家民族认同与国家认同的关系及其建构问题进行深入系统探究，力图为解决民族认同与国家认同的矛盾冲突问题，为维护中国统一多民族国家的团结稳定，推进社会主义和谐社会建设提供一定的理论支撑和实践参考。加上导论，本研究共分五个部分内容。

第一部分是导论。阐明了民族认同与国家认同研究的重要价值，即有助于拓宽思想政治教育研究领域、有助于促进当代中国民族政治理论发展、有助于增强爱国主义教育有效性、有助于提升中华民族凝聚力、有助于推进社会主义和谐社会建设。对国内外相关研究现状做了尽可能全面翔实的综述，力图为进一步的深入研究奠定扎实基础。介绍了本研究的主要思路和研究方法。

第二部分对民族认同与国家认同的内涵进行界定，对民族认同与国家认同的关系进行检视。在借鉴国内外学者观点的基础上，提出民族认同就是民族成员在与其他民族的交往过程中，或者在接受本民族社会化过程中，通过与"他族"对比而建构起来的一种对自己所属民族的自觉确认，主要体现为对本民族的归属感、忠诚感和奉献精神；国家认同就是人们确认自己归属于哪个国家以及这个国家究竟是怎样一个国家的心理过程，在这一过程中，个人与国家之间发生情感上的融合，对国家的合理性表现出无比忠诚，对国家的主权领土、历史文化、道德价值、理想信念等表现出强烈的赞同、支持和追随，并愿意为此做出贡献和牺牲。依据马克思唯物辩证法进行检视，民族认同与国家认同之间是部分与整体、个性与共性的关系，二者既存在对立冲突的关系，也存在互辅共生的关系，是对立冲突与互辅共生的矛盾统一体。

第三部分基于现代民族国家建构视角，提出民族认同与国家认同关系的理想建构取向。在多民族国家中，民族认同与国家认同之间总是处于不断的交叠互动过程，表现为冲突对立与互辅共生两种不同趋向，深刻影响着国家内部民族关系与社会稳定。为缓解或消除两种认同之间的矛盾冲突，增进两种认同之间的互辅共生，实现两种认同的耦合与同构，世界各国实施了相应的民族政策，由此形成民族认同与国家认同关系建构的不同取向，其中的通行取向是同质关系和多元关系建构。然而在当今时代，这两种建构取向都因为存在局限性而陷入某种困境。和谐关系建构取向实现了对同质关系建构取向、多元关系建构取向的超越和扬弃，具有充分的现实合理性，是民族认同与国家认同关系建构的理想取向。

第四部分探讨民族认同与国家认同和谐关系建构的目标、原则和支撑。以长时段历史眼光观照，民族认同与国家认同的和谐关系建构具有初级、中级和高级等三个目标层次。当代世界所处的历史时期决定了民族认同与国家认同和谐关系建构目标应定位于第一和第二阶段，尤其是以第一阶段为直接、近期实现目标，而以第二阶段为中期的追求和奋斗目标。民族认同与国家认同的和谐关系建构，应该秉持求同存异、立足国情、统筹兼顾和锐意创新等原则，以族际经济发展和谐、族际政治生活和谐、族际文化关系和谐、族际社会福利和谐等作为强力支撑。

第五部分对当代中国民族认同与国家认同的和谐关系建构进行探讨。在前面四个部分的理论研究基础上，本部分把最终落脚点放在当代中国。当代中国作为多民族的统一国家，在民族认同与国家认同关系建构方面，采取了和谐关系建构取向，并取得了举世瞩目的成就。然而，当前中国的和谐关系建构也面临着一些问题和挑战，主要包括社会转型期带来的冲击和挑战，西方敌对势力的干涉渗透和"三股势力"的煽动破坏，以及民族政策方面存在的不完善等。针对这些问题与挑战，本研究提出若干建议对策：第一，支持少数民族和民族地区发展与倡行"两个共同"主题相结合；第二，完善党和国家的民族政策与强化公民国家认同相结合；第三，发扬各民族优秀文化与增进中华民族文化共性相结合；第四，培养使用少数民族干部与拓宽少数民族群众政治参与渠道相结合；第五，依法开展反分裂斗争与长期普遍进行民族团结思想教育相结合。

（二）研究方法

本研究沿着从宏观到微观、从理论到实践、从历史到现实、从文献到案例的研究原则，采用文献研究法、比较研究法、案例研究法和系统研究法开展研究工作。

1. 文献研究法。本研究首先采用文献研究方法，穷尽所能地占有国内外关于民族认同与国家认同的理论和文献资料，并加以分析、借鉴和吸收，撰写大量读书笔记，在此基础上深入加工整理，形成尽可能全面翔实的研究综述，为进一步的深入研究奠定扎实基础。

2. 比较分析法。本研究运用比较分析的方法对国内外关于民族认同与国家认同关系建构的理论进行消化吸收，形成自己的理论、观点和方法。同时，对民族认同与国家认同关系的同质关系、多元关系、和谐关系等三种建构取向进行多维分析比较，得出和谐关系是当今时代理想建构取向的结论。

3. 案例研究法。本研究通过部分案例的展示和分析，具体呈现多民族国家民族认同与国家认同关系的生动图景，使研究更加具体、丰富，论证更加有力。如本文在分析民族认同与国家认同矛盾冲突，以及民族认同与国家认同和谐关系建构时，使用了国内外的相关案例。最后一章还专门分析当代中国民族认同与国家认同和谐关系建构的巨大成就，这是最直接最典型的案例。

4. 量化研究法。本研究综述部分采用数据分析的方式，较为清晰地描绘出当前的研究图景及现状。本研究正文部分通过使用国内外的系列数据来论证所提观点，增强了本研究的说服力。

5. 系统研究法。本研究依据系统论的原理方法，将民族认同与国家认同的和谐关系建构当作一个社会大系统来进行研究，全面探讨其实现的目标、原则和支撑。同时，在系统分析当代中国多民族社会复杂状况基础上，提出中国民族认同与国家认同的和谐关系建构的深化路向。

第二章　民族认同与国家认同的内涵及关系

马克思、恩格斯指出:"城乡之间的对立是随着野蛮向文明的过渡、部落制度向国家的过渡、地域局限性向民族的过渡而开始的,它贯穿着文明的全部历史直至现在。"① 这一论述深刻揭示了原初形态民族、国家的产生过程。在漫长历史长河中,民族、国家如同孪生姐妹,共同建构了人类赖以生存的"姆庇之家"。与之相应,民族认同、国家认同也因此成为人们挥之不去的思想意识流。但颇为令人费解的是,民族认同与国家认同"带来的光荣与梦想、残酷与梦魇总是相伴而生"②,人们几乎无法做出"非此即彼"的选择。尤其是在 20 世纪 90 年代冷战结束以来,因民族认同与国家认同的张力而导致的民族冲突、民族战争极大影响了很多国家的稳定和发展,破坏了国家间正常关系乃至世界的和平与安宁。这就不难理解,为何近些年来民族认同与国家认同关系问题成为世界范围内关注的热点。但是在思考二者关系时,人们却遇到了很大的困惑,陷入无休止的论争,其中持"冲突论"者有之,持"共生论"者亦有之。以马克思主义辩证思维进行检视,民族认同与国家认同之间既对立冲突,也互辅共生,属于一对矛盾统一体。

---

① 《马克思恩格斯文集》第 1 卷,人民出版社 2009 年版,第 556 页。
② 石茂生、程雪阳:《论当代中国国家认同和国家统一的基础——基于民族主义与宪法爱国主义的考量》,载《郑州大学学报》2009 年第 3 期。

一、民族认同与国家认同的内涵

民族认同与国家认同是一对十分复杂而又密切关联的概念。在有些情况下,民族认同与国家认同内涵重叠,可以交互使用;在另一些情况下,二者又有所区别,甚至泾渭分明。由于民族认同与国家认同的内涵具有复杂多重性,因此我们在考察二者关系及其建构问题时,首先就必须对其内涵做出明确的界定,这也是国内外学界开展相关研究所必然遵循的基本逻辑进路。

(一)民族认同的内涵

1. 认同的内涵

一般认为,认同(identity)一词来自于拉丁文 idem(the same,即相同或一致)。其大致的发展脉络是:从哲学中产生,作为名词表示恒久自性。弗洛伊德和埃里克森将其用入心理学,主要做名词使用,表示个体对自我及其与社会和他人关系的估量结果;20 世纪 60 年代进入西方人文研究领域,20 世纪 90 年代大量引入中国大陆,主要作为动词使用,兼有对内求同和对外识别的意思。[①] 近些年来,"认同"一词正被国内外学者所广泛运用,并成为人文社会科学研究工作中不可或缺的时代标志。正如美国学者丹尼斯·乔亚所言:"认同这一概念对于认识人类具有本质性的作用,我认为没有其他概念能够像认同这样如此重要。"[②] 一个词汇的广泛使用,往往意味着其内涵的不断扩展和多元走向。尤其像"认同"这一主观性极强的词汇,更是如此。以至于有人感慨地说,认同一词"既不明确,又不能不用","有多重意义,难以界定,无法用通常的尺度来衡量它"。[③]

但是,对认同概念做出力所能及的界定仍然是开展相关研究的必要前

---

① 张海洋:《中国的多元文化认同与中国人的认同》,民族出版社 2006 年版,第 39 页。
② David A. Whetten, Paul C. Godfrey ed., *Identity in Organizations, Building Theory through Conversations*, London: Sage Publications, 1998:17.
③ 〔美〕塞缪尔·亨廷顿:《谁是美国人? 美国国民特性面临的挑战》,程克雄译,新华出版社 2010 年版,第 17 页。

提。哲学、心理学、社会学、政治学等都从本学科视角,对认同一词做了研究和界定。认同最初属于哲学范畴,意指"变化中的同态或同一问题"。在哲学研究中,认同被译为"同一性",同一性的通常定义是莱布尼兹提出的,即如果属于某个东西的所有性质都只属于一个东西,或者说以一个代替另一个而不改变任何命题的真值,则它们是同一的。逻辑学中的同一律表明,承认事物的同一性是我们能够讨论任何事情的前提,而一个事物是自身同一的,它就必须能够经历所有可能的变化而仍然保持其同样的唯一性。在哲学话语里,认同指的是同一事物在变化中的同态和差别中的同一问题。[1] 洛克曾在此意义上对认同进行了专门论述,认为"凡具有一个发端的东西,就是有同一的东西,至于别的东西的发端如果在时、地方面都与此一种东西不同,则那种东西,便与此种东西不相同,而是相异的"[2]。奥地利著名心理学家弗洛伊德最早把认同作为心理学术语进行讨论。他将认同界定为个人与他人、群体或模仿人物在情感、心理上的趋同过程。[3] 在此基础上,艾里克森对认同做了进一步拓展,提出自我同一性理论,并将此运用于青少年同一性危机研究中,产生了广泛影响。[4] 在社会学领域中,认同泛指个人与他人有共同的想法。人们在交往过程中,为他人的感情和经验所同化,或者自己的感情和经验足以同化他人,彼此间产生了内心的默契。这种默契分为有意识的和无意识的两种。[5] 这种认同意识的获得是社会化的结果,是一种将他人或群体的期望、价值、标准与社会角色,内化于个人的行为和自我概念之中的同化与内化相统一的社会心理过程。[6] 在政治学领域,认同强调身份和集

---

[1] 杨妍:《地域主义与国家认同:民国初期省籍意识的政治文化分析》,天津人民出版社2007年版,第7页。
[2] 〔英〕洛克:《人类理解论》上,关文应译,商务印书馆2009年版,第326页。
[3] 李忠、石文典:《当代民族认同研究述评》,载《西北民族大学学报》2008年第3期。
[4] 王付欣、易连云:《论民族认同的概念及其层次》,载《青海民族研究》2011年第1期。
[5] 辞海编辑委员会编纂:《辞海2》,上海辞书出版社1999年版,第1037页。
[6] 万明钢:《多元文化视野:价值观与民族认同研究》,民族出版社2006年版,第45页。

体认同对个人行为的深刻影响,是一个用于解释政治行为的非工具分析性概念。它把认同和身份视为特定政治行为的产物或结果,这也是国际关系理论建构主义学派的重要主张。①俞正樑指出,认同常常被定义为建立在共同体成员共同特性基础上的、区别于他者的共有身份与形象,以及对共同体的归属感,它包括原生或内生认同(即自我因文化等因素所造就的认同)、社会建构的认同(即自我与他者通过互动所造就的认同)两个向度。②

综合不同学科的界定,认同一词作为社会科学研究中的一个基本性概念,在使用中通常具有英文的 identity 和 identification 两词的联合意义。其中,"identity"指涉身份、属性,将"identity"演绎为认同一词则有归属感的含义;"identification"是人类从自身出发经过与他者的参照比较最终反思自身的认知程式,意指"我者"与"他者"联结一体的心理历程,因而与"相似"和"差别"联系在一起。概言之,认同既指统一性或一致性,即人的身份同一和统一的人或物,也指差异性、情感性,是一个"求同"和"存异"同时发生的过程。不过,无论是"同"还是"异",都必须参照特定社会边界来确定。在边界内部,认同表示的是"同",超出此一边界,认同实际上是"求异"。③再从词义角度审视,通常使用的认同主要有三重含义:一是"同一、等同",即一个事物与另一时地之另一事物为相同事物的现象;二是"归属、确认",即指认出自己的特色、确认自己属于哪一种类属、不属于哪一种类属的活动;三是"赞同、同意",这种用法表现出明显的主观意志。④

---

① 钱雪梅:《从认同的基本特性看族群认同与国家认同的关系》,载《民族研究》2006年第6期。
② 俞正樑:《国际关系与全球政治:21世纪国际关系学导论》,复旦大学出版社2007年版,第254页。
③ 李友梅、肖瑛、黄晓春:《社会认同:一种结构视野的分析:以美、德、日三国为例》,上海人民出版社2007年版,第3页。
④ 江宜桦:《自由主义、民族主义与国家认同》,台湾扬智文化事业股份有限公司1998年版,第8—11页。

按照个人与社会关系的标准,认同可分为个体认同和社会认同两种。吉登斯指出,认同与人们对他们是谁以及什么对他们有意义的理解相关。自我认同(个体认同)把人们区分为不同的个体,而社会认同标示出个人是如何与他人"相同"的。① 个体认同与美国早期著名社会学家库利的"镜中我"概念相近。库利指出,一个人的自我观念是在与其他人的交往中产生的,一个人对自我的认识是关于其他人对自己看法的反映,在想象别人对自己的评价之中形成自我的观念,因此自我人格的出现与发展经历了三个阶段:首先,我们觉察自己在他人面前的行为方式;其次,我们领悟别人对我们行为的判断;第三,基于对他人反应的理解,我们评价自我。简单地说,我们根据想象别人对我们的行为及外表的感觉来理解自我。② 个体认同或者说个体的自我认同,是对自己在交往活动中所担当的角色或者所处地位和身份的一种自我确认,也指不同个体根据自己的独特经历而对自我的反思性理解,它是对"我是谁"这一问题以及它作为人的本质特征的自我理解、自我回答。③与个体认同相对,社会认同在本质上是一种集体观念,是指关于构成某个群体的人们之间所认可的某些相似性或共同性特征,这与法国社会学家涂尔干的"集体意识"或"共同意识"一致。涂尔干认为,社会成员平均具有的信仰和感情的总和,构成了他们自身明确的生活体系,我们可以称之为集体意识或共同意识。④ 当然,某一群体的相似性和共同性特征又是建立在与其他群体之间存在着差异性这一基础之上的。相似性总是根据对不同群体之间差异的界定而被识别,社会认同将社会群体分成了内群体和外群体。虽然个体认同与社会认同有所区分,二者在相互关系上却是辨证统一的,因为个人认

---

① 〔英〕安东尼·吉登斯:《社会学》,赵旭东等译,北京大学出版社,2003年版,第38页。
② 〔美〕戴维·波普诺:《社会学》,李强等译,中国人民大学出版社1999年版,第148页。
③ 张文喜:《马克思的自我认同观与现时代》,载《浙江社会科学》2000年第5期。
④ 〔法〕埃米尔·涂尔干:《社会分工论》,渠东译,生活·读书·新知三联书店2000年版,第42页。

同本质上也属于社会认同,个人认同是以特定社会中的人或社会群体为参照而形成的。正如亨廷顿所分析的:认同是一个人或一个群体的自我认识,是自我与他人交往的产物。人们在程度不等的压力、诱因或自由选择的情况下,决定自己的认同。对个人和群体而言,各种认同的重要性是随时间和情况而变化,有时人们强调自己与他人的共同性,有时却强调自己与他人的差异性。①

不管是个人认同还是社会认同,对于个体或国家都具有重要的意义。美国学者乔纳森·弗里德曼指出,认同是关系着人们的精神意识与社会生存等生死攸关的问题,而非仅仅是文字方面的游戏。②芒茨爱拉特·吉博诺认为,认同有做出选择、与他人建立起可能的关系、使人获得力量和复原力等强大功能。③泰勒认为,认同为个人的价值判断和行为提供了基本参照,"知道你是谁,就是在道德空间中有方向感;在道德空间中出现的问题是,什么是好的或坏的,什么是值得做和什么不值得做,什么是对你有意义的和重要的,以及什么是浅薄的和次要的"④。不过,认同内含的同一性与差异性彼此共存,决定其功能也必定是双重的。认同一方面强调归属、共同性,为社会的联系、团结与合作提供了基础;另外一方面强调排斥、差异,不仅强化人们的自我意识,也会导致混乱、歧视、排外以及隔离等。⑤

在借鉴以上观点的基础上,本研究从思想政治教育学的视角,对认同做出如下界定:认同是人们在长期社会实践中,基于与特定"他者"比较而形成的对个人思想行为具有重要导向和推动作用的思想价值观念(包括归属

---

① 〔美〕塞缪尔·亨廷顿:《谁是美国人?美国国民特性面临的挑战》,程克雄译,新华出版社 2010 年版,第 18—19 页。

② Jonathan Friedman, *Culture Identity and Global Process*, London: Sage Publication, 1994: 117, 45.

③ Montserrat Guibernau, *National Identity and Modernity*, Ashgate Publishing Limited, 2001: 76.

④ 〔加拿大〕查尔斯·泰勒:《自我的根源:现代认同的形成》,韩震等译,译林出版社 2001 年版,第 38 页。

⑤ 唐书明:《认同理论演变中的民族认同》,载《思想战线》2008 年第 2 期。

感、赞同感等），它至少具有三个层面的涵义：（1）认同是在社会实践中主客观因素相结合的产物。绝大多数情况下，认同是主观建构的产物，表现为人们的主观心理活动，但这种建构活动仍是基于各种客观因素，并受制于客观条件。（2）认同必须在"认异"的前提下产生。换言之，认同必须有可比较的"差异"对象，要在比较中明确认同内外之"边界"。（3）认同具有多重性。特定的"他者"不同，就形成不同的认同，包括归属性的、经济的、文化的、社会的、地域性的等等，这些多重性认同交互影响、多元并存。（4）认同对人们的思想行为具有巨大导向和推动作用。认同一旦形成就具有相当的稳定性和传承性，作为人们的价值和经验之源，能极大地影响人们思想和行为。

2. 民族的内涵

民族作为一个历史范畴，是人类社会的普遍现象。民族在世界上已经存续了数千年之久，其内涵显示了人们对民族这一社会现象本质属性的思维成果。人们对民族内涵的认识，伴随着历史发展而逐步深入。迄今为止，民族及其内涵仍是一个极富争议和令人迷惑的话语。美国学者伊罗生指出，我们对部落、氏族、国家、民族、种族、族群、族群性等内涵，至今仍难以清楚界定，每个作者所下的定义都是都各取所需。这些名词所代表的现实本身的矛盾与不确定性，是使对其界定在表面上、经验上与形式上都存在着分歧的重要原因。[1]当然，出于深入研究的需要，对民族内涵做出契合实际的、比较清晰的界定，依然是一项必要的工作。国内外对"民族"内涵的界定，主要有四类方法。[2]

一是"客观派"的界定方法。这种方法强调民族的语言、地域、宗教、文化、制度等客观构成因素。如19世纪意大利的马志尼认为，"共同的语

---

[1] 〔美〕哈罗德·伊罗生：《群氓之族：群体认同与政治变迁》，邓伯宸译，广西师范大学出版社2008年版，第45—46页。
[2] 贾英健：《全球化背景下的民族国家研究》，中国社会科学出版社2005年版，第43—46页。

言、共同的倾向和共同的历史传统"是构成民族的主要因素。斯大林提出，民族是"人们在历史上形成的一个有共同语言、共同地域、共同经济生活以及表现在共同文化上的共同心理素质的稳定的共同体"①。美国学者卡斯特认为，民族是通过共同的历史和政治规划，在人们的头脑中和集体记忆当中建构起来的文化共同体，它并不是为了服务于权力机构而建构出来的"想象共同体"，而是人们共同历史的产物。②中国学者金炳镐对民族"实体"做了系统性研究，提出民族是历史上形成的，具有三维基本属性、四个基本特征、六个基本结构和八个基本素质的客观实体。③

二是"主观派"的界定方法。这种方法强调人的情感、感受和意愿等主观因素在民族形成中的作用。如19世纪法国历史学家勒南认为，民族的存在与否，是由人们的意愿决定的，"一个民族是一个灵魂，一种精神原则""同甘共苦和共同希望——这些就是造成民族的东西"。英国现代民族学家科本认为，民族是无法从客观角度加以界定的，最好的回答只能是：任何一个地域共同体，只要其成员意识到自己是该共同体的成员，并希望保持对它的认同，就是一个民族。当代英国学者塞顿－沃特森也提出，当一个共同体中相当一部分人认为自己构成一个民族，或他们的行为如同他们已经形成一个民族时，该民族就诞生了。④美国学者安德森对民族的界定在"主观派"中最为经典，他认为民族"是一种想象的政治共同体——并且，它是被想象为本质上有限的，同时也是享有主权的共同体"⑤。民族理论学者都永浩也认为，"民族是主观的存在"，民族的本质是观念性的，是观念性或精神

---

① 《斯大林选集》上，人民出版社1979年版，第64页。
② 〔美〕曼纽尔·卡斯特：《认同的力量》，曹荣湘译，社会科学文献出版社2006年版，第54、56页。
③ 金炳镐、栾爱峰、李泰周：《新中国60年民族概念理论的发展——新中国60年民族理论发展系列论文之二》，载《黑龙江民族丛刊》2010年第2期。
④ 李世涛：《知识分子立场：民族主义与转型期中国的命运》，时代文艺出版社2000年版，第4—5页。
⑤ 〔美〕本尼迪克特·安德森：《想象的共同体：民族主义的起源与散布》，吴叡人译，上海人民出版社2005年版，第6页。

的实体,其依据是对神圣和不可分割的始祖、同一血缘的崇拜和笃信。①事实上,主观主义的定义直接回避了民族的客观特征,直指集体认同的认知面向。

三是"现代主义"界定方法。现代主义主要是把民族视为现代性内涵,即由法律平等的公民组成的拥有主权的政治共同体。如吉登斯从社会学的意义上提出,民族是"居于拥有明确边界的领土上的集体,此集体隶属于统一的行政机构,其反思监控的源泉既有国内的国家机构又有国外的国家机构"②。霍布斯鲍姆从历史学的角度提出,应把政治性作为民族的最基本含义,他主张将民族界定为"将自己的集体主权组成能表达的政治愿望的国家公民所构成的团体"③。著名的"现代主义"民族主义理论奠基者欧内斯特·盖尔纳认为,人类社会可以区分为前农业社会、农业社会和工业社会等三个阶段,民族和民族主义只有在第三阶段,即工业阶段才可能产生。在他看来,民族主义是根植于现代性之中的,正是民族主义造就了民族,而不是相反。④列宁谈也曾表达类观点,认为"民族是社会发展到资产阶级时代的必然产物和必然形式"⑤。斯大林曾强调,"民族不是普遍的历史范畴,而是一定时代即资本主义上升时代的历史范畴"⑥。

四是"族群象征主义"界定方法。族群象征主义通过对现代主义的批判而逐步确立起自己在西方学术界的地位,安东尼·史密斯是该学派最重要的代表人物。史密斯通过对族群的分析入手,考察了族群与民族之间的异同,在此基础上分别给出了民族和族群的概念。他认为,民族是指具有名称、占

---

① 都永浩:《民族认同与公民、国家认同》,载《黑龙江民族丛刊》2009年第6期;都永浩:《论民族的观念性》,载《黑龙江民族丛刊》2010年第2期。
② 〔英〕安东尼·吉登斯:《民族——国家与暴力》,胡宗泽译,生活·读书·新知三联书店1998年版,第141页。
③ 叶江:《当代西方的两种民族理论》,载《中国社会科学》2002年第1期。
④ 贾英健:《全球化背景下的民族国家研究》,中国社会科学出版社2005年版,第46页。
⑤ 《列宁专题文集·论马克思主义》,人民出版社2009年版,第30页。
⑥ 《斯大林全集》第2卷,人民出版社1953年版,第300页。

有领土的人类群体，他们拥有共同的神话、共享的历史和普通的公共文化，所有的成员生活在单一经济之中并且有着同样的权利和义务。他同时给族群下了定义：与领土有关、拥有名称的人类共同体，拥有共同的祖先和神话，共享记忆，有某种或更多的共享文化，并且至少在精英中有某种程度的团结。①

显然，上述关于民族内涵的界定皆各执一端。虽然他们的论述和分析都有很多可取之处，但从科学性、完整性的角度看，也都还存在一定的局限性。如，客观派的概念总是将某些被广泛接受的民族固有的特征排挤出去，有时候还是故意如此。它总是不能包含某些民族。相反，主观派的定义则太宽泛，很难将民族与其他集团如区域、部落、国家和帝国等区分开来，因为这些集团也具有相同的主观性依恋。②而且，客观论者将每一族群或民族视为被特定文化界定的人群孤岛，无法解释民族边界的问题，忽略了民族认同变迁的问题。③同样，对于现代主义和族群象征主义两种观点来说，现代主义强调"民族"的现代性和政治性，注重"民族"的市民或公民性质以及它与国家之间的紧密关系，族群象征主义则强调"民族"的历史性和族群性；现代主义强调民族与国家在边界和国内人民共享单一的族群文化上的一致性，族群象征主义则强调民族与国家二者之间在内涵上的区别；现代主义虽然强调民族与族群之间有不可分割的关系，但他们却否认族群是民族的基础，族群象征主义则强调了民族的族群基础，等等。这些理论上的局限性源于它们所赖以产生的经验材料不具普遍性。上述诸多民族内涵的局限性启示我们，要想对"民族"这个词汇确定一个放之四海而皆准的"标准"定义是相当困难，并且也不太现实的。我们能够做的是，"对来自不同国家的不同

---

① 〔英〕安东尼·史密斯：《民族主义：理论，意识形态，历史》，叶江译，上海人民出版社2006年版，第14页。
② 〔英〕安东尼·史密斯：《民族主义：理论，意识形态，历史》，叶江译，上海人民出版社2006年版，第11—12页。
③ 王明珂：《华夏边缘：历史记忆与族群认同》，社会科学文献出版社2006年版，第12页。

'民族'定义根据其产生的不同场景、不同文化传统来进行分析,理解其之所以不同的原因,找出基本含义相通、具有基本共性、可以在学术交流中达到沟通目的的若干基本词汇,同时在学术交流中要特别主义各自词汇内涵的界定,在相互理解中不致出现重大歧义,能够达到这一点,也就可以满足我们在学术研究和交流方面的基本要求"[①]。

经过长期的探索与实践,同时也在借鉴国内外相关民族概念的基础上,2005年中共中央和国务院民族工作会议提出:"民族是在一定的历史发展阶段形成的稳定的人们共同体。一般说来,民族在历史渊源、生产方式、语言、文化、风俗习惯以及心理认同等方面具有共同的特征。有的民族在形成和发展中,宗教起着重要作用。"[②] 这一民族界定,是在总结中国和世界民族理论的实践基础上,继承马克思主义关于民族的理论,吸收中国传统中关于民族的认识,合理借鉴国外关于民族的论述而提出的,是立足现实、着眼实用、开拓创新、与时俱进的科学内涵。本文使用的民族内涵即取源于此。

应当特别强调的是,中文语境里的"民族"一词,古代虽有使用,但作为现代意义的"民族"是19世纪末20世纪初才由梁启超等人自西方和日本引入中国的,因翻译过程中曾把"nation""nationality""ethnic group""tribe""nation"等统译为"民族"一个词,导致它具有多层含义。而在实际中区分这些多层含义,也是把握"民族"内涵的重要方法。正如英国哲学家科恩指出:"如果我们要问一个词在特定语境中的用法,那么往往不是去谈论这个词旨在指称什么,而是去谈论这个词的应用,使我们更接近解决这个问题。"[③] 国内学界一般认为,中文语境里"民族"主要分三个层次:一是中华民族统一体;二是组成中华民族统一体的各民族,即组成中华民族的56个民族;三是组成中华民族统一体的各个民族内部各具特点的部

---

① 马戎:《民族社会学——社会学的族群关系研究》,北京大学出版社2004年版,第61页。
② 《民族工作文献选编:2003~2009》,中央文献出版社2010年版,第91—92页。
③ 张国玉、余斌:《维汉关系中族群意识与国家认同的实证分析》,载《西北民族研究》2010年第3期。

分。① 在实际使用中,用同一词汇表达三层含义难免会来一些概念混乱问题。因而,有些学者主张将第一层次的民族称为国族,或者保留中华民族的称号,将第二层次和第三层次的"民族"改称为"族群"。这一主张在国内学界研究中获得较多的认可。但也有的学者提出不同看法,认为"族群"概念太宽泛,作为新近外来词汇未必与中国现有的"民族"匹配。况且,尽管对"族群"与"民族"做了政治、文化区分,可二者之间并没有绝对的界限。笔者无意参与"族群"与"民族"的概念论争,而是主张中文语境中的"民族"一词在表达中华民族、国内各民族、少数民族或某一民族时已约定俗成并无异议②,我们在研究中只要所指对象清晰,还是可以最大限度避免认知上的误读的。因此,除了在引用作者原文不便更改之处,笔者仍然倾向于使用已约定俗成的"民族""少数民族""中华民族"等称谓。

3.民族认同的内涵

民族认同是"认同"在"民族"的延伸,与"认同""民族"在内涵、外延及特征上有着密切关联,但并非二者的简单叠合。由于"认同"和"民族"两个内涵本身具有的复杂性,学界对于民族认同的概念界定也是角度多样、琳琅满目,着实令人有些眼花缭乱。

国外主要是从心理学的微观层面以及民族的文化、政治诉求等角度界定民族认同。如卡拉认为,民族认同是指个体对本民族的信念、态度,以及对其民族身份的承认。③ 赫尔拉姆认为,民族认同是指对一个文化群体的承诺和参与它的文化实践(如文化、宗教),而不考虑其种族归属。④ 弗里德曼提

---

① 费孝通:《中华民族的多元一体格局》,载《北京大学学报》1989年第4期。
② 揣振宇:《中国民族学30年:1978~2008》,中国社会科学出版社2008年版,第43页。
③ Carla J,Reginald J.Racial identity, "African self-conscious-ness,and career decision making in African American college women". *Journal of Multicultural Counseling and Development*, 1998,26(1):28—36.
④ Helms J E. "Some better practices for measuring racial and ethnic identity constructs". *Journal of Counseling Psychology*, 2007,54:235—246.

出，民族主义意味着建构一个在文化上与众不同的民族国家社会，文化是民族认同的关键所在。①穆勒认为，民族认同是想在同一个政府之下效忠国家，或者想通过自治和部分自治的方式来管理国家的政治诉求。②安东尼·D.史密斯提出，民族认同不仅指民族成员对民族国家的政治效忠，而且也指他们对民族共同体的文化依附。民族认同是对记忆、神话、价值观、象征物和传统模式等构成民族与众不同遗产的持续复制和重新解释，以及对带有那种模式和遗产及其文化成分的个人身份的持续复制和解释。③

国内学界对民族认同的界定视角与国外相类，但有学者做了广义和狭义区分。费孝通把斯大林民族定义四要素中的"共同心理素质"解释为"同一民族的人感觉到大家是同属于一个人们共同体的自己人的这种心理"④，而"所谓民族共同心理素质其实就是民族认同意识"⑤。王建民、王希恩等也持类似观点。王建民认为："民族认同是指一个民族的成员相互之间包含着情感和态度的一种特殊认知，是将他人和自我认知为同一民族的成员的认识。"⑥王希恩认为："民族认同即是社会成员对自己民族归属的认知和感情依附。"⑦万明刚认为，民族认同是指民族成员在民族互动和民族交往的过程中，基于对自己民族身份的反思而形成的对自民族和他民族的信念、态度、归属感和行为卷入，以及其对民族文化、民族语言和民族历史等的认同。⑧周平提出，民族认同是民族成员对自己与所属民族的同一性关系的认定或确认，是民

---

① 〔美〕乔纳森·弗里德曼：《文化认同与全球性过程》，郭建如译，商务印书馆2003年版，第130—131页。
② 〔英〕埃里克·霍布斯鲍姆：《民族与民族主义》，李金梅译，上海人民出版社2000年版，第21页。
③ 〔英〕安东尼·D.史密斯：《全球化时代的民族与民族主义》，龚维斌等译，中央编译出版社2002年版，第129—130页；〔英〕安东尼·史密斯：《民族主义：理论，意识形态，历史》，叶江译，上海人民出版社2006年版，第18页。
④ 费孝通：《费孝通民族研究文集》，民族出版社1988年版，第173页。
⑤ 费孝通：《简述我的民族研究经历和思考》，载《北京大学学报》1997年第2期。
⑥ 王建民：《民族认同浅议》，载《中央民族大学学报》1991年第2期。
⑦ 王希恩：《民族认同与民族意识》，载《民族研究》1995年第6期。
⑧ 万明刚：《多元文化视野价值观与民族认同研究》，民族出版社2006年版，第4页。

成员与民族群体之间的一种心理过程,具体表现为民族成员对所属民族的归属感、情感依赖、政治效忠、责任意识,以及对本民族文化的肯定和赞美、对民族精神的颂扬、对民族形象的爱护,以及为所属民族的利益而努力和奋斗的实际行动。[1] 滕星等认为,民族认同是指某一民族共同体的成员将自己和他人认同为同一民族,对这一民族的物质文化和精神文化持亲近态度。民族认同有广义和狭义两重含义。广义的民族认同即国民认同,是指某一主权民族国家的认同;狭义的民族认同即族群认同,是指一国之内的各个民族对各自民族文化的认同。[2]

上述的民族认同内涵界定不尽相同,有的强调广义民族认同,有的强调狭义民族认同;有的强调自我认知,也有的强调归属感或共享价值,还有的强调对群体的态度和行为等。但是它们也有共同点,即都强调个体对所属民族的认知、感情和行为依附,以及民族的对内求同与对外求异等。综合各家的民族内涵界定,本文认为,民族认同就是民族成员在与其他民族的交往过程中,或者在接受本民族社会化过程中,通过与"他族"比较而建构起来的一种对自己所属民族的自觉确认,主要体现为归属感、忠诚感和奉献精神。

同样需要强调的是,民族的多层性决定了民族认同的多层性:一是多民族国家内部各民族的民族认同,如藏族认同、维吾尔族认同等;二是多民族国家里各民族的整体认同,即国民认同(或国族认同),如中华民族认同、美利坚民族认同、法兰西民族认同等;三是跨国的民族对母国历史文化与文明的眷恋和认同。这三个层面的认同大都相互重叠,皆可用民族认同来表示。但有时三个层面的认同会相互抵触,所以在具体使用过程中,必须注意对三者进行清晰区分和说明。

---

[1] 周平:《论中国的国家认同建设》,载《学术探索》2009年第6期。
[2] 滕星、张俊豪:《试论民族学校的民族认同与国家认同》,载《中南民族学院学报》1997年第4期。

（二）国家认同的内涵

1. 国家的内涵

"国家"一词很早就出现于中国古籍之中。秦汉之前，诸侯统辖地称"国"，大夫统辖地称"家"，天子统辖地称"天下"，"国家"兼有天下、诸侯、家室的含义。秦统一六国后，"国""家"与"天下"统称国家。而在英文中，"国家"包含两层意义：一是"state"，表示由一定地域组成的政治单位，包含一定领土和定居其间的居民，但更重要的是国家主权；二是"nation"，指占有一定空间之居民因为事实上或者想象地具有同一血缘等因素而形成的统一意识。[①] 时至今日，"国家"作为一个内涵复杂的词汇，通常指称一切治权独立的政治共同体，它可以涵括希腊城邦、罗马帝国、近代民族国家、专制或民主国家以及非洲的部落等。每一个统治权大致完整，对内足以号令成员，对外足以抵御侵略的政治实体，即为国家。这种广义的国家不仅指称近代兴起的民族国家，也可以泛指此前出现的各种政治共同体。当然，国家也有比较狭义的用法，专指近代以后出现的民族国家（nation state），它同时表达了治权独立的政治性格以及民族统一的族群文化意涵。[②]

国家的悠远历史和多姿形态，使其内涵十分丰富，要准确界定十分不易。历史上曾有不少专家学者对"国家"做过见仁见智的界定。有研究者对国家的内涵做了归纳，认为至少可以有以下几种论点：[③] 一是社会联体论，认为国家是为了达成完美和自治的生活而将许多家庭及村落组织起来的联合体。二是统治权力论，将国家定位为政治生活中的统治权力。三是要素构成论，认为国家是由人民、土地、政府和主权等组合而成的统一体。四是社会契约论，强调国家是人们在自然状态下，按照理性原则制定的社会契约。五

---

① 杨妍：《地域主义与国家认同——民国初期省籍意识的政治文化分析》，天津人民出版社2007年版，第5—6页。
② 江宜桦：《自由主义、民族主义与国家认同》，台湾扬智文化事业股份有限公司1998年版，第6页。
③ 金志远：《论国家认同与民族(族群)认同实质的相异性》，载《前沿》2011年第9期。

是阶级机器说，认为国家是"一个阶级压迫另一个阶级的机器"①。马克思指出："因为国家是统治阶级的各个人借以实现其共同利益的形式，是该时代的整个市民社会获得集中表现的形式，所以可以得出结论：一切共同的规章都是以国家为中介的，都获得了政治形式。"②依据马克思经典作家的表述，国家是经济上占有统治地位的阶级为了维护和实现统治阶级共同利益，以暴力为后盾，按照区域划分原则而组织起来的政治统治和管理组织。③

综上可以认为，国家是由主权、领土、政府和人口组成，并且以社会公共权威（具有公共性和强制性双重特征）作为基础进行维持和运作，以维护统治阶级的利益为最终目标的政治共同体。国家所追求的目标，是将统治阶级的社会经济权力永久化、合法化。在本研究中，"国家"一词内涵泛指古今中外所有符合马克思主义经典作家所界定的各种形态之国家，而并不特指某个具体国家或特殊制度。

2. 国家认同的内涵

国家认同出现于20世纪70年代行为革命时期的政治学领域。伴随苏东剧变、经济全球化快速推进，以及第三次民族主义浪潮席卷全球，许多国家的国家认同遭受超国家认同和次国家认同的极大冲击和挑战。于此背景下，国家认同问题的重要性日益彰显。研究国家认同，首先是从认识此一内涵开始的。

因为视角不同，人们对于国家认同的内涵界定呈现多样性，但大多数是从认知与情感、文化与政治、个人与国家、求同与求异等视角来界定的。如江宜桦认为，国家认同是一个人确认自己属于那个国家，以及这个国家究竟是怎样一个国家的心灵性活动。④向大有认为，国家认同就是个人与国家之

---

① 《列宁专题文集·论辩证唯物主义和历史唯物主义》，人民出版社2009年版，第290页。
② 《马克思恩格斯选集》第1卷，人民出版社1995年版，第132页。
③ 王浦劬：《政治学基础》，北京大学出版社2006年版，第192页。
④ 江宜桦：《自由主义、民族主义与国家认同》，台湾扬智文化事业股份有限公司1998年版，第12页。

间发生了感情上的结合，在心理上认为个人（自我）是国家的一部分。在自我内部，国家也成为自我一部分。个人与国家已经结合为一体，个人以国家的利益为个人的利益。① 滕星等认为，国家认同即国民认同，指称一国公民对所属国家的理想信念、历史文化传统、国家主权和道德价值观等的认同。② 俞可平认为民族国家认同指的是国民对本民族和本国家的语言、文化、传统、边界、制度、价值、利益和身份的一种自觉的认可和接受。③ 沈桂萍认为国家认同是将国家共同体中不同的个人团结起来的内在凝聚力，政治认同建设和文化认同建设是其核心内容。④ 郭艳认为，国家认同是人们在"他国"存在的语境下建构出来的归属于某个"国家"的身份感。对个人而言，国家认同是指个人在心理上认为自己归属于该政治共同体，意识到自己具有该国成员的身份资格。对国家来说，国家认同是指其独特属性以及由此而来的保持这种独特属性的权利得到他国承认。只有同时得到本国国民和国际社会的认同，国家才能够获得存续。⑤

综合学界的不同界定，本研究认为：国家认同就是指人们确认自己归属于哪个国家以及这个国家究竟是怎样一个国家的心理过程。在这一过程中，个人与国家之间发生情感上的融合，对国家的合理性表现出无上忠诚，对国家的理想信念、历史文化、主权领土、道德价值观等方面的表现出强烈的赞同、支持与追随，并且愿意为国家的利益做出积极贡献和必要牺牲。

---

① 向大有：《"大框架下多模式"的走向——兼论海外华人的国家认同与民族同化》，载《八桂侨史》1992年第2期。
② 滕星、张俊豪：《试论民族学校的民族认同与国家认同》，载《中南民族学院学报》1997年第4期。
③ 俞可平：《论全球化与国家主权》，载《马克思主义与现实》2004年第1期。
④ 沈桂萍：《民族问题的核心是国家认同问题》，载《中央社会主义学院学报》2010年第2期。
⑤ 郭艳：《全球化时代的后发展国家：国家认同遭遇"去中心化"》，载《世界经济与政治》2004年第9期。

二、民族认同与国家认同的关系

民族认同与国家认同之间到底是冲突关系、共生关系抑或其他？依照马克思唯物辩证法进行检视，任何民族都存在于国家当中，国家是民族的集合体，民族与国家是部分与整体、个性与共性的辩证关系。与之相应，民族认同与国家认同之间同样是部分与整体、个性与共性的辩证关系，二者之间既对立冲突，也互辅共生，是冲突与共生的矛盾统一体。

（一）民族认同与国家认同的对立冲突关系

近现代以来，发展中国家进行的国家建构过程以及西方发达国家内部因"族裔复兴"运动而导致的内部离散化趋势，使得民族认同与国家认同"冲突论"命题应运而生。在"冲突论"中，研究者赋予民族认同以贬义色彩和否定性价值判断，把民族认同视为对国家认同的对立物，当成多民族国家中引发民族冲突、社会动乱和国家分裂的病根。[1]美国学者亨廷顿就是其中的典型代表。很显然，"冲突论"过于夸大了民族认同的负面意义及其与国家认同之间的张力，具有局限性和片面性。不过，民族认同与国家认同之间因为彼此的差异性而引发各种对立冲突却也是客观事实。关于此，现代社会的国内政治和国际政治生活中随处可见鲜活的例证。[2]我们可从个性与共性、部分与整体，以及认同的"排他性"等视角，深度剖析民族认同与国家认同的对立冲突关系。

1. 个性与共性视角：民族认同与国家认同的对立冲突

从个性与共性视角看，民族认同与国家认同的"认同"对象存在差异性。民族认同的"认同"对象是独具个性的"民族"，这一认同对象至少有

---

[1] 高永久、朱军：《论多民族国家中的民族认同与国家认同》，载《民族研究》2010年第2期。
[2] 钱雪梅：《从认同的基本特性看族群认同与国家认同的关系》，载《民族研究》2006年第6期。

三种状态和发展前途——或者作为某一国家多元民族的一部分永远保持其独特族性，或者融合于另一个民族而失去自己的个性，或者对国家统治不满而试图建立自己的独立国家。最后一种可能性可以说是当今世界上许多国家和地区发生冲突的根源。[①]国家认同的"认同"对象则是由国内所有民族组成的整体认同，是各民族共同生活其中的政治共同体"国家"。在本质上而言，国家是社会矛盾不可调和的产物，它超越各民族的个性，使各族人们有了一个新的共同性身份。个性与共性是矛盾的统一体，因而民族认同与国家认同存在一定程度的对立冲突，这既符合辩证法，也切合生活实际。

对于这两种认同之间的个性、共性冲突问题，可从国家和民族两个角度进行剖析。一方面，从国家建构角度看，只有当全社会各民族成员的同质性上升和异质性趋降之时，才能形成最强大的国家认同。如同奇格蒙特·鲍曼指出的："从文化上统一的、同质的'国家民族'（state nation）的角度看，这些建立在国家统辖之下的地域基础上的语言或风俗习惯上的差异，是还没有完全消除的历史陈迹。由已经统一的国家权力来负责和监管的启蒙或文明化进程，用来确保这些残留的历史遗迹不能长期存在下去。在国家的政治统一中，共同的民族性将发挥至关重要的合法化作用，而且求助于同根同源和共同的特征，将是意识形态动员——即爱国的忠诚与服从的产物——的主要途径。"[②]如此而论，在推进现代民族国家建构过程中，国家必然要求培养和扩大各族人民的共性，消除或者削弱各民族特性，使各民族的文化逐渐边缘化。但是另一方面，从民族的角度讲，国内每个民族基于原生的情感和自性的安全性需要，都有维持自身独特文化特性（包括语言、服饰、习俗、宗教信仰等）的强烈要求。民族认同产生于这些民族文化特性，同时也是维持和强化这些文化特性的思想力量。从某种程度上说，维持独特文化特性与民族

---

① 张友国:《族群认同与国家认同:和谐何以可能》，载《首都师范大学学报》2008年第5期。
② 〔英〕奇格蒙特·鲍曼:《共同体:在一个不确定的世界中寻找安全》，欧阳景根译，江苏人民出版社2003年版，第111页。

认同是相互依存的。这些权利要求与民族认同的生存根基等同。国家要满足这些权利要求，往往必须给予对少数族群制度或法律上的特殊照顾，而这和国家建构的需要又明显相背离。可问题在于，如果国家选择忽视或者压制这些要求，少数民族就很可能会产生受歧视的愤懑心理，积累到一定程度，就会对政府合法性和国家权威性提出挑战与质疑，结果导致民族认同过度强化，促使民族中心主义产生，由此严重威胁国家认同。①

在实际当中，这两种认同之间的冲突、悖谬似乎无法消除，二者之间也因此产生了长期的力量博弈。作为强势一方，国家往往倾向于顶住压力，将国家建构推行到底。由此，民族国家一直致力于同化或铲除"多余的族裔"就成为众所周知之事情。②这又往往是民族国家认同危机的爆发源。因为尽管多民族国家的中央政府努力实施各种或明或暗、形式多样的民族同质政策，力图把自己的语言和文化在尽可能广泛的意义上传输给全体国民，但这种理想在一些边缘地区总是难以实现。并且，这种威胁也往往成为一种强力刺激，促进边缘地区民族集团采取相应的集团行动来保卫传统文化和地方惯例。③而这种行动既包括合情合理合法的斗争，也孕育着各种令人头疼的反叛与分离运动，世界上相关案例可谓俯拾皆是。譬如，在斯里兰卡，20世纪50年代颁布的"僧伽罗语惟一"法案引起该国第二大民族泰米尔人的不满，成为引发泰米尔人武装斗争的一大根源。在巴基斯坦，20世纪50年代独立后宣布乌尔都语为国语引起使用孟加拉语的东巴基斯坦人的竭力反对，国语之争导致他们的民族认同与国家认同相冲突和分离，最终导致孟加拉国独立。又如，美国早期的"盎格鲁—撒克逊"同化政策、苏联推行的"苏联人民—新的历史共同体"，以及中国"大跃进"和人民公社时期推行的"民族融合"等，都企图强行消除民族文化特性，引起了少数民族的不满，导致

---

① 庞金友：《族群身份与国家认同：多元文化主义与自由主义的当代论争》，载《浙江社会科学》2007年第4期。
② 戴晓东：《浅析族裔民族主义与公民民族主义》，载《现代国际关系》2002年第12期。
③ 余建华：《民族主义：历史遗产与时代风云的交汇》，学林出版社1999年版，第362页。

民族认同和国家认同的强烈对立冲突[1]，等等。

2. 部分与整体视角：民族认同与国家认同的对立冲突

部分与整体密切联系，部分是整体的要素，整体是部分的综合。但是，部分与整体还是有所区别的。从民族与国家关系角度分析，作为部分的民族与作为整体的国家之间，存在着利益上的不一致性，这也是作为思想意识形态的民族认同与国家认同之间对立冲突的根源。毫无疑问，生活在国家中的任何民族都有自身利益诉求，如保护和使用本民族语言文化、合理分享国家经济发展成果、充分保障民族政治权力等。国家对于各民族的利益诉求，如果处置不当、分配不公、协调不顺，就容易引发国家内部民族间的无休止纷争。当纷争不能控制在一定范围内时，"利益受损"的民族群体就会萌发"被剥夺感"，并对国家和政府的"偏心"充满怨恨，由此就会不断质疑、挑战国家和政府的合法性。[2] 当这种质疑、挑战积累到一定程度，民族冲突就开始爆发，国家认同危机也就为时不远了。在实际当中，这种类型的民族认同与国家认同之间的对立冲突，集中体现在民族之间经济发展差距和政治权利分享差距两个层面。

一是族际经济差距引发民族认同与国家认同的对立冲突。在不同历史时期的不同国家里，经济发展不平衡性是普遍现象。这种发展不平衡，既可能是结构性分布不均衡，也可能是分配性分布不均衡。结构性分布不平衡是由于国家内部各民族语言、文化、地域等结构性因素的差异性所导致，这是各种主客观条件长期积累的结果，在相当长一段时期内深刻影响各民族经济发展水平，与国家政策无关或者关系甚微。即使国家竭力主张国内各族体一律平等，也未必能在短时期内改变这一"事实上的不平等"现象。相反，分配性不均衡分布则基本上是国家权力运行的结果，是国家政策对部分民族、地

---

[1] 毕跃光：《民族认同、族际认同与国家认同的共生关系研究》，博士学位论文，中央民族大学 2011 年，第 47—48 页。

[2] 王建娥等：《族际政治与现代民族国家》，社会科学文献出版社 2004 年版，第 358 页。

区倾斜的结果。① 如果在结构性不平衡的基础上，国家还对某些优势民族过分倾斜，国内各民族间的关系就会呈现为一种事实上的等级关系。在此情况下，属于较低等级的民族会萌发强烈的"被剥夺感"，认为自身的落后状况都是由于国家政策剥夺所造成的。这种"被剥夺感"积累到一定程度，民族认同与国家认同的矛盾冲突就会难以避免了。

二是族际权力分享不合理引发的民族认同与国家认同的对立冲突。权力分享意味着民族利益分配，关乎各民族的生存与发展。然而，在迄今为止的阶级社会里，国家既是阶级统治的工具，也是不同利益集团斗争与妥协的结果，较少国家能够真正"客观公正"地在民族间分配权力。一个国家内部，不同民族间的权力分配差距及因此导致民族认同与国家认同的矛盾冲突，因而较为普遍地存在。加拿大学者金利卡曾指出，少数文化群体应有自治权利、多族体权利、特别代表权利等三种权利。自治权利即以民族世居的地域为基础建立以本民族成员为主体的自治单位；多族体（族群）的权利主要针对族群的族性维系和延续而制定的相关权利；特别代表的权利也就是在关涉少数文化群体权益的政治过程中需要有本族体的代表。② 然而在现实当中，主体或强势民族往往会采取统一的标准对待不同少数文化群体的权利诉求，导致少数文化群体与国家之间的矛盾冲突。其中，发生最为频繁的就是国家（往往代表了主体或强势民族的利益）以"民族一致"或者"国家稳定"为目标，把民族认同当作一般性的族群认同，否定和压制少数民族对政治性权利的分享诉求，由此引发的民族冲突和民族矛盾成为当今世界民族问题的一大根源。③

综上，经济发展差距和政治权利分享不合理（往往意味着错误的民族政策）极易引发一些民族的"相对剥夺"感，迫使他们寻求民族认同而弱化自

---

① 宁骚：《民族与国家》，北京大学出版社1995年版，第203页
② 〔加拿大〕金里卡：《多元文化公民权：一种有关少数族群权利的自由主义理论》，杨立峰译，上海译文出版社2009年版，第34页。
③ 朱军：《多民族国家的民族认同与民族整合》，载《中国社会科学报》2010年4月1日第6版。

身国家认同，引发民族之间的冲突和国家社会的分裂。世界冷战结束之后，正是这两个方面的因素引发一些国家的少数民族要求承认权利、追求自治乃至谋求分裂国家的运动此起彼伏，民族认同与国家认同的矛盾和张力造成社会的冲突解体，国家认同面临"去中心化"的困境。

3. 认同的"排他性"视角：民族认同与国家认同的对立冲突

民族认同与国家认同都是借助"他者"的比较而形成的，其生成机制中蕴含着"排他性"这一消极因素。由此，民族认同与国家认同的生成机制产生出"排他性"差异：民族认同排斥的对象是除本民族外的所有"他族"，其排他性范围相对较大；国家认同排斥的对象则是"他国"，其排他性范围相对较小。从这一视角看，民族认同的确具有冲击和削弱国家认同的潜在威胁性。如果民族认同的消极作用膨胀到一定程度，形成极端民族认同，那么他与国家认同的对立冲突将是难以避免的。这种情形，在几乎所有多民族国家中都有呈现，人们一般称之为"庸俗民族认同""狭隘民族主义"或者"大民族主义"等。

极端民族认同是民族认同消极作用的突出呈现，它是一种以狭隘民族主义观为主导来评判和处理民族与民族、民族与国家关系的思想观念。极端民族认同主要表现为：在处理问题时不以国家整体和各民族共同利益为出发点，不站在客观、公正、公平的立场上，而往往强调本民族的利益高于一切，从本民族的狭隘利益出发；对于同一个民族群体成员，明知其不对也不讲原则地保持一团和气；夸大本民族历史，贬低其他民族历史，忽视或否认不同民族间的历史联系和交往融合；拉帮结派相互吹捧，热衷于本民族小团体的活动，对国家和各民族整体活动毫不关心。事实证明，极端民族认同观的存在和发展，是滋生民族分裂主义的肥沃土壤，是破坏民族团结和国家稳定的腐蚀剂，严重影响民族自身以及国家社会和谐稳定[1]，成为当代世界多民族国家中民族认同与国家认同的对

---

[1] 姜勇：《论庸俗民族认同观》，载《新疆大学学报》2002年第2期。

立冲突的思想毒瘤。

综上分析，民族认同与国家认同是存在着对立冲突关系的。客观上讲，民族认同会对国家认同产生两种威胁：一是阻碍国家认同的建构。民族认同的封闭性、排他性，对国家认同建构所要求的开放、包容精神及其过程起着削弱、抑制作用。二是阻碍国家认同的维持。民族作为一种具有强大凝聚力的社会集团，存在着特殊的群体利益要求。当民族利益而与国家利益发生矛盾时，部分民族成员就很可能在强化民族认同的同时，弱化甚至放弃已有的国家认同。[1]同时在另一方面，国家认同也会对民族认同构成某种束缚。巩固的和不断强化的国家认同对民族认同的发展会形成一定程度的抑制作用。[2]正如矛盾无时不有、无处不在一样，民族认同与国家认同之间的冲突对立也将普遍存在。这两种认同之间的矛盾，如果得到有效控制和疏导，就会成为推动社会进步的动力；反之，如果处置不当或者被人为激化，则会对国家的主权统一和领土完整造成颠覆性威胁。

（二）民族认同与国家认同的互辅共生关系

民族认同与国家认同之间有所区别，并因此存在对立冲突关系，这是客观事实。但承认二者的对立冲突关系，并不意味着否认两者具有互辅共生的同一性和统一性。在现代社会，每个人一定属于某个民族，同时也属于某个国家，民族认同与国家认同共存于个体的观念和意识中，并且是不同层次或级序的认同。在现实生活中，个体往往是同时持有包括民族认同、国家认同在内的多类认同，问题不在于认同的类别和数量，而在于各类认同孰重孰轻。只要关系处理得当，民族认同与国家认同也具有互辅共生的关系。而且在一定条件下，积淀深厚的民族心理认同意识往往与国家认同结合在一起，相互依存、相互依赖、相互交织在一起，形成促进社会发展的强大精神

---

[1] 左岫仙：《2010年国家社会科学基金项目〈加强公民的民族认同感和国家认同感教育研究〉简介》，载《黑龙江民族丛刊》2010年第4期；黄岩：《浅析多民族国家的国家认同》，载《赤峰学院学报》2007年第5期。
[2] 周平：《论中国的国家认同建设》，载《学术探索》2009年第6期。

力量，这股精神力量能够对民族社会稳定的协调和有序起到十分积极的促进作用。① 关于这种互辅共生关系，我们同样可以从个性与共性、部分与整体，以及认同的"排他性"等视角进行深度剖析。

1. 个性与共性视角：民族认同与国家认同的互辅共生

个性是共性的基础，共性寓于个性之中。从个性与共性的视角分析，民族认同与国家认同也可以是互辅共生关系。相对于国家认同而言，民族认同是属于"个性"和"低层次"的认同，但正是基于民族认同才能塑造"共性""高层次"的国家认同。经验表明，与民族认同不同的是，国家认同属于纯粹塑造起来的思想意识形态。而在国家认同的塑造上，国家政权的掌握者固然发挥了十分重要的建构作用，但在国家力量之外，还有一些比较间接的、分散的机制同样起着非常重要的作用②，而各种局部的、游离的民族认同机制正是其中不可或缺的重要组成部分。正如有学者论述的："这些局部性的民族认同本身不等于国家层面的国家认同，但是它们是国家认同的血肉，如果没有这些局部性的群体意识，国家认同就会形同空壳。"③ 换句话说，国家认同（整体）是基于民族认同（个体）奠定而成的，是民族认同提升和拓展的必然结果。安东尼·D.史密斯曾经具体剖析过国家认同形成过程对民族认同的借用和改造，即国家（认同）意识的形成是通过本土化动员和官僚式融合相结合，对记忆、价值观、象征符号以及诸如此类的东西的培育、选择、确定、证实、保存和灌输等的结果。这一过程主要包括：共同体的历史传统和仪式生长、选择以及传递；共同体的共同记忆、神话以及象征符号的生长、培育以及传递；"民族"共享文化（语言、习俗、宗教等）"可信性"要素的确定、培育和传递；通过标准化的方式和制度在特定人群中灌输"可信性"价值、知识和态度；对具有历史意义的领土，或者祖国的象征符号及

---

① 高永久：《论民族心理认同对社会稳定的作用》，载《中南民族大学学报》2005年第5期。
② 江宜桦：《自由主义、民族主义与国家认同》，台湾扬智文化事业股份有限公司1998年版，第200页。
③ 张宝成：《民族认同与国家认同之比较》，载《贵州民族研究》2010年第3期。

其神话的界定、培育和传递;在被界定的领土上对技术、资源的选择和使用;特定共同体成员的共同权力和义务的规定。①

另一方面,作为"个性"的民族认同也需要依附、借助国家认同的力量强化自身,主要体现在:当今世界没有任何民族认同能够离开国家认同而独立存在。民族认同要么作为国家认同的忠诚者而从属国家认同,要么通过抵抗国家认同来强化自身。国家认同虽与民族认同有矛盾,有着取而代之的"潜在要求",可是国家在日常管理行为中也会自觉不自觉地积极强化和保护着民族认同。"观察各国的政治实践可以发现,国家的日常管理行为实际上不断强化着公民的族群身份意识和族群认同。"②一个生动的事例是,在当代中国,各民族的认同是产生国家认同(中华民族认同)的前提和基础,而国家认同(中华民族认同)又为各民族认同不断创造良好环境和发展方向。国内有学者调查研究发现,中国民族地区少数民族群众对本民族与国家(中华民族)的双重认同有着高度的正相关,两者并不矛盾,并且国家认同(中华民族认同)的形成会提升民族认同,有助于他们形成正确的民族观和民族意识。③此外,民族认同的特性之一是在社会中处于文化非主流地位,如果没有"主流"也就无所谓"非主流"。因此民族认同必须存在于国家共同体中。④概而言之,无论是从理论还是从实践上看,民族认同与国家认同的互辅共生属于客观事实。

2. 部分与整体视角:民族认同与国家认同的互辅共生

部分与整体是辩证的关系,双方既互相对立冲突,也互辅共生。这种互

---

① 〔英〕安东尼·D. 史密斯:《全球化时代的民族与民族主义》,龚维斌等译,中央编译出版社2002年版,第104—107页。
② 钱雪梅:《从认同的基本特性看族群认同与国家认同的关系》,载《民族研究》2006年第6期。
③ 王嘉毅、常宝宁、丁克贤:《新疆南疆维吾尔族青少年国家认同调查》,载《新疆社会科学》2008年第4期;史慧颖:《中国西南民族地区少数民族民族认同心理与行为适应研究》,博士学位论文,西南大学,2007年,等。
④ 吴玉敏:《公民道德建设中的民族认同与国家认同相统一探析》,载《青海师范大学学报》2010年第3期。

辅共生关系体现在，整体由部分组成，整体与部分互相包含、互相转化，并且整体具有部分并不具备的整合功能。民族认同与国家认同正是这种部分与整体的关系，双方除了对立与冲突，更是互辅共生、相互依存。

首先，国家认同这一整体是由各个民族认同的部分组成。现当代世界的一个基本事实是，个人既拥有公民身份，是国家的公民，也拥有民族身份，是某个特定的民族成员。[①]这就使得民族认同与国家认同之间呈现为部分与整体之间的关系，而部分的命运往往是与整体的状况捆绑在一起，形成"大河没水小河干"的局面。在此情形系下，民族认同只有在国家机体内才得以形成和持续。国家认同不会削弱民族认同，反而是民族认同得以形成和延续的前提。[②]

第二，民族认同与国家认同互相包含，存在诸多共同性的基础资源。国家认同是包含归属性认同和赞同性认同于一体的双元结构。[③]其中归属性认同的基本构成元素有历史、文化、领土、同胞等，这成为两种认同相互包含的共同资源。一般来说，国家的历史是形成国家公民一体感的重要源泉，而国家历史是各民族人民所共同创造的。国家历史和民族历史交融一体，成为民族认同与国家认同的共性资源。很大程度上讲，民族是一种文化共同体，而国家认同也需要借助文化的支撑。国家主流文化是国家政府通过意识形态整合各民族文化而形成的。国家文化是对各民族文化的提炼和升华，本质上蕴含着各民族的文化，二者也是重叠的关系。个人的国家认同始于对国家领土的认同，而各民族聚居地共同组成了国家的领土。各民族在聚居地长期生活所形成的依恋情结与认同，民族的共同地域构成民族认同与国家认同中的领土元素是重叠的。国家是由一定的人口组成的，这些人既是权利义务集合

[①] 庞金友：《族群身份与国家认同：多元文化主义与自由主义的当代论争》，载《浙江社会科学》2007年第4期。
[②] 钱雪梅：《从认同的基本特性看族群认同与国家认同的关系》，载《民族研究》2006年第6期。
[③] 肖滨：《两种公民身份与国家认同的双元结构》，载《武汉大学学报》2010年第1期。

体,也是同呼吸、共命运的同胞共同体——由各个民族构成的同胞共同体,相互具有亲缘和血缘上的亲切感和一体感。民族认同与国家认同在同胞共同体上存在共同因素。综上,国家认同与民族认同高度相关、大量重叠,国家认同的形式与内容是"世代相传的有关群体的历史叙述结构与现代民族国家体系的制度性话语之间妥协的产物"[1]。

第三,民族认同与国家认同互相转化、互融共生。一方面,民族认同可以提升为国家认同。国家认同以民族认同为基础,民族认同是国家认同的重要构件,积极的民族认同所带来的必然结果,就是对于更高层级的国家认同的诉求。特别是当民族认同中关于和平、发展的许多价值追求在本民族范围内难以完整实现时,超民族的国家认同愿望便应运而生。因此,国家认同是沿着民族认同的积极思路而形成的高层次大范围认同。它本身体现了各民族的共同利益诉求,是民族认同提升的结果。[2] 另一方面,国家认同也可以转化为复合型民族(国族)认同。当然,这一过程会是长期性的,需要国家在长时期发展过程中不断生成各民族人民赖以生存与发展的各种物质和精神要素,并使之在人们的认知、情感和行为当中稳固扎根,使民族认同与国家认同的重叠内容不断增加,最终融合成一种新型国家民族,比如美利坚民族、中华民族、法兰西民族等。

最后,国家认同具有弥合国内各民族认同差异的功能,为民族认同所必需。民族认同触及人类深层的情感,具有强大的社会动员能力,强化国家认同无疑需要借助民族认同的力量。但是,民族认同关系的只是个别群体的存在价值,它使个人的自我意识局限于语言、宗教、血缘等因素之中。而要实现更大共同体的价值,就不能不考虑到"国家"这一体制的至关重要性。因为在当今世界,主权国家仍然是实现集体目的最为积极有效的工具。[3] 国家

---

[1] 〔美〕杜赞奇:《从民族国家拯救历史:民族主义话语与中国现代史研究》,王宪明等译,社会科学文献出版社2003年版,第60页。
[2] 傅华:《全球认同与民族国家文化认同》,载《光明日报》2006年4月18日。
[3] 张永红、刘德一:《试论族群认同和国族认同》,载《中南民族大学学报》2005年第2期。

认同作为国家共同体的理性认知，具有弥合各民族认同差异的能力，这恰好是各民族认同所缺乏的。国家是阶级斗争不可调和的产物，同样也是也是民族矛盾不可调和的产物，是人类利用理性力量调整阶级、民族关系，控制自身行为的文明成果。① 为避免国家范围内各个民族间的无休止冲突，协调好各民族间的民族认同的冲突矛盾，民族认同必须召唤国家认同的导引与整合。

3. 认同的"排他性"视角：民族认同与国家认同的互辅共生

民族认同与国家认同的"排他性"存在的差异，既会导致二者的冲突对立关系，也会让二者之间生成一种互辅共生关系。因为民族认同与国家认同的差异性固然是冲突的原因，但它也使得二者各自承担不同的认同功能，在不同的场景满足人们不同的需求。从相辅相成的角度看，国家认同在民族之间的交往场景中不能代替民族认同，而民族认同在国际交往中也不能替代国家认同，这两种认同在不同情境下可谓"各司其职""各得其所"。

同时，民族认同和国家认同的"排他性"也具有一致与重叠部分——他国。当国家在遭到外敌威胁、入侵或者国家进行对外战争的时候，国家的生存和胜利成为各民族的最高利益所在，与他国的矛盾上升为国内的主要矛盾，此时民族认同完全涵盖在国家认同中，两者成为生死攸关的命运共同体。② 正因如此，包括黑格尔和亨廷顿在内的许多人都曾宣称，寻找和树立外部的对手和敌人有利于国家的内部统一。黑格尔强调："由于战争的结果，不但人民加强起来，而且本身争吵不休的各民族，通过对外战争也获得了内部安宁。"③ 亨廷顿在分析美国特性的历史发展进程时得出结论，认为美国立国后与英国人、法国人的战争，以及20世纪经历的两次世界大战和与苏联

---

① 张践：《国家认同下的民族认同与宗教认同》，载《中国民族报》2010年2月23日。
② 钱雪梅：《从认同的基本特性看族群认同与国家认同的关系》，载《民族研究》2006年第6期。
③ 〔德〕黑格尔：《法哲学原理》，范扬等译，商务印书馆1961年版，第342页。

的冷战等，极大发扬了美国人的爱国心和民族意识。"历史经验和社会学分析表明，国无外敌，其社会团结往往削弱，很可能孕育着分裂因素"，"当国民面对共同敌人时，全国的团结增强，而可能引起内部分裂的彼此敌对情绪会被压抑下去。社会矛盾和经济分歧会减少。未遭摧毁的经济的生产效率会更高"。[1]由此亨廷顿还进一步指出，美国需要寻找敌人。黑格尔与亨廷顿的观点，可能被一些人视为是"好战"之表现，然而从认同的"排他性"视角看却是有一定道理的，并且在现实政治场景里，通过利用国家间冲突、对立甚至战争等寻求"共同敌人"，转移国内民族认同与国家认同的矛盾，也的确是古今许多国家屡试不爽的策略。

（三）民族认同与国家认同属于矛盾统一体

马克思唯物辩证法告诉我们，事物发展是具体的和历史的，矛盾体内的双方会因力量的此消彼长而发生一些变动和转化。"根据事物的具体发展，有些矛盾是由原来还非对抗性的，而发展成为对抗性的；也有些矛盾则由原来是对抗性的，而发展成为非对抗性的。"[2]民族认同与国家认同属于矛盾共同体，双方既对立冲突又互辅共生，在一定条件下还可以相互转化——民族独立后，原有的民族认同上升为国家认同；国家建立后，可以在国家疆域内以民族认同为基础建构起新的复合民族认同（国族认同）。

在当代多民族国家中，民族认同和国家认同总是交织一体。其中，民族认同具有原生性的巨大动员"能量"。国家认同则能够影响国家机构，同样具有强大的力量。历史与现实表明，当民族认同与国家认同关系得到科学处理，二者达到协调与平衡状态之时，多民族国家就会变得充满生机与活力。反之，二者之间的互辅共生关系将被削弱或者扭曲，就会代之以矛盾冲突，由此滋生出离心力极强的消极民族认同，国家共同体因此陷入认同危机之中。其结果必然是，或者发生内部民族冲突动乱，或者重蹈苏联或南斯拉

---

[1] 〔美〕塞缪尔·亨廷顿：《谁是美国人？美国国民特性面临的挑战》，程克雄译，新华出版社2010年版，第14、190页。
[2] 《毛泽东选集》第1卷，人民出版社1991年版，第335页。

夫的悲剧——国家分崩离析，普通民族群众流离失所，遭受各种灾难。可以说，在现代世界中，任何一个多民族国家的成功都离不开这两种认同的互辅共生关系。如何科学体察民族认同与国家认同的关系现状，创造有利的条件控制、缓解和降低二者的对立冲突，增进二者的互辅共生，是任何一个多民族国家都应关注和思考的重大理论与现实课题。

第三章　民族认同与国家认同关系的建构取向

在多民族国家里，民族认同与国家认同之间总是处于不断的交叠互动之中，表现出冲突对立与互辅共生两种不同趋向，对国家内部民族关系与社会稳定产生重要影响。历史表明，如何建构二者关系，关乎统一多民族国家的兴衰成败。然而，民族认同与国家认同的理想关系应该是什么？我们又应如何建构起民族认同与国家认同的这种理想关系？这涉及两种认同关系建构的取向问题。从理论分析，可能的建构取向有三种，即同质关系建构取向、多元关系建构取向和和谐关系建构取向。在实践当中，前两种建构取向在世界各国较为通行，然而这两种建构取向在当今时代却因自身存在的局限性而越来越陷入困境。和谐关系建构取向是对同质关系建构和多元关系建构的超越与扬弃，具有充分的现实合理性，是民族认同与国家认同关系建构的理想取向。

一、民族认同与国家认同关系建构的重要性及实质内容

民族认同与国家认同关系的建构问题古已有之，到了当代依然存在，并且对于当代国家而言更加重要而紧迫。民族认同与国家认同关系的建构，并非仅仅如字面所显示的两种认同之间的关系建构，而是涉及这两种认同的根基——民族间关系、民族与国家关系的协调处理，这两对关系的复杂性、艰难性和长期性，决定了在民族认同与国家认同关系建构进程中，"顺其自然

是绝不可取的,而应该采取积极、进取的国家策略"①,必须通过具有法律效力的民族政策强势介入。

(一)民族认同与国家认同关系建构的重要性

在全球化、现代化迅猛推进的当代,"认同危机"正成为世界问题。"认同危机"即人们的"生存价值归属"发生了缺失、漂移、失落、混乱乃至冲突。认同的缺乏往往是造成安全威胁的开始,诸多安全问题的凸显正是与"认同"的缺失或冲突相关。相反,认同的融合一致与积极建构,则往往能最大限度地消除安全威胁,能创设各种"危机"解决的有效方案,能形成主体间"学习—互动—依赖"的"进化共同体"。②不过,这种融合与建构却并非易事,迄今成功者亦不多见。美国学者亨廷顿指出:"几乎每个地方的人们都在询问、重新考虑和重新界定他们自己有何共性以及他们与别人的区别何在:我们是什么人?我们属于什么?"③这种愈演愈烈的"认同危机"深刻影响着人类的生活,导致了民族冲突、国家分裂、区域不和等政治危机的产生。在所有的认同危机当中,最引人瞩目的便是由于民族认同与国家认同的不一致而引发的认同危机。这种认同危机能够"活生生"地把许多曾经灿烂辉煌的多民族国家撕裂得四分五裂。如有超过20个新的国家先后在苏联、南斯拉夫、捷克斯洛伐克和埃塞俄比亚的土地上出现,而这些新国家不仅仍然是多民族国家,并且在其内部,新的以寻求少数族群或民族独立的斗争又在风起云涌。④据统计,自1988年以来,全世界爆发的武装冲突绝大多数是由内部民族问题所引起的。比如苏联解体后,一些民族要求主权与独立问题,北爱尔兰与爱尔兰的问题,科索沃问题等。⑤国际风云变幻,当今世

---

① 都永浩:《民族认同与公民、国家认同》,载《黑龙江民族丛刊》2009年第6期。
② 余潇枫等:《非传统安全概论》,浙江人民出版社2006年版,第370页。
③ 〔美〕塞缪尔·亨廷顿:《谁是美国人?美国国民特性面临的挑战》,程克雄译,新华出版社2010年版,第10页。
④ 何博:《边疆少数民族"中国认同"意识缘起初探》,载《云南社会科学》2008年第3期。
⑤ 李继利:《族群认同及其研究现状》,载《青海民族研究》2006年第1期。

界特别是20世纪后半期,可以说最令人困惑的趋势就是:国家和政府正在不断地被其社会结构下的少数民族——族群民族主义所哄骗、烦扰与挑战。[1] 多民族国家安定团结乃至世界和平稳定因此受到了巨大冲击。

由于民族认同与国家认同的不一致而导致的认同危机,对于新建起来的后发展国家是难解的"魔咒",对一些西方发达国家也似乎成为无法走出的"困境"。一方面,许多后发展国家尚不具备民族国家的重要素质,经济上落后疲软,政治上合法性不足,存在着国家认同危机的肥沃土壤。[2] 在全球化和现代化过程中,这些国家的民族认同与国家认同的矛盾冲突显得尤为突出。美国学者白鲁恂早在1965年就曾深刻洞悉此种情形,认为在向现代转型的国家一共存在六种危机,而"第一位、并且也是最基本的"就是民族国家的认同危机。白鲁恂所说的六种危机,分别是认同危机、合法性危机、政府权力渗透的危机、参与危机、整合危机以及分配危机。对于认同危机,白鲁恂指出:"一个新国家的人民需要逐渐将他们国家的领土确认为自己真正的家园,应当感觉到他们的个人认同部分地是由与他们成为一体的有明确疆域的国家来界定的。在大多数新的国家里,从部落到种姓、再到种族或语言集团等各种传统认同形式,都会与一种范围更大的民族国家认同的意识相冲突。……认同危机也会涉及如何解决传统遗产与现代习俗的冲突问题,并且也涉及在地方性意识与世界惯例之间的两难抉择。"[3] 这种情形在东南亚、非洲、中东等地区的发展中国家中表现最为突出。另一方面,一些西方发达国家也存在此类认同危机问题。随着历史的长河流淌到20世纪,由于全球经济的发展、网络通信和交通的极大提高、移民的增多,以及冷战终结后迅速掀起的第三次民族主义浪潮等,西方发达国家也出现民族认同与国家认同的

---

[1] Frederick L.Shiels, *Ethnic Separatism and World Politics*, Lanham, MD:University Press of America,1984:1.
[2] 郭艳:《民族分离运动与国家认同的建构——印度尼西亚个案研究》,载《国际论坛》2004年第5期。
[3] 复旦大学历史学系、复旦大学中外现代化进程研究中心:《近代中国的国家形象与国家认同》,上海古籍出版社2003年版,第127—128页。

冲突性危机。如作为民族国家的典型，法国正在遭遇某种程度的国家认同危机。在2001年阿尔及利亚与法国举行的足球比赛中，当球场奏响法国国歌《马赛曲》时，法籍阿尔及利亚裔球迷的嘘声盖过了国歌声。比赛过程中，这些法籍阿尔及利亚裔球迷挥舞的也是阿尔及利亚的星月国旗而非法国三色国旗。在2009年11月15日，同样一幕在阿尔及利亚获得2010年世界杯入场券的时候再次上演。2005年10月，3位非洲移民后裔因躲避警察盘查而在变电站内部死亡，引发遍及法国全境的大规模民族骚乱。法国国家认同危机除了移民问题外，还表现为少数民族的分离主义运动，如科西嘉独立运动，民族意识不断增强的巴斯克、加泰罗尼亚和洛林问题等。这些事件表明，法国国家认同的根基——对法兰西民族独特性和整体性的认同——已经发生动摇。[①] 美国也同样面临着类似民族分离主义的困扰。如夏威夷原住民独立运动、阿拉斯加独立党、佛蒙特和德克萨斯州独立运动等。尽管这些分离运动的规模和影响都非常小，但它们却是一个警示，告诫美国不能在全球化时代民族认同不断增强的情况下高枕无忧。[②] 对于上述民族认同与国家认同的关系危机，塞缪尔·亨廷顿在其著作《谁是美国人？美国国民特性面临的挑战》中做了宏观性描述："现代化、经济发展、城市化和全球化使得人们重新考虑自己的身份，从较狭窄、较亲近、较社群的角度重新界定身份和特性。国民层次以下的文化身份和地区身份比广泛的国民身份更受关注。人们认同于那些最像他们的人，那些被认为有着共同的民族属性、宗教信仰和传统以及传说的共同祖先和共同历史的人。在美国，这种身份碎裂表现为多文化论崛起，人种、民族和性别意识抬头。在另一些国家，它的表现形式比较极端，出现了一些种族、教派要求得到政治承认、自治或独立的运动。魁北克人、苏格兰人、弗拉芒人、加泰罗尼亚人、巴斯克人、科西嘉人、库尔

[①] 于福坚：《失去了自己的文化却获得一个民族——法兰西民族的形成及国家认同危机的根源》，载《中国民族报》2009年12月11日。
[②] 于福坚：《一杯鸡尾酒：美国民族与国家认同的构建》，载《中国民族报》2009年11月6日。

德人、科索沃人、恰柏人、车臣认同、巴勒斯坦人、棉兰老岛穆斯林、苏丹基督教徒、阿布哈兹人、东帝汶人等族群中间都出现了这样的运动。"①综上,民族认同与国家认同关系危机正携风鼓浪而来,瞬间席卷全球,给多民族国家提出了共同的重大课题:如何建构民族认同与国家认同的关系?

事实上,在认同危机深入发生的同时,多民族国家也一直围绕这一重大课题进行过努力摸索和求解。在此过程中,产生了民族认同和国家认同之间的博弈案例——民族分离和国家建构。民族分离运动大多基于民族原则,把民族认同置于国家认同之上。国家建构则以全体公民为对象,力图培养他们对国家的认同和忠诚,力图建构起超越各民族界限的国家民族。历史表明,民族分离与国家建构是交错展开的:民族对现有国家统治缺乏认同往往导致民族分离运动,而防止分离则是国家建构的重要目标。同时,国家建构中的政策失误会反过来会强化民族认同意识,削弱国家认同意识,加剧民族分离运动。②尽管在世界历史上,多民族国家在应对民族认同与国家认同关系的冲突危机中,已积累了较为丰富的经验,但迄今为止,世界大多数的多民族国家仍未找到彻底解决问题的切合自身实际的理论和实践方案,国家建构工作也因此远未完成。故此,在当前以及未来较长历史时期里,加强民族认同与国家认同关系的建构工作,开展民族认同与国家认同关系建构的理论研究,对多民族国家而言意义重大、关系深远。

(二)民族认同与国家认同关系建构的实质内容

集体认同的建构本身具有复杂性,民族认同与国家认同关系的建构,其复杂性更为突出。关键问题在于,我们需探寻民族认同与国家认同关系建构的实质内容,这就要求对民族认同与国家认同的特点进行比较分析。其中,民族认同与国家认同的各自稳定性、力量的强弱对比决定着二者关系建构的

---

① 〔美〕塞缪尔·亨廷顿:《谁是美国人?美国国民特性面临的挑战》,程克雄译,新华出版社 2010 年版,第 11 页。
② 罗惠翾:《族群认同与国家认同:和谐何以可能》,载《理论视野》2009 年第 8 期。

实质指向。一方面，从稳定性角度分析，民族认同比之国家认同更为稳定持久。因为"现代民族的血缘溯源指向是对血缘民族时代的一种歪曲性记忆"，这一特点决定"民族认同比国家认同有了更强固的聚合性"。① 在现代国家中，民族认同往往先于国家认同而出现，是在民族聚居的社会生活中自然形成的，属于具有稳定性、持久性和聚合力强的"原生性"认同。国家认同则纯粹建构而成，是国家通过政治社会化的进程培育起来的，它具有波动性和不稳定性特点，易受各种内外因素的影响而发生两极变异。② 就此，英国学者安东尼·史密斯曾指出，当集体认同主要建立在文化成分比如种姓、民族、宗教教派等基础之上时，认同感就更为强烈和持久，而其他类型的集体认同比如以阶级和区域等为基础，只作为利益集团发挥作用的认同并且因此在达到它们的目的之后非常易于消融。③ 亨廷顿也指出，"国民身份"是可建可拆、可升可降、可要可不要的，即使是在一个人的心目中，国民身份占多大分量，也会随时间而有所改变。④ 另一方面，从力量对比而言，民族认同显然比国家认同更为强大。因为"族群意识可以建立一个国家，也可以撕裂一个国家"⑤，"最近200年的历史表明，国家可以因民族热情而建，因民族耻辱而毁，甚至完全消失；但民族文化几乎无法摧毁，被压抑和受羞辱的民族意识成为具有致命杀伤力的爆炸性力量"⑥。正因如此，民族认同成为自古至今都普遍重视的"政治资源"。不过，民族认同是一柄双刃剑，必须"因势

---

① 王希恩：《说民族认同》，载《学习时报》2002年12月9日。
② 覃彩銮：《壮族的国家认同与边疆稳定——广西民族"四个模范"研究之二》，载《广西民族研究》2010年第4期。
③ 〔英〕安东尼·D.史密斯：《全球化时代的民族与民族主义》，龚维斌等译，中央编译出版社2002年版，第19页。
④ 解志苹、吴开松、马娜：《改革开放以来少数民族认同意识的变迁》，载《中国民族》2009年第2期。
⑤ 〔美〕哈罗德·伊罗生：《群氓之族：群体认同与政治变迁》，邓伯宸译，广西师范大学出版社2008年版，第3页。
⑥ 〔英〕休·希顿-沃森：《民族与国家：对民族起源与民族主义政治的探讨》，吴洪英译，中央民族大学出版社2009年，第616页。

利导，学会和掌握这一'政治资源'的正确利用"①。

由以上的比较分析可知，民族认同与国家认同关系建构的重心在于国家如何对待民族认同。民族认同与国家认同关系建构的根本指向，在确保国家认同首位的前提下，发挥民族认同的积极功能，尽量缓解或消除民族认同的消极作用，增强民族认同与国家认同的互辅共生性，培育二者在功能和方向性上的耦合与同构关系。民族认同与国家认同都属于思想意识范畴，因此建构二者间关系，最根本途径应是从产生民族认同与国家认同关系的物质实体关系，即民族与国家关系入手。因为公民个人的民族认同和国家认同意识，终究是由民族与国家的关系决定，建构民族认同与国家认同的关系的根本途径应是推进民族与国家关系的建构。而国家是由多个民族组成的，民族与国家的关系又往往集中体现在各民族之间的族际关系问题的处理上。故此，民族认同与国家认同关系建构的实质内容就是，以确保国家认同首位为根本目的，运用国家公共权力处理协调国内各民族之间、各民族与国家之间的关系，使二者实现耦合与同构。唯有抓住这实质内容，国家才能有效缓解或消除民族认同与国家认同之间的张力，不断强化各民族之间的强烈"一体感""我们感"，赢得所有民族的强烈认同，有效维持自身生存与发展。

世界各国建构民族认同与国家认同的关系，也即国家协调国内各民族之间、各民族与国家整体之间的关系，往往是通过具有强制力量的国家民族政策进行的。"民族政策是国家为了维护和增进统治阶级的利益而对一定的民族采取的措施、办法和制度，它的实施直接规定着民族关系的性质及其发展前景。"②不过需要指出的是，一个国家对于民族关系的制度性安排和政府有关政策的内容十分广泛，有些是直接针对某些民族的，有些是对于民族关系有间接影响的渗透于社会组织、经济活动、文化教育等领域的政策，有些属于基础性国家立法（如《民族区域自治法》），有些则涉及政府官员任用的政

---

① 王希恩：《说民族认同》，载《学习时报》2002年12月9日。
② 宁骚：《民族与国家——民族关系与民族政策的国际比较》，北京大学出版社1995年版，第318页。

策（如少数民族干部的培养与任用中的制度性安排）、经济政策（如财政补贴、税收减免政策、优惠贷款等）、文化教育政策（如宗教政策、语言文字政策、教育制度等）、人口政策（如计划生育对于不同民族的分别规定、迁移政策）以及为了处理某些专题（如宗教节日、丧葬习俗等）所制定的一些具体政策法规等。① 通常而言，这些国家的民族政策都在某种程度上体现了民族认同与国家认同关系建构的取向。

二、民族认同与国家认同关系建构的若干取向及其局限性

世界各国在处理国内各民族之间、各民族与国家整体之间的关系，进而缓解或消除民族认同与国家认同的对立冲突关系方面，采取了多种民族政策，由此形成不同的民族认同与国家认同建构取向。而不同的建构取向，又产生不同的建构效果。从整体而言，无论是民族认同与国家认同的同质关系建构取向，还是民族认同与国家认同的多元关系建构取向，都存在一定的局限性，并因此而陷入了某种程度的困境当中。

（一）民族认同与国家认同的同质关系建构取向及其局限性

民族认同与国家认同的同质关系建构取向，就是把国家内部的各民族认同与国家认同看成非此即彼、不能共存的事物，因而主张通过民族政策消除国家内部民族差异性或异质性要素，借此打造"一国一族"式的单一"民族国家"，实现民族认同与国家认同的同质性。此一建构取向坚信，民族认同可以消除，民族与国家可以同质（即民族完全等同于国家或国民）。这种建构取向主要是以种族民族主义思想为基础，在具体政策层面，集中呈现为国家的民族同化政策和民族屠杀或民族迁移政策等。

1. 民族同化政策

从理论上看，民族同化是一个渐增相似性的过程，而非一种确定的关

---

① 马戎：《民族社会学——社会学的族群关系研究》，北京大学出版社2004年版，第499—500页。

系境况或状态。对于一个民族来说，同化过程的终点是"族群和种族差别的消失，体现这一群体的文化和社会特征的消失"。或者，对于社会整体来说，是"不同群体在生物、文化、社会、心理上的融合"。民族同化可以分为四个相互关联却彼此不同的维度：文化、结构、生物、心理。有两个同化理论，虽源出美国，却有着广泛的适应性并且已经产生了特别的影响：一是帕克的种族关系循环论。20世纪20年代，帕克领导的美国社会学家们关注东北部和中西部城市中使用多种语言的各族群，他们研究的焦点是探寻将这些群体聚集到一起或这些群体能够维持差异性的原因。在此基础上，帕克提出了种族或族群关系循环论，认为群体会经过四个阶段：接触、竞争、适应、同化。帕克认为，这四个阶段构成的循环适用于所有地方的种族关系，而不仅仅是美国社会。并且，他将这一序列视为"显然是递进的、不可逆转的"。二是戈登的同化理论。与帕克一样，戈登将同化解释为不同群体历经的一系列阶段或步骤。但戈登并不认为从接触到最终融合是一条直线，而是认为群体可能不确定地停留在某个阶段。戈登提出的七个阶段，包括文化或行为同化（文化适应）、结构同化、婚姻同化（融合）、认同同化、态度待遇上的同化、行为待遇上的同化和公民同化。[①]

民族同化既是一种民族发展的过程与状态，也是一种国家的民族政策。"所谓民族同化政策，就是政府采取法律的和行政的措施使被统治民族或少数民族失去原有的民族特征，而被吸收、被合并于统治民族或主体民族的政策。"[②] 对一个多民族构成的"民族国家"来说，同化政策的实质在于将民族国家族裔化，或者将其作为可以实现的目标，力求尽早实现名副其实的民族国家。同化政策的笃行者们深信，同化政策反映了历史的必然，而且对那些被同化的民族而言，即使是强制同化的政策，客观上也对社会的发展有某种

[①] 〔美〕马丁·N.麦格：《族群社会学：美国及全球视角下的种族和族群关系》，祖力亚提·司马义译，华夏出版社2007年版，第94—100页。
[②] 宁骚：《民族与国家——民族关系与民族政策的国际比较》，北京大学出版社1995年版，第386页。

促进作用。同时，对民族群体个人来说，同化政策使其能够融入主流社会，获得更多的人生价值，也是好事情。

民族同化政策是古已有之，但作为普遍推行的政策和执着追求的目标，却是近代以来的事情。在欧洲法国大革命时期，民族问题主要体现在语言问题上，因此同化主义也首先体现在语言方面。无论是从历史上，还是从革命时期的来说，法国的语言状况都相当复杂。在革命时期，雅各宾派等各种政治派别采取各种措施大力推广法语，并将之"政治化"，全力以赴推行语言的统一工作。法国大革命期间的雅各宾派是第一个(但绝不是最后一个)要求系统消灭一个国家内的少数人语言，并要求通过强迫手段推行国语来提高和扩大主流民族性的政治势力。大革命以后，这种强调法兰西民族和国家整体性认同、否认民族多元化存在的"雅各宾主义"成为法国民族主义的主流。对法兰西民族同一性的极端强调，最终培养出一种沙文主义的民族意识，即为了尽可能寻求国家共性和凝聚力，极力漠视、压制甚至否认少数族裔和外来移民的权益和特殊要求。① 在法国大革命及其思想影响下，欧洲各国普遍推行民族同化政策。例如在德国，早在19世纪末20世纪初就已出现企图早日同化少数民族的浪潮。1886年，德国议会通过了对其统治下的波兰人实行"德意志化"的法案，对石勒苏益格地区的丹麦人和阿尔萨斯洛林的法兰西人，也都曾推行过类似的同化政策。在沙俄，也对少数民族推行同化政策，主要表现为迫使少数民族接受俄罗斯东正教和俄罗斯语言，实现所谓的"俄罗斯化"。②

在美洲和大洋洲，主要的移民国家也广泛采取了民族同化政策。从建国之初，美国政府就开始关注国家民族性的单一化问题，把是否认同于盎格鲁－撒克逊文化视为移民能否归化为美国人的前提，以及是否具有美国国家

---

① 于福坚：《失去了自己的文化却获得一个民族——法兰西民族的形成及法国国家认同危机的根源》，载《中国民族报》2009年12月11日。
② 李红杰：《由自决到自治——当代多民族国家的民主政治经验教训》，中央民族大学出版社2009年版，第135—136页。

认同的标志。在 20 世纪 60 年代以前，美国实施了强制性的民族同化政策，即通过推进美国化运动的范式，迫使广大移民放弃原来民族的语言、习俗和生活方式，转而采用美国社会文化生活方式。在移民的选择和安置上，美国还力求避免少数民族聚居区的形成，并强迫移民割断与迁出国民族即原民族主体的各种纽带，迫使他们早日成为"美国人"。在美国民族同化政策的盛行之中，"熔炉"论演化为一种时尚。1908 年上演的描写民族融合的戏剧《熔炉》，成为熔炉理论确立的重要标志。① 在加拿大，自建国起一直到 20 世纪 70 年代，都与美国类似，大力奉行"盎格鲁化"的强制性民族同化政策。加拿大政府首先致力于英裔文化主导性的确立，为推行"盎格鲁化"奠定基础。1867 年加拿大宪法明确规定，联邦政府将建立一个"在原则上类似于联合王国"的政府体制。虽然英语和法语都受到它的保护，但双语制仅仅在魁北克单向性地实施——要求掌握双语的仅仅是法裔加拿大人。其次，加拿大政府对土著民族进行同化，于 1870 年推出法案，强制印第安人把孩子送往寄宿制学校接受西方式的教育，禁止他们举行传统的仪典和节庆。第三，加拿大排斥非英美移民。其首部移民法案把移民划分为优先的和非优先的两类。英美白人位居优先位置，北欧、中欧、南欧和东欧人其次，犹太人、东方人和黑人属于不受欢迎的人。② 在澳大利亚，同化政策更多地针对土著民族。1961 年，澳大利亚当局还为同化政策下过定义："所有土著人和部分土著人被期望最终与其他澳大利亚人过着同样的生活方式，作为澳大利亚单一社会的成员生活，享有同样的权利和特权，负有相同的义务，奉行同样的习惯并受同样信仰的影响，像其他澳大利亚人的抱负和忠诚"。1965 年再次定义为："同化政策寻求所有土著居民的后裔都选择与其他澳大利亚人类似的和标准的生活方式，并作为澳大利亚单一社会的成员而生活"。③

---

① 王立新：《美国的国家认同及面临的挑战》，载《中国社会科学报》2010 年 8 月 24 日。
② 戴晓东：《当代民族认同危机之反思——以加拿大为例》，载《世界经济与政治》2005 年第 5 期。
③ 阮西湖：《澳大利亚民族志》，民族出版社 2004 年版，第 78—79 页。

拉丁美洲曾被很多人视为世界民族同化的典范。在相当长的一个时期里，同化主义都是拉美社会中的一种主流的社会意识。许多拉美国家公开否认少数民族的存在，甚至成为联合国早期活动中抵制"少数人"议题的重要力量。1948年3月，在联合国人权委员会起草委员会的第二次会议上讨论有关少数人的条款时，时任人权委员会主席的美国前总统罗斯福夫人艾琳·罗斯福强烈反对将此条款包括在宣言中，理由是1938年在利马召开的一次地区性会议肯定了有关种族、语言或民族群体的体系不适用于美洲，因为"在那里并不存在这类少数人"。这一观点在1945年2月墨西哥城召开的美洲间战争与和平问题会议上再次得到了重申。这次会议肯定，在美洲不需要讨论"民族问题"，因为那里不存在"要求少数人地位的紧密型同质群体"[1]。这种同化主义源于拉美近代早期的所谓大陆民族主义。这是拉丁美洲历史最悠久的民族主义思潮，主要反映在拉美独立战争初期玻利瓦尔所提出的有关建立拉丁美洲联盟的主张。然而，这一想法未能最终实现，拉丁美洲成立了一系列独立国家。直到今天，大陆民族主义者对拉丁美洲国家的看法是不一致的。有一些人承认拉丁美洲存在民族国家的现实，希望在联邦的基础上把各国联合起来，另一些人则主张将拉丁美洲建成统一的民族国家。但有一点是一致的，即在民族国家和同化主义思潮的影响下，机械地仿效同拉丁美洲特点格格不入的美国、法国等欧美国家，否认自己多民族共存的实际，尤其否认土著民族的正当权益，并希望以此解释拉丁美洲的特殊性。在此背景下，拉美这些"新"国家都极力推动使各种移民文化互相融合的"熔炉"政策，而且这种熔炉政策已经扩展到当地土著人中。[2]

2. 民族屠杀或驱逐政策

当对某些异类民族实施同化政策不起作用，或者认为不会起作用，或者

---

[1] 〔瑞典〕格德门德尔·阿尔费雷德松、〔挪威〕阿斯布佐恩·艾德：《〈世界人权宣言〉：努力实现的共同标准》，中国人权研究会组织译，四川人民出版社1999年版，第724页。

[2] 李红杰：《由自决到自治——当代多民族国家的民主政治经验教训》，中央民族大学出版社2009年版，第139—140页。

出于民族歧视而不屑于同化某些民族时，一些多民族国家的统治民族就有可能选择更为极端化的强制或暴力行动。历史发展至今，人们对此类行动已经非常了然：这就是对少数民族进行大规模的屠杀和驱逐。这在近代西方历史上都有先例。19世纪美国对中国移民、第一次世界大战中加拿大人对德国人的驱逐都是典型的例子。19世纪北美、澳大利亚、南非以及更早的拉美白人殖民者对当地土著人的灭绝也是众所周知。更有计划、有系统的例证则是纳粹的种族灭绝政策，其造成的结果是欧洲犹太人的毁灭。在20世纪30年代，德国犹太人在社会生活的各个方面遭到了系统的、几乎是彻底的驱逐。之后，通过包括人身袭击和占有家庭、生意、财富在内的恐怖活动使犹太人被迫离开德国。最终，纳粹的种族灭绝政策到达了顶点——建立死亡集中营，屠杀德国和其他欧洲犹太人。还有塞尔维亚人对波斯尼亚穆斯林和科索沃阿尔巴尼亚人的种族清洗运动，也包含了驱逐和消灭。①

　　据统计，自1945年以来，在国家支持下的大屠杀中失去生命的人数已经超过战争和自然灾害所造成人口损失的两倍。夏威夷大学研究院的如梅尔教授认为，种族主义部族国家的典型纳粹德国，要对在战争和他称之为"人口灭绝"即由国家支持的集体屠杀和恐怖行为死亡的大约2100万人口负责。他写道："通过种族屠杀、杀害人质、报复性空袭、强制劳动、放逐、医学实验、恐怖性轰炸以及死亡集中营，纳粹杀害的人口数字在15003000到31595000之间，很可能是20946000人。无数的老人、病者、战俘、劳工集中营的囚徒、批评者、同性恋、犹太人、斯拉夫人、塞尔维亚人、德国人、捷克人、意大利人、波兰人、法国人、乌克兰人和许许多多其他人。其中有100万是儿童……而且这样巨大的数字，还不包括死在战场上的士兵。"他认为，在全世界死于人口灭绝的牺牲者的数字，超过了20世纪所有在战争中死亡者的数字。最近的种族大屠杀发生在卢旺达。在1994年的胡图族大屠杀中，图西族和温和的胡图族死亡人数达50万，还有170万的难民，以

---

① 〔美〕马丁·N.麦格：《族群社会学：美国及全球视角下的种族和族群关系》，祖力亚提·司马义译，华夏出版社2007年版，第94—100页。

及国内 20 万背井离乡之人。在南斯拉夫，关于在种族屠杀、种族清洗中受害者的统计数字有很大的出入。塞尔维亚民族主义分子是蹂躏数以千计的穆斯林和克罗地亚人的罪犯。另一方面，在第二次世界大战和 1990 年代的内战中，塞尔维亚人亦遭受到克罗地亚民族主义分子及其种族政策的残酷对待。①

　　为减少少数民族数量和创造单一民族国家，进而实现民族认同与国家认同的同质关系，一些政府采取了民族迁徙政策。如在两次世界大战之间，希腊、土耳其和保加利亚的政府就曾进行过大规模的人口交换。希腊和保加利亚境内的少数民族土耳其人从这两个巴尔干国家迁到土耳其。土耳其境内的少数民族希腊人和保加利亚人也各自迁入他们的"祖国"。"二战"之后，波兰、捷克斯洛伐克的日耳曼人也被迫进行大规模的迁移。被从捷克斯洛伐克驱逐的日耳曼人大约有 250 万。在波兰，由于大规模的领土变更，人口被迫迁移。波兰共和国的边界向西推移，与柏林只有很短的距离。有 230 万的日耳曼人被迫从这个地区全部迁出，与此同时，有 450 万波兰人迁入这些新获得的地区。②所有这些迁徙都不是自愿的，强迫式"背井离乡"给这些民族带来了无尽苦楚。当然，在不排除极个别情况下，有国家采取相对"文明的"驱逐方式来解决问题。利比里亚的建国就是典型案例。在美国黑人运动史上，曾出现过"回到非洲去""迁到海外去"这类运动。最早提出这个口号并使之部分实现的是 1816 年成立的"美国殖民协会"，其目的是使自由黑人离开美国回到非洲去建立自己的国家。理由是自由黑人虽然有了自由的身份，但是他们处在奴隶与公民之间的尴尬地位，没有公民权，而且在白人中流行一种观念，认为黑人即使自由了，也难以同化进美国社会生活中。尽管持这种主张的人并不都是种族主义者，也不能斥之为恶意，但这个计划的

---

①　〔美〕格罗斯：《公民与国家：公民、部族和族属身份》，王建娥等译，新华出版社 2003 年版，第 123—125 页。
②　〔美〕格罗斯：《公民与国家：公民、部族和族属身份》，王建娥等译，新华出版社 2003 年版，第 128 页。

实质却是以种族主义为基本出发点，采取"文明的"放逐方式来解决黑人问题。许多白人社团以及美国国会都支持这个计划。1821 年该协会在西非购置了一片土地，1822 年第一批黑人被送到那里，建立起定居点，1824 年将这片土地定名为利比里亚，由"美国殖民协会"任命总督，1847 年利比里亚宣布为独立国。1860 年，美国内战前夕，有 1.1 万名自由黑人在新国家定居。1862 年，美国承认利比里亚新政府，建立美国与利比里亚之间的"特殊关系"。这个面积只有 11.14 万平方公里的国家，现拥有大约 330 万人口，其中美国黑人后裔只有几万，首都蒙罗维亚是为纪念美国总统门罗而命名的，因为他是建立利比里亚的积极支持者和促成者。[①]

3. 同质关系建构的局限性

从现代国家建构的视角看，采取各种政策措施增强各民族的趋同性，推进各民族的"我们感"和"一体化"程度，进而强化民族认同与国家认同之间的互辅共生关系，这是十分必要的。但是，如果以此为由建构起单一化的"民族国家"，试图实现民族与国家、民族认同与国家认同的完全同质，则难免会因自身的局限性而最终步入困境。考察世界诸多国家对单一"民族国家"的同质关系建构历史，我们就不难看出其局限性和现实困境所在。

第一，目标脱离现实。如果我们真的能够实现民族与国家的同质关系，也即达成民族认同与国家认同的完全重叠，当然是无限美好的。但问题在于，现实中这种类型的国家很难出现，即是偶然出现也很难持久。时至今日，已很少有人会相信存在真正的单一纯正的"一个国家、一个民族"的"民族国家"。即便像德国、日本这样的同质性极高的国家也不能称为完全的"民族国家"。现在欧洲所谓的"民族国家"仍是建立在多民族的基础之上，这也是被广泛认可的。[②] 尽管人们对"民族国家"充满期待和憧憬，认为一旦建构了"民族国家"，将彻底解决民族认同与国家认同的对立冲突问题，

[①] 李红杰：《由自决到自治——当代多民族国家的民主政治经验教训》，中央民族大学出版社 2009 年版，第 106 页。
[②] 都永浩：《民族认同与公民、国家认同》，载《黑龙江民族丛刊》2009 年第 6 期。

然而这种努力却注定会成为"不现实"。因为在现实生活中，每个民族总会有个别成员没有被吸纳到自己的民族国家之中，每个民族国家里也总会包含一些其他民族的成员。再结合当今世界，如果我们把不到200个现代民族国家与3000多个的世界民族的数量进行比较①，就不难理解其中的一个基本原理，即历史和现实注定了所谓的民族国家不可能实现所谓的"民族化"。②概言之，以同质关系取向建构其"民族国家"，进而建构民族认同与国家认同的同质目标，在当代历史条件虽"令人无限神往"，却是很不现实的"痴人说梦"。

第二，效果差强人意。同质关系建构取向要实现民族与国家的同质同构，以及民族认同与国家认同的高度同一，其目标脱离当代历史现实，其效果自然就差强人意。同质关系建构取向坚持要求少数民族放弃原有的民族认同，完全顺应主导民族和主流文化，这忽视民族认同的历史根基性，更低估其具有的反抗能力。一方面，在现实中，自然同化过程受到诸多因素牵制进程缓慢，而少数民族的文化坚固性、血缘因素、所处地域甚至族中精英的意愿与能力都可能延缓或阻止自然同化。③另一方面，如果强行同化或血腥屠杀、强制迁移，则只会遭到少数民族的坚决、顽强抵抗，使得民族认同与国家认同的矛盾尖锐化，导致民族独立运动的爆发。如盎格鲁化虽然在客观上促进了加拿大的统一，却造成了难以调和的民族矛盾——催生了魁北克分离主义、土著人独立运动，引起少数移民群体对加拿大民族二元性的质疑，几乎把这个国家推向了分裂。④在澳大利亚，长期的"保护（实为霸占与屠杀

---

① 宁骚：《民族与国家——民族关系与民族政策的国际比较》，北京大学出版社1995年版，第59页。
② 李红杰：《由自决到自治——当代多民族国家的民主政治经验教训》，中央民族大学出版社2009年版，第102—103页。
③ 贺金瑞、燕继荣：《论从民族认同到国家认同》，载《中央民族大学学报》2008年第3期。
④ 戴晓东：《当代民族认同危机之反思———以加拿大为例》，载《世界经济与政治》2005年第5期。

政策)"、同化政策,不仅没能导致土著民族的减少和消失,相反,土著民族人口在20世纪20年代开始触底反弹,到1961年增加到8.5万人,到1971年又增长到11.5万人,1991年则增至23.8万多人。土著民族人口的增长不仅宣告了同化主义政策的破产,而且伴随着人口的增多和文化水平的提高,土著民族的民族意识增强了。早在20世纪20年代,澳大利亚土著民族就开始抗议同化政策。他们组织澳大利亚土著进步会社,发起土著权力运动。随着民族意识的增强,1969年土著民族的代表曾前往纽约,向联合国秘书长递交澳大利亚土著民族现状的报告。[1] 此外,西班牙在处理加泰罗尼亚人和巴斯克人问题上的僵局,英国在解决爱尔兰、苏格兰和威尔士民族问题上的挫折等,也都暴露了同质关系建构取向的缺陷与困境。[2]

从世界长时段历史眼光审视,在共产主义实现之前,民族间的差异是无法完全消除的,一个国家内部的民族不可能呈现出百分之百的均质,它总会具有一定的混合性。现实中复杂多样且富有活力的民族形成过程,并没有按照同质关系建构的"美好"愿望进行。尽管社会生活中不乏一些"成功"的改头换面的少数民族精英被动或主动的"同化"现象,甚至也不乏一些局部的同化过程,但作为一个群体和整体的民族,尽管它们的经济、政治状况不太令人满意,有些甚至不断恶化,但其民族文化却仍表现出顽强的生命力,作为民族仍抱有自己的追求和向往。至少从近代以来的几百年间,尽管同质关系建构取向来势汹汹,其影响亦波及世界各个角落,但我们至今很难找到一个民族因被同化而彻底消失的事实[3],更没有见到过能够依靠同质关系建构而达成单一民族国家的成功案例。

第三,过程违背道义。从形式上而言,同质关系建构取向虽然也植根于种族主义,但它承认不分种族、不分民族的人可以结合为一体的平等"参与

---

[1] 李红杰:《由自决到自治——当代多民族国家的民主政治经验教训》,中央民族大学出版社2009年版,第231页。
[2] 戴晓东:《全球化视野下的民族认同》,载《欧洲研究》2006年第3期。
[3] 李红杰:《由自决到自治——当代多民族国家的民主政治经验教训》,中央民族大学出版社2009年版,第141页。

机会",属于温和的种族主义,这与极端种族主义相比是一个不小的历史进步。但是,同质关系建构却把这种平等"参与机会"的未来指向定格在民族国家的民族同质性,由此陷入否定民族差异、否定民族平等共生权利的道义危机。的确,"化多为一"的同质关系建构如果能够成功推行,那么在理论上是能够解决因民族多样性而带来的认同危机的,但是却很难做到这一点。因为成功推行需要具备这样的前提条件,即少数民族愿意被同化或被迁移。而这种前提条件却是十分罕有的。如果采取强制手段,推行民族同化、迁移甚至屠杀政策,不但会激起当地民族更强烈的反弹,而且有悖于现代政治和伦理的基本原则,使中央政府陷入道义上的劣势。[①] 这种有失道义的同质关系建构,早已引起广泛的批判与揭露。早在现代民族国家兴起之时,英国的阿克顿就指出,那些包容明显不同的民族而不压迫它们的国家实质上是最完善的国家,而"那些无民族共存现象的国家是不完善的,那些丧失了民族共存之效用的国家是衰朽的。一个无力满足不同民族需要的国家是在自毁其誉;一个竭力统一、同化或驱逐不同民族的国家是在自我戕害;一个不包含不同民族的国家缺乏自治的主要基础"[②]。阿兰·图海纳也认为:"专制政权总想在文化上使一个社会整齐划一,以便对个人和那些在经济利益、政治观点和宗教信仰上千差万别的群体实行绝对的控制。这种政权愈是把自己认为是某种文化思想的代言人,无论是代表理性、民族、种族还是宗教说话,它们便愈能加快步伐,把它们所掌管的社会引向专制的地狱。"[③] 李维汉更是深刻地指出,强制同化"从结果上来看,虽然使某些民族文明化了,进步了,但它是以某些民族遭受很大的痛苦和牺牲作代价的,因此不能不引起这些民族的严重抵抗,不能不造成民族之间的严重的冲突相仇恨"[④]。历史上德国法西

---

① 李义天:《构建认同意识下的多民族国家》,载《社会科学报》2009年5月28日。
② 〔英〕阿克顿:《自由与权力:阿克顿勋爵论说文集》,侯健等译,商务印书馆2001年版,第134页。
③ 〔法〕阿兰·图海纳:《我们能否共同生存?既彼此平等又互有差异》,狄玉明等译,商务印书馆2003年版,第214页。
④ 李维汉:《统一战线问题与民族问题》,人民出版社1981年版,第556页。

斯对犹太人的屠杀和灭绝政策、美国对印第安人采取的灭绝行为等，至今仍是被世人深恶痛绝的滔天罪行，其倒行逆施的行径将永远被钉在人类历史的耻辱柱上。

正是基于上述局限性和困境，同质关系建构取向越来越遭遇否认和抛弃。即使是原来坚决推行同质关系建构取向的国家，其态度也开始发生转变。如在第二次世界大战之后，美国的民族问题并没有像预期的那样通过"熔炉"而得到完满解决，民族间的文化差异也并未逐渐消失。[①] 同时，从20世纪60年代民权运动的兴起以来，美国"大熔炉"的精神特质遭受到巨大冲击，"多样化"已渐成新时语，民族强制同化运动被视为极端种族主义行为，移民保持自身文化特性也不再遭受歧视。在当代的一些著名学者中，把美国与多元化社会、多元文化社会、多样性社会等等概念联系起来，似已经成为普遍意识。美国史密斯学院社会学教授彼得·罗斯揭示出了这种深刻变化："你如今再也不会听到那么多关于美国是个'大熔炉'的谈论了。这个齐心协力把所有人融合在一起的旧观念已被现实所取代。"[②] 法国作为欧洲民族主义的发源地，是法兰西民族精神和文化的坚定守卫者，属于典型的现代民族国家。在法国，人口组成是多民族的，而国家和社会层面运行的规则是单一民族的。但近年来，尤其是自2005年波及全法国的"巴黎骚乱"以来，这种同质关系建构取向正遭受着越来越多的质疑和纠正。如2005年，时任内政部部长的萨科奇对"巴黎骚乱"采取了强硬措施，却使得事态变得更为严重，这也许让萨科奇意识到，对社会成员民族背景的"选择性失明"并不能解决实际存在的民族问题。因此，他在2007年当选法国总统后，成立了团结发展部。[③] 美国和法国的态度转变告诉我们，民族认同与国家认同的同质关系建构取向并非理想取向。

---

① 马戎：《美国的种族与少数民族问题》，载《北京大学学报》1997年第1期。
② 邓蜀生：《美国与移民——历史·现实·未来》，重庆出版社1990年，第409页。
③ 刘力达：《法国：国家认同大讨论解决了什么问题》，载《中国民族报》2010年8月6日。

（二）民族认同与国家认同的多元关系建构取向及其局限性

多元关系建构取向，即是把国家内部各民族认同与国家整体认同看成是可以长期多元共存的关系，因而力图通过承认、鼓励各民族保持和彰显自身民族特色和民族认同的方式，来获取各民族对国家的真心认同，由此维护民族认同与国家认同的耦合与同构。多元关系建构取向坚信，民族认同与宗教认同一样属于个人的天赋权利，因此主张通过民族政策来支持和保护国家内部已然存在的民族差异性或异质性的多元化并存与发展。大体上看，民族认同与国家认同的多元关系建构取向是鼓励民族多样化存在发展并保持民族界限的一套社会过程和条件，它包含有几个维度，其中最重要的是文化多元化和结构多元化维度。文化多元化被称为"文化多元主义"，意味着在较大社会的文化体系框架内保持多个不同的文化体系。结构多元化不仅仅意味着在文化方面存在不同，而且意味着在一定程度上存在着分割的民族社区，民族成员的大量社会生活在社区进行。[①]在同质关系建构遭遇困境与挫折后，多元关系建构成为诸多国家民族认同与国家认同关系的建构取向。这种建构取向在国家政策层面，主要呈现为多元文化政策、团体多元化政策（主要有民族联邦制、民族自治）等样态。实践表明，多元关系建构取向缓解了民族认同与国家认同之间的矛盾，在当代广受推崇，但它也存在自身固有的局限性，并因此遭受困境。

1. 多元文化政策

多元文化政策源于文化多元主义或多元文化主义理论。文化多元主义是一个涉及范围极其广泛，内容和概念又非常容易混淆的词汇。加拿大学者威尔·金里卡指出，"多元"既可以理解为多元民族构成的国家，也可以理解为由于跨国移民等原因而带来的族裔多样性。作为前者，要求在国家内部有平等的权利，而后者则倾向于整合当地社会。同样，"文化"既可以理解为一种集体的习俗，也可以理解为一种文明。如果文化意味着集体习俗，那么

[①] 〔美〕马丁·N.麦格：《族群社会学：美国及全球视角下的种族和族群关系》，祖力亚提·司马义译，华夏出版社2007年版，第105页。

具有不同生活方式的集体、社会运动或自愿性组织都拥有自己的文化；如果文化意味着文明，那么西方社会就共享着一种相同的文化，如民主制度、工业化、现代化生活方式或资本主义，等等。① 对"多元"和"文化"这两个概念的不同理解，使人们对"多元文化主义"这个合成概念的理解和解释变得更加困难。但从词源上说，多元文化主义最先是作为一种对社会现象的描述和承认而出现的，即用"多元文化"的这个形容词来描述由于大规模移民而形成的具有民族差异和文化多样性的社会。这个意义上的多元文化主义概念，首先出现在加拿大、美国和澳大利亚这样的移民国家。在这些国家，移民来源的多样性导致人口的多样性，不同民族文化背景的人对身份认同的标准产生了困惑，处理现实中的认同问题的实践，导致了多元文化主义概念的产生。②

作为一项民族政策，多元文化理论的奠基人是美国犹太人霍拉斯·卡伦。他在1915年发表《民主对熔炉》的系列文章和1924年出版的著作《文化与民主》中，提出了多元文化理论。该理论认为，个人与民族群体的关系是不可分割的和不可改变的，因为它取决于血缘、祖先和家族关系；文化是植根于自然秩序之中的民族特性的核心；多元文化并存符合美国《独立宣言》以及宪法序言和修正案的平等思想，即各个民族与社会群体有保持差别的权利，在民主社会的框架内，保持各民族的文化和它们的相互作用，对整个国家来说具有积极价值；各民族可将他们的文化遗产直接贡献给国民文化，从而使之更加丰富多彩。卡伦的主张，是对多样性和差别的赞美。它认为根本的人类差别亦即各不相同的民族特性在任何熔炉中都不会消失。卡伦以一种浪漫的慈祥目光看待自然的差异性。如果说种族主义者从自然的差异性中看到的是不平等的物种之间进行的残酷的生存斗争的话，那么卡伦看到

---

① Will Kymlieka, *Multicultural Citizenship: A Liberal Theory of Minority Rights*, Oxford: Oxford University Press, 1995: 14—18.
② 王建娥：《族际政治：20世纪的理论与实践》，社会科学文献出版社2011年版，第201页。

的却是一个万物皆可生长其间的、自由繁育的宇宙。卡伦说："自然天生是多元的，它的诸种统一是逐渐形成的，而非原生的；统一产生于相互调节，而非超自然力量的严密组合。"也就是说，整体的统一存在于各构成部分的相互关系之中。卡伦的多元主义是美国的少数民族开始意识到在一个更广大的社会里保持自身地位免受侵害的产物。卡伦把美国的民主政体理解为一个自治、自立的各族联盟，把美国的统一理解为一个管弦乐队的统一。[①]

卡伦的理论观点提出来后的几十年时间里，响应者寥寥无几。因为在当时的历史条件下，所谓的民族平等和民族自由的权利无法得到现实政治制度上的保障，只能是作为一种理想停留在学者们的理想话语中。[②]到了第二次世界大战以后，特别是从1970年代开始，美国、加拿大和澳大利亚三国都在移民群体的压力下放弃了同化主义模式，而被迫采取了更为宽容和多元化的政策，允许并实际上支持移民维持他们的各种民族文化传统。[③]由此，多元文化主义和多元文化教育逐渐成为主流社会认可和接受的基本理念，进而开始上升至各国政府的政策层面。而所谓多元文化政策，就是"一种承认国内各民族文化的价值，尊重各民族保持自己民族文化的愿望，支持和鼓励各民族保存和发展自己文化的政策。不同国家的多元文化政策之间有很大的差异，但从总体上看，这种政策以各民族的利益作为基本的价值取向，给各个民族的语言、传统文化、风俗习惯和生活方式以平等的政治地位"[④]。

当今世界已有不少的国家推行了多元文化政策，加拿大、澳大利亚即其中的典型代表。加拿大有100多个民族，是一个典型的多民族国家。为了维护各个民族的平等权利，保持全国文化的多样性，加拿大也是世界上

[①] 宁骚：《民族与国家——民族关系与民族政策的国际比较》，北京大学出版社1995年版，第391—393页。
[②] 李红杰：《由自决到自治——当代多民族国家的民主政治经验教训》，中央民族大学出版社2009年版，第233页。
[③] 郝时远：《民族认同危机还是民族主义宣示？———亨廷顿〈我们是谁〉一书中的族际政治理论困境》，载《世界民族》2005年第3期。
[④] 周平：《民族政治学》，高等教育出版社2007年版，第95—96页。

第一个将多元文化主义确定为国家基本民族政策的国家。早在20世纪20年代，加拿大就出现将多元文化主义提升为国家政策的动议，但因为遭到当时主流社会的反对而被联邦政府否定。直到1971年1月，加拿大联邦总理的特鲁多才宣布执行多元文化主义的新民族政策。在1984年以前，这一政策的重点是保护非英裔和非法裔的少数民族的文化、语言，并吸收各少数民族代表参加对推行多元文化政策有决定性影响的多元文化主义咨询委员会的工作。1984年马尔罗尼执政后，根据下列三项原则制订了多元文化主义法：一是多元文化主义是加拿大公民权的主要特征；二是每个加拿大人都有自由选择享受、提高和分享本民族传统的权利；三是联邦政府有责任通过各部、各机构促进多元文化主义。1987年，政府又起草了多元文化主义政策原则。1988年，加拿大众议院通过了《加拿大多元文化法》，确定了多元文化政策在加拿大的法律地位。多元文化政策的实施，使加拿大成为一个"各种花朵盛开的花园"。多元文化主义法通过后，加拿大政府坚持"促进和了解多元文化主义是加拿大传统和加拿大特点的基本要素"的观点，认为"多元文化主义为加拿大未来的模型提供了无法估价的资源"，从而使这项政策的内容更加充实和完善，实施的措施更加有效。[①]在1973年，澳大利亚联邦政府移民部长在对加拿大的一次公务访问中，将多元文化主义政策引进到澳大利亚。澳大利亚政府于当年正式宣布推行多元文化政策。1989年，澳大利亚联邦政府制定了《国家议程》文件，要求各部门的工作计划都必须包含多元文化方面的内容，明确将多元文化主义定义为基本国策。与加拿大相比，澳大利亚的多元文化政策似乎更重视能够直接介入少数民族社会生活细节的做法，如政府实施在医院提供翻译服务的项目。加拿大满足于一年举办一次多元文化节，而澳大利亚更重视实实在在的项目，切实帮助民族社区解决实际困难。[②]

此外，美国和欧洲作为同质关系建构的发源和盛行之地，也开始逐渐转

---

① 周平：《民族政治学》，高等教育出版社2007年版，第96页。
② 关凯：《族群政治》，中央民族大学出版社2007年版，第147、150页。

向了多元文化政策。美国虽然没有形成一套系统的多元文化主义政策，但其相关的法案和实践并不亚于其他国家。如 20 世纪 70 年代中期，哈佛大学在美国政府"民族遗产研究计划"(EHSP) 的资助下，开始编撰《哈佛美国族群百科全书》。该书于 1980 年面市，对美国一百多个"族群"及"族群性"进行的区分和论述，是美国"族群识别"的经典，也是承认"族群身份"的指南。这项在联邦政府支持下开展的"族裔识别"，立意于"力求对各种对美国文化和生活做出贡献的民族集体做出公正和精确的学术性叙述，同时把各种有偏见的处理和党同伐异的歪曲排斥在外"[①]。可以说，在当今多样化选择的时代，"美国人已经学会接受甚至赞赏民族的多样化。我们终于放弃了大熔炉的神话，每个人都有保持自己全部本来面目的自由权利"[②]。甚至还有人开始彻底否定大熔炉的神话，认为："'大熔炉'的说法纯粹是虚构的，骗人的。美国从来也没有产生过一个全国统一的文化。至于各民族人民享有政治的平等和经济发展的同等机会，那更是从未有过的事。从英格兰和西欧这些地方来的移民，在美国容易获得政治上和经济上的成功，他们是美国社会的中流砥柱。从斯堪的纳维亚地区来的移民也容易克服障碍，融合于这个社会，因为他们与盎格鲁·撒克逊人(英国人)在文化和种族方面有着许多共同之处。像波多黎各人、黑人、墨西哥族人以及从东欧地区来的移民，情况则完全不同，他们要能融合于这个社会并能与上属人种享有同等权利，那是非常困难的。今天的美国社会，种旅信仰方面的鸿沟和裂缝是很深的。尽管政府和有关社会团体欲弥合民族与民族间的差距，人们所固有的偏见态度和思想仍然使少数民族处于受歧视的地位。"[③] 作为现代民族国家的发祥地，欧

---

① 〔美〕M.G. 史密斯：《美国的民族集团和民族性———哈佛的观点》，何宁译，载《民族译丛》1983 年第 6 期；郝时远：《民族认同危机还是民族主义宣示？———亨廷顿〈我们是谁〉一书中的族际政治理论困境》，载《世界民族》2005 年第 3 期。
② 〔美〕约翰·奈斯比特：《大趋势》，梅艳译，中国社会科学出版社 1984 年版，第 252 页。
③ 〔美〕乔恩·谢泼德、哈文·沃斯：《美国社会问题》，乔寿宁等译，山西人民出版社 1987 年版，第 67 页。

洲在历史发展的不同时期曾受到种族主义、同化主义的熏陶,各国曾长期推行过种族主义和同化主义的政策,甚至出现过纳粹德国这样企图通过种族屠杀等惨绝人寰的手段来实现国家民族同质性的极端恶行。但经过两次世界大战的洗礼,欧洲国家普遍告别对"民族国家"族裔单一性的幻想,那些曾经风光无限的同化主义政策也逐渐消失,先后让位于承认和尊重各民族文化的多元文化主义。①

2. 团体多元化政策

团体多元化政策源于团体多元主义理论。与多元文化主义仅强调文化的多样性不同,团体多元主义强调由政治权力来保障更大程度的结构和文化分隔。美国学者戈登指出,"团体的多元主义"具有以下特征:"种族和族群通常都被看作具有法律地位的实体,在社会中具有官方的身份。经济和政治的酬赏,无论是公共领域还是私人领域,都按照数量定额分配,定额的标准是人口的相对数量或由政治程序规定的其他方式所决定。这类平等主义强调的更多是结果的平等,而不是机会的平等。"②在团体多元主义体系下,民族得到政府的正式认可,民族之间的结构和文化差异受到国家的保护,制度条文鼓励社会性报酬按民族比例进行分配,即政治和经济权力在民族原则基础上进行分配。因此,在政治舞台上,立法席位和其他政府职位的分配以民族性为基础。这不仅指政治利益按比例分配,而且更重要的是指在各个重要多元社会的领导之间存在合作。同时,各个民族在本地事务上拥有很大程度的政治自主权,在经济领域内也按照各民族在国家人口中的比例,对收入和工作进行平等分配。这样的体系有时被称作协和式。③多民族国家运用团体多元主义来建构民族认同与国家认同关系,主要呈现为民族联邦制、民族区域自

---

① 李红杰:《由自决到自治——当代多民族国家的民主政治经验教训》,中央民族大学出版社 2009 年版,第 236、239 页。
② 马戎:《民族社会学——社会学的族群关系研究》,北京大学出版社 2004 年版,第 508 页。
③ 〔美〕马丁·N.麦格:《族群社会学:美国及全球视角下的种族和族群关系》,祖力亚提·司马义译,华夏出版社 2007 年版,第 107 页。

治两种具体的政策样态。

其一，是采取民族联邦制。民族联邦制是指若干个独立的民族国家联合组成一个统一国家的政策或制度。采取民族联邦制的典型国家主要有苏联、南斯拉夫、捷克斯洛伐克、比利时以及加拿大（只是部分地区实行）等。民族联邦制的具体做法是，由若干个独立的民族国家自愿签订联邦条约，同意将他们的一部分主权转交给联邦。在联邦一级设立最高立法机关和行政机关，有统一的宪法和法律。由联邦行使国家的立法、外交、军事和财政等主要权力，但主权的源泉仍然是加入联邦的各个民族国家。联邦宪法对联邦成员国的权限做出规定。在联邦宪法范围内，成员国可设自己的立法和行政机关，制订自己的宪法和法律。在有些情况下，成员国还享有有限的外交权。各成员国的公民同时又是联邦的公民。20世纪90年代初相继解体的苏联、南斯拉夫和捷克斯洛伐克是实行民族联邦制的典型国家。[①]

其二，是采取民族区域自治政策。民族区域自治政策是国家为保障国内少数民族的政治权利而赋予其在聚居范围内实行自治、自主管理本民族内部事务的权利的政策。一般做法是，在国家的统一领导下，各少数民族在自己的聚居区建立自治地方，设立自治机关，行使自治权，自主管理自治区域内的民族内部事务。这种政策以国内各民族的平等、和睦作为基本的价值取向，为建立和保持平等、和睦的民族关系，国家往往通过一定的政策措施来保障少数民族在自己的聚居区自主管理内部事务，实现自己的政治权利。[②]实行民族区域自治的前提条件是民族聚居的程度和聚居地域的大小。从当今世界的情况来看，采取民族区域自治的国家主要有西班牙、意大利、芬兰等。值得一提的是，虽然中国也实行民族区域自治，但从实际政策上分析，中国的民族区域自治属于"史无前例"的创举，是具有中国特色的民族区域自治，与"多元团体主义"政策存在本质区别，不能划归民族认同与国家认

---

① 宁骚：《民族与国家——民族关系与民族政策的国际比较》，北京大学出版社1995年版，第399—407页。

② 周平：《民族政治学》，高等教育出版社2007年版，第95页。

同的多元关系建构取向。中国实行的"民族区域自治",是注重于"民族合作"的"自治"与"共治"结合体,是民族自治与区域自治的正确结合、经济因素与政治因素的正确结合,它不仅使聚居的民族能够享受到自治权利,而且使杂居的民族也能够享受到自治权利。从人口多的民族到人口少的民族,从大聚居的民族到小聚居的民族,几乎都成了相当的自治单位,充分享受民族自治权利。在中国大家庭中,采取民族区域自治政策是为了经过民族合作、民族互助,求得共同发展、共同的繁荣。正因如此,周恩来在1958年全国人民代表大会民族委员会召开的民族工作座谈会上,称这样的制度属于"史无前例"的创举。中国社科院民族学与人类学研究所朱伦研究员贴切地将中国的民族区域自治称为"双向两层面民族共治"的成功模式。① 故此,中国的民族区域自治属于民族认同与国家认同的和谐关系建构取向。

3. 多元关系建构取向的局限性

多元关系建构取向倡导自由、平等与包容,承认和尊重民族差异,支持不同民族之间的平等交往、对话,支持少数民族的各种权利意识,并且以积极的态度保护民族文化差异和多样性。这与同质关系建构取向比较,无疑是一种巨大的历史进步,也确实对多民族国家的民族认同与国家认同关系建构起到了更为积极的作用,并因此成为当代世界的普遍取向。然而,多元关系建构在实践过程中也暴露出许多问题,呈现其内在局限性和现实困境。

从多元文化政策看,这一政策的核心理念是承认文化的多元性,承认文化之间的平等和相互影响,从而打破了西方文明中心论在思维方式和话语方面的垄断地位,具有重要价值。但是,它也呈现出三个方面的局限和困境。第一,它只是被动承认民族差异的存在,对各个民族文化集团之间的关系和交往放任自流,缺乏积极引导,也缺乏对少数民族权利的保障机制。这种与政治脱节、缺乏政治承认和文化权利等内容,对多样性的社会和文化放任自流,不对强弱双方施加任何影响的消极的多元文化主义,貌似公正,实际上

---

① 《周恩来选集》下卷,人民出版社1984年版,第257—259页;王建娥、陈建樾等:《族际政治与现代民族国家》,社会科学文献出版社2004年版,第308页。

依然隐含着主体民族的优势地位和文化霸权，只能使弱势少数民族边缘化，在大规模的现代经济、消费性文化和生活方式的汪洋大海中自生自灭，而不会产生保护多样性的积极效果。更有甚者，在一些国家，多元文化政策甚至被用来作为拒绝移民和少数民族融入主流社会的一种工具。比如，在20世纪80年代前的德国，在文化多元主义旗号下对土耳其移民子女进行土耳其语言文化教育的目的，就是希望他们在将来可以返回土耳其。在美国和加拿大，多元文化主义也曾经被当作拒绝土著少数民族参与社会公共政治生活的一种手段。如把保留地内的土著人的集体权利作为一种有限权利，当土著人口离开保留地后，便失去自己的族裔身份，不再享有土著人享有的集体政治权利等。[①]第二，这种政策体现出一种理论假设，即认为民族间存在着固定不变的界限，由于所属民族内部的道德压力，社会成员似乎永远无法改变自己的民族身份认同。同时，这种政策只看到民族内部的高度一致性，却忽视了民族也可能是一种"不稳定的文化联盟"，其内部关系受价值观念与实际利益冲突的影响也会发生分裂。尤其是多元文化主义在一定情况下可能会成为一种过度的"平权法案"，造成只保护"少数人"、不保护"多数人"的客观后果。[②]第三，多元文化主义虽然有创造一个更加包容和公正的社会的崇高动机，但在事实上却可能加深各民族之间的"裂痕"。正如有批评所说，多元文化政策在美国"把全国分裂成一小片一小片争论不休的飞地、同族聚居区、部落，并且鼓励与不同语言社区的种族隔离"，在加拿大正鼓励移民形成"游离于主流文化之外的、自我封闭的同族聚居区"。[③]2008年的一项研究反映，多元文化主义和全球化浪潮对美国国家认同构成巨大的冲击，有63%的美国人认为美国的国家认同日趋弱化，而24%的受访者认为美国已

[①] 王建娥：《族际政治：20世纪的理论与实践》，社会科学文献出版社2011年版，第203页。
[②] 关凯：《族群政治》，中央民族大学出版社2007年版，第147页。
[③] 〔加拿大〕威尔·金里卡：《少数的权利：民族主义、多元文化主义和公民》，邓红风译，上海译文出版社2005年版，第161页。

出现巨大分裂，共享的国家认同已经消失。①欧洲的极右翼组织甚至认为，多元文化主义降低了白人的地位，是导致欧洲认同危机的重要原因之一，并主张用本土主义和民粹主义取代多元文化主义。根据欧盟种族主义和排外行为监控中心 2005 年发表的种族排斥程度调查报告，在 25 个成员国中的被调查者中，接近半数的人表示反对多样性，约 2/3 的人认为欧洲的多元文化主义已经达到最大限度。②概而言之，多元文化政策是并不如想象的那样美好。"多元文化主义是一种强调不同特质的文化和谐共存的理念，但是，对于国家来说，如何既尊重民族差异，又能实现国家整合，多元文化主义绝对不是一剂万能药。"③

从团体多元化政策看，这一政策与多元文化政策的最大不同，就是对各个民族文化集团之间的关系和交往进行了积极引导和政治制度保护，这对于保障民族平等、消灭民族压迫具有十分重要的意义。但是，这一政策也并非无懈可击。第一，民族联邦制容易导致民族的分野越来越明晰和政治化，为民族国家分裂埋下隐患。如实行民族联邦制的苏联，"种族民族主义已经被机制化了，也就是说，国家的领土和所有的人口都已经按照种族逐一安置就绪。当年认为这是唯一正确的联邦制，把它和资产阶级的地域联邦制对立起来。但实际上，在苏联确立的联邦制为这种种族民族主义的意识形态和心理提供了给养"。④苏联搞加盟共和国制度，允许各共和国有自由退出联盟的"自决"权，更是成为国家分裂的重要因素。英国前首相撒切尔 1991 年论及如何瓦解苏联时就这样说道："我们的政策的另一重要方面是利用苏联宪法上的漏洞。苏联宪法在形式上允许任何一个加盟共和国 (只需凭着共和国最

---

① 王立新 :《美国的国家认同及面临的挑战》, 载《中国社会科学报》2010 年 8 月 24 日。
② 王建娥 :《族际政治 : 20 世纪的理论与实践》, 社会科学文献出版社 2011 年版, 第 203—204 页。
③ 关凯 :《族群政治》, 中央民族大学出版社 2007 年版, 第 151 页。
④ 李方仲 :《苏联解体的悲剧会不会重演——普京政权面临的问题》, 新华出版社 2000 年版, 第 21 页。

高苏维埃的简单多数)只要有意即可迅速脱离苏联。当然,由于共产党和强力部门的凝聚作用,长时间里这一权利实际上很难实现。但这一宪法漏洞还是给实施我们的政策留下了未来的可能。"① 南斯拉夫也存在此一漏洞。南斯拉夫把各共和国、自治省的自治权力绝对化,不仅各共和国、自治省只用本民族的干部,甚至在中央一层搞各民族"轮流坐庄",原以为这样做有利于把不同民族拢到一起,没想到民族间的矛盾和问题不但没有如制度设计者所希望的那样趋于消弭,反而不断加深,最终成为导致国家解体的重要原因。② 曾有学者对苏联和南斯拉夫的团体多元模式弊病做了十分透彻剖析:"从前苏联和南斯拉夫等联邦制的建立、发展和解体实践看,以民族划界建立不同层次的民族自治实体,实际上是在人为地强化民族自我意识,激发民族独立倾向,一旦发生社会剧变和动荡,出现独立倾向,联邦主体就会很快成为独立的政治实体。因此,也可以认为,以民族自治为基础的联邦制国家经不起巨大社会变革的考验。"③ 同样实施民族联邦制的国家,比如加拿大,虽然目前没有造成国家分裂,可冲突总是不可避免。在加拿大,法语和英语群体已经持续冲突(虽然还不是暴力性的)了两个世纪。④ 针对民族联邦制的弊病,中国第二代党和国家领导人邓小平感慨:"毛主席是英明的,没有搞什么民族自治共和国。有的国家搞民族自治共和国,矛盾很深,不好解决。"⑤

第二,民族区域自治也存在某种程度的消极作用。应该说,民族区域自治政策比民族联邦政策更有益于维护民族国家统一和稳定。从实际效果看,到目前为止,民族区域自治也算是比较成功的。如西班牙通过实行民族区域

---

① 张树华:《英国前首相撒切尔夫人谈瓦解苏联》,载《红旗文稿》2010年第11期。
② 朱维群:《对当前民族领域问题的几点思考》,载《学习时报》2012年2月13日。
③ 沈桂萍:《民族问题的核心是国家认同问题》,载《中央社会主义学院学报》2010年第2期。
④ 〔美〕马丁·N.麦格:《族群社会学:美国及全球视角下的种族和族群关系》,祖力亚提·司马义译,华夏出版社2007年版,第107页。
⑤ 国家民族事务委员会研究室:《新中国民族工作十讲》,民族出版社2006年版,第97页。

自治已经使国内的民族矛盾显著地趋向缓和。① 然而从长远观之,这一民族政策的局限及困境同样不容忽视:其一,以民族为对象的特殊政策,实际上体现了"民族不平等"。这种"民族不平等"只能是在一定历史条件下,针对特殊民族所实施的临时性过渡政策,而不可能是长期或永久性的政策。否则,无论是大民族成员还是受优惠的少数民族成员都会产生不满情绪。把"自治地区"与民族联系起来的做法,从长远看可能是"所带来的消极影响明显大于积极影响"②。其二,授予民族地方自治区固然能够带来宽松的生存空间和认同空间,从而降低少数民族走向暴力分裂的倾向性。但是,只要少数民族没有更进一步地在民族认同之上建立起国家认同,那就依然不是一种积极健康的和谐状况,而最多是主流民族和少数民族以及少数民族之间相互"井水不犯河水"的消极局面。③ 同时,这一政策为社会成员民族身份的固化提供了政策条件,因为享受民族政策的前提是需要拥有特定的民族身份,而民族身份的固化更容易导致民族成为边界清晰的利益群体,给民族主义势力的发展泛滥留下空间。④ 其三,随着全球化进程的深入发展和世界性的城市化、都市化脚步加快,国家内部各个地区之间政治经济联系日益紧密,单质的民族群体生活在同一个地区的现象被迅速打破,民族构成上的马赛克现象到处可见。这种历史趋势必然会"使得民族国家内的各自治单位面临的外部环境变得越来越复杂,在一定程度上削弱了带有地域特征的区域自治制度的现实基础和自治效能"⑤。

---

① 宁骚:《民族与国家——民族关系与民族政策的国际比较》,北京大学出版社1995年版,第386页。
② 马戎:《民族社会学——社会学的族群关系研究》,北京大学出版社2004年版,第518—519页。
③ 李义天:《构建认同意识下的多民族国家》,载《社会科学报》2009年5月28日。
④ 解志苹、吴开松:《全球化背景下国家认同的重塑——基于地域认同、民族认同、国家认同的良性互动》,载《青海民族研究》2009年第4期。
⑤ 王建娥:《族际政治:20世纪的理论与实践》,社会科学文献出版社2011版,第200页。

三、和谐关系是民族认同与国家认同关系建构的理想取向

在民族认同与国家认同关系建构方面，同质关系建构和多元关系建构取向都已进入国家政策层面，并在实际当中得到长期施行，客观上也取得了一些积极成效。然而，由于同质关系建构和多元关系建构存在的局限性，致使其成效大打折扣，并陷入某种程度的困境，以至于有学者认为："当代民族认同危机首先归咎于传统上占据主流的、带有浓厚种族主义色彩的同化主义；其次是当下流行的、包容但却有内在分裂倾向的多元文化主义。"[①] 这促使人们不得不去思考，是否还有更理想的建构取向呢？本研究认为，和谐关系建构取向是对同质关系和多元关系建构取向的成功超越和扬弃，具有充分的现实合理性，是民族认同与国家认同关系建构的理想取向。

（一）民族认同与国家认同和谐关系建构的内涵

和谐是人们千百年来的重要价值追求，深具中外历史渊源，饱含古今哲学智慧。专家学者关于和谐的论点很多，见仁见智。马克思唯物主义和谐观认为，和谐是不同事物之间相辅相成、相同相成、相反相成、互助合作、互利互惠、互促互补、共生发展的关系，是对立事物之间在一定条件下的具体、动态、相对、辩证的统一。民族认同与国家认同的和谐关系建构取向，是在吸取古今中外和谐思想理论基础上，以马克思唯物辩证法思维范式为指导，以和谐价值观为遵循的一种建构取向，其基本涵义如下。

第一，和谐关系建构作为多民族国家的一个发展战略，是基于多个民族将长期共生于一国之内的事实而设定的长期性调控目标。它强调"一元主导，多元共存"或者"多元一体"，即民族认同与国家认同长期处于融而未合、分而不离的和谐状态，各民族认同是国家认同的前提和根基，国家认同是各民族认同进一步发展、提升的高层次目标和归属。它要求"尽可能在各民族之间发现共同的价值目标（比如，和谐、富强）和历史记忆（比如，对

---

① 戴晓东：《当代民族认同危机之反思———以加拿大为例》，载《世界经济与政治》2005年第5期。

农奴制的废除），从而充实各自民族认同的内容，使这些民族认同产生交集，构成国家认同"[①]。它既不赞成运用公权力强迫各民族同质化的"大熔炉"模式，也反对任由各个民族多元化泛滥而导致国家整体的"巴尔干化"乱象，但是鼓励各民族在民主、平等、团结、互助的前提下相互学习、相互融合（自然同化）。

第二，和谐关系建构以一定的经济发展水平和物质财富积累为基础，但这并非民族之间、民族与国家之间和谐关系的充分条件。事实表明，发展才是硬道理，这对于民族问题的根本性解决，对于民族认同与国家认同和谐关系建构而论，具有基础性意义。但是，和谐关系建构取向除了关注经济繁荣发展和物质财富积累，还重视资源、财富如何在民族之间进行分配，利益按照何种价值规则在民族与国家间进行协调。它要求保证社会的基本公平与正义，保障各民族普遍共享经济文化增长与发展所带来的收益。简言之，它既重视团结各民族群众共同"做大蛋糕"，也重视在各民族群众之间公正无私地"分好蛋糕"。

第三，和谐关系建构强调国家认同的首要地位，但不以国家认同来强制性消灭或替代民族认同。和谐关系建构取向主张，民族认同是一个民族得以存续和发展的前提，因此需充分尊重甚至鼓励各民族拥有一定程度的民族认同，藉此维护统一多民族国家多姿多彩的民族文化。和谐关系建构取向还主张，充分发挥各民族的特长和优势，吸收各个民族的一切精华，由此维护整个社会的活力与多样性，实现各民族各美其美、美美与共的和衷共济局面。在这样一个国度里，各民族认同就如同"交响乐团"成员，而国家认同就是交响乐团所演奏的"共同旋律"。

第四，和谐关系建构既蕴含着对各民族之间、各民族与国家之间的利益矛盾进行协调的工具维度，也蕴含针对民族认同和国家认同关系而展开的思想教育、政策规引导等价值维度。在当今世界的大发展大变革大调整时期，

[①] 李义天：《构建认同意识下的多民族国家》，载《社会科学报》2009年5月28日。

全球思想文化呈现交流交融交锋新特点，各种思想文化呈现相互激荡斗争的样态，和谐关系建构取向的价值维度将更为彰显。和谐关系建构取向不仅主张帮助各民族发展经济，提高生活水平，还强调加强对各民族的公民意识和公民道德教育，通过健全各项法律制度，在各民族成员中大力倡导、培育起有利于团结互助、凝聚人心和面向未来的共享价值观。

第五，和谐关系建构是一个长期性的历史工程，不可能毕其功于一役。依据马克思主义理论，在实现共产主义之前，民族与国家将长期存续。与此相应，民族与民族、民族与国家之间的关系，进而民族认同与国家认同之间的不平衡、不协调以及由此引发的矛盾冲突也将会长期存续。旧的矛盾解决了，新的矛盾又会产生。和谐关系建构取向的基本原则是：建构力度要与国家历史发展阶段、经济社会发展水平相适应，而绝不能犯"急性病"，指望短期内完全消除民族认同与国家认同之间的矛盾。和谐关系建构取向主张多民族国家的执政者努力做到解放思想、实事求是、与时俱进和求真务实，建设一套能够有效化解矛盾和冲突的应对机制，以及可以经受各种复杂环境检验的科学建构方法体系。

（二）和谐关系是对同质关系和多元关系建构取向的扬弃与超越

多民族国家选择何种民族认同与国家认同关系的建构取向，取决于该国执政者对二者关系的基本认知与深切体悟，及其背后隐存的思维方式。坚持同质关系建构取向者意识到民族认同与国家认同之间的对立冲突性，但刻意把这种冲突扩大化、单一化，将二者视为非此即彼的对立冲突关系，从而遮蔽二者同时存在的互辅共生性，其遵循的是一套形而上、极端化的排斥性思维范式。遵照这种排斥性的思维范式，民族认同往往被当作削弱国家认同的低级、落后和愚昧的思想意识，是应该予以忽视、压制乃至消除的"异端"。实践当中，这种思维范式突出表现为过度强调国家认同（或公民认同），极力压制和消解民族差异性或异质性要素的存在和发展，力图通过各种形式的强制同化政策、民族屠杀政策或者民族迁移政策等，建构起国家的"统一性"（更多的是"同质性"），包括同质性的国民文化、以某个民族为主导的国民特性、以公民认同替代民族认同等。西方国家大致都经历过这样一个强制性同化政策的阶段。

多元关系建构取向是对同质关系取向的一种超越，但它却从一个极端走向了另一个极端。坚持多元关系建构取向者意识到民族认同与国家认同之间存在的互辅共生关系，主张以保护民族文化的"多元性"和"差异性"为旨归，寻求民族文化的平等性，或者以消除民族压迫、实现民族平等为旨归，通过多元政治的制度化方式包容民族认同。在实际政策操作层面，多元关系建构取向主要表现为"多元文化主义"或"文化多元主义"政策、民族联邦政策和民族高度自治政策等。多元关系建构取向比之同质关系建构取向，无疑具有很大的历史进步性。但是，它没有充分认识到民族认同与国家认同之间的对立冲突性，也没有真正消除民族统一与族裔多元之间的巨大张力。实际上，"多元化"本身遵循的是一种孤立化、无原则性的思维范式，它表面上是一团和气，却具有严重的内在分裂倾向，这使得它往往成为分离主义势力用以强化民族认同、削弱国家认同的意识形态工具。因此，虽然民族平等诉求、民族权利维护、民族文化和民族特性保护等赋予多元关系建构取向以特定的价值合理性，但"多元化"的实际结果也可能是酿出多民族国家的悲剧，导致统一性国家的四分五裂。苏东剧变后分化出来很多新的国家，其原因很复杂，但民族认同与国家认同的多元关系建构取向无疑是重要影响因素。概言之，多元关系建构取向存在着很大局限性，它"使得某种程度的冲突永远存在……事实上，不管多元化看起来多好，几乎总是会导致冲突"①。

基于上述分析，不管是同质关系还是多元关系建构取向，都会因其呈现的极端化、片面化、孤立化的形而上学思维范式而步入建构困境。与这两种建构取向不同，和谐关系建构取向以马克思唯物辩证法为指导，以和谐价值观为遵循，精准把脉民族认同与国家认同的矛盾关系，既看到二者之间的对立冲突面向，也重视二者之间的互辅共生面向，既主张建构认同的"统一性"（多样化前提下的"一体化"），也支持和鼓励认同的"多样化"（一体

---

① 〔美〕马丁·N.麦格：《族群社会学：美国及全球视角下的种族和族群关系》，祖力亚提·司马义译，华夏出版社2007年版，第109页。

化前提下的"多样化")。它以马克思主义唯物辩证法思维范式,成功实现了对同质、多元关系建构取向的扬弃和超越。和谐关系建构取向主张,在特定条件下,民族认同与国家认同是可以达成价值共识和发挥功能互补的,民族"多样化"要素可以与国家"一体化"和谐共存于多民族国家当中。[①] 当然,此处所言"一体化",并非依靠实施民族屠杀、强制迁移等方式去达成,亦非依靠类似于"美国化""俄罗斯化"的同化方式来实现,而是在维持各民族独特性、继承各民族优秀传统文化前提下,努力推进各民族群众自觉维护国家的主权独立和领土完整,诚心拥护国家主流价值观和法律制度,形塑各民族平等、互助、团结、和谐的新型民族关系。[②] 综上,这种尊重各个民族"多样化"与推进国家整体"一体化"的和谐关系建构取向,是以马克思唯物辩证法思维范式为指导,以和谐价值观为遵循的建构取向,实现了对同质关系建构与多元关系建构取向的扬弃与超越。

(三)民族认同与国家认同和谐关系建构的现实合理性

民族认同与国家认同和谐关系建构取向以马克思唯物辩证法思维范式为指导,以和谐价值观为遵循的建构取向,实现了对同质和多元关系建构取向的扬弃与超越,契合当今时代主旋律,适应全球化矛盾发展过程,顺乎现代化发展进路,耦合多民族国家普广态势,遵从民族发展客观规律,因而具有充分的现实合理性。

1. 契合当今时代的主旋律

当代世界是一个多元化的世界,不同国家、不同民族的和平发展合作成为时代主旋律。胡锦涛同志在联合国成立60周年首脑会议上的讲话中指出:重视对话合作,重视谈判解决争端,通过联合国预防和制止武装冲突、维护世界和平日益成为国际社会的普遍诉求;对话交流、和睦相处已成为国际关系的主流,各国互相尊重、平等相待日益成为国际社会的重要共识;加

[①] 高永久、朱军:《论多民族国家中的民族认同与国家认同》,载《民族研究》2010年第2期。
[②] 陈茂荣:《论"民族认同"与"国家认同"》,载《学术界》2011年第4期。

强合作、共同发展日益成为各国的普遍选择。要和平、促发展、谋合作是时代的主旋律。正是基于此一背景，胡锦涛在这次讲话中特别提出了"坚持包容精神，共建和谐世界"的倡议。① 习近平 2013 年在莫斯科国际关系学院的演讲中也强调，这个世界，和平、发展、合作、共赢成为时代潮流。②

在要和平、促发展、谋合作、求共赢的时代主旋律和世界潮流下，当代世界进入了重视民族多样性和大力保护世界民族文化遗产的历史阶段。世界大多数理智的人开始摒弃民族认同与国家认同的同质关系建构思维，努力倡导不同民族间的多样共存、和谐相处。对此趋势，国内学者如是描述："民族认同这柄双刃剑虽然明显地体现了认同的双重的功能，但民族以及民族国家之间应该和平共处与相互合作，则成为当今社会的主流思想意识，这也进一步印证了认同理论谋求人们和谐相处与彼此交流的发展趋向。"③ 世界文化与发展委员也明确指出："民族认同是对抗全球化压力的一个正常的、健康有益的反应。只有当种族分界被操纵和利用时，它才会成为暴力冲突的一个导火索……试图通过种族同化来达到'建设国家'的目的是行不通的，也是不可能的。"④ 很显然，民族认同与国家认同的同质关系建构取向已成昨日黄花。

多元关系建构取向很大程度上是契合当今时代主旋律的，不过它隐含的民族分裂和民族独立倾向，同样有悖于和平、发展、合作、共赢的时代主旋律和世界潮流。历史表明，民族分裂和民族独立运动无论是对所在国家、所处地区，还是对谋求分裂和独立的民族自身，未必是福音，也未必是最佳选择。在和平与发展成为时代主题的当今时代，越来越多的人们意识到，少数

---

① 胡锦涛:《努力建设持久和平、共同繁荣的和谐世界——在联合国成立 60 周年首脑会议上的讲话》，载《人民日报》2005 年 9 月 16 日。
② 习近平:《顺应时代前进潮流 促进世界和平发展——在莫斯科国际关系学院的演讲》，载《人民日报》2013 年 3 月 24 日。
③ 唐书明:《认同理论演变中的民族认同》，载《思想战线》2008 年第 2 期．
④ 联合国教科文组织、世界文化与发展委员会:《文化多样性与人类全面发展——世界文化与发展委员会报告》，广东人民出版社 2006 年版，第 3 页。

民族的权益能否得到保护，与其是否实现民族独立没有必然联系；一个民族能否得到发展，与其是否建立单一民族国家同样没有必然联系。①

由上分析，三个可能性建构取向中，唯一契合当今时代主旋律的是和谐关系建构取向。当代法国学者阿兰·图海纳指出，关于"民族"，其中的关键主要是建立一个和睦的社会，缩短人与人之间的距离，减少人与人之间的隔阂，进行彼此对话。②和谐关系建构取向所蕴含的智慧恰好契合这一诉求。和谐关系建构取向并不否认民族认同与国家认同的矛盾，但它强调利用法律、道德和文化的规范力量，在尊重每个民族基本权利的基础上，规范各个民族的权利诉求方式和边界，从而避免各民族之间、民族与国家之间的激烈对抗和冲突，有效实现了对同质、多元关系建构取向的扬弃与超越，属于契合当今时代主旋律的一种先进合理的建构取向。

2. 适应全球化的矛盾发展过程

全球化并非经济、政治和文化的完全同质化，而是一个充满矛盾的发展过程：它既含有一体化又有分裂化倾向，既有单一化又有多样化，既是集中化又是分散化，既是国际化又是本土化。③正因如此，全球化并非一种文化同化另一文化的过程，也不是与经济一体化相一致的文化一体化过程。

全球化发展的矛盾过程预示着，全球化迅猛浪潮冲击下，民族文化以及民族认同不仅不会消退，反而可能受到某种程度的强化。法国学者昂塞勒指出，民族认同并不会因为全球的经济一体化而逐渐消减。经济全球化最终将导致基于民族、宗教、阶级和性别等一系列非国民性认同的泛滥。④英国学者安东尼·史密斯也持相类观点，认为在世界日益一体化和相互联系愈加

---

① 〔日〕王珂：《民族与国家：中国多民族统一国家思想的系谱》，冯谊光译，中国社会科学出版社2001年版，第267页。
② 〔法〕阿兰·图海纳：《我们能否共同生存？既彼此平等又互有差异》，狄玉明等译，商务印书馆2004年版，第314页。
③ 俞可平：《全球化与政治发展》，社会科学文献出版社2005年版，第21页。
④ 〔法〕让·卢·昂塞勒：《全球化与人类学的未来》，张海洋译，载《世界民族》2004年第2期。

密切的时候，在族群和民族之间的壁垒政治消失且日渐成为不合时宜的东西的时候，族裔冲突和民族主义再次出现。我们正在目睹被长期封存的族裔民族主义、宗教原教旨主义和族群对抗的复兴。每一个洲要求自治与分离的族裔斗争、民族统一主义的战争以及发生在劳动力市场和社会设施上的爆炸性种族冲突大量增加。安东尼·史密斯感慨道："在全球化与超然存在的时代，我们发现自己陷入了政治认同与族裔分离的冲突大漩涡。……对于很多人来说，一种'狭隘'的、有分裂倾向的民族主义成为当代世界最大的政治危险源，而族裔与民族认同仍然是各地高度紧张敏感的政治话题。"[①]在全球化时代里，统一多民族国家内部各民族认同的激化与增强，的确对国家认同造成了不小的挑战，正如美国学者亨廷顿的阐述："国家认同危机成了一个全球性现象。各个国家的认同危机除了自身的独特原因之外，还有一个共同的原因，即现代化、经济发展、城市化和全球化使得人们重新思考自己的身份，国民对文化认同和地区认同比国家认同更为关注。"[②]

全球化对民族认同的强化，意味着国家认同不可能成为对国民身份的"绝对同一性"的垄断认同，那些试图通过社会经济的发展以及文化一体化的建设最终消除民族认同的意愿，至少在全球化的当代是不现实的。当然，为维护多民族国家的团结统一，国家认同仍须统领或架构民族认同。国家认同可以与民族认同包容相处，却不能因此而忽视甚至削弱自身，让民族认同无所限制的多元发展，那样的结果将会是一场国家灾难。换言之，在全球化背景下处理民族认同与国家认同的关系，无论是同质关系建构取向还是多元关系建构取向都会是糟糕的选择。理性的方向在于，努力设计更加合理的国家制度、民族政策等，做到既尊重各民族的合理民族认同情感，又能有效引导和提升各民族的国家认同感，并将二者关系控制在国家利益的合法范围

[①] 〔英〕安东尼·D.史密斯:《全球化时代的民族与民族主义》，龚维斌等译，中央编译出版社2002年版，第1—2页。
[②] 〔美〕塞缪尔·亨廷顿:《谁是美国人？美国国民特性面临的挑战》，程克雄译，新华出版社2010年版，第11页。

内,这些方面显然属于民族认同与国家认同和谐关系建构范畴。

3. 顺乎现代化的发展进路

人们可能会想当然的认为,现代化将消除民族认同意识,使一个多民族国家走向同质化。然而,事实并非想象中那么简单。现代化既是一个消解多元、推进同质的过程,也是一个凸显差异、制造异质和多元化过程。一方面,现代化的确带来了不同国家和民族间生活方式的同质化趋向。但另一方面,现代化包容、激化着民族认同,并在一定程度上加剧民族认同与国家认同的矛盾与张力。

第一,现代化包含了民族认同的存在空间。现代化为社会生产力的发展提供了高效率和快节奏,给人们带来了物质财富的享受,理性化、功利化和世俗化成为意识形态的"进化物",促使人们从愚昧、迷信中解放思想。这体现了人类历史发展的进步性。但是,现代化也造成人们精神世界的紧张、迷茫、异化和失范,致使人们普遍生活在一种灵魂不安和精神无根的飘零状态。现代人迫切需要寻求一种心灵的慰藉和精神上的确定感、安全感与归属感,需要为浮躁的精神世界寻求永恒的"姆庇之家"。传统的民族文化、民族认同正好为失去安全感的现代人提供了这种"姆庇之家",因为"旧的传统纽带、语言、土地、真实的或想象的历史记忆,以及各种制度或领袖,它们的作用是使人们自视为一个共同体的观念得到落实……这种民族乃最高权威的观念……取代了教会、国王、法治或其他终极价值的来源,从而缓解了群体意识受到伤害所引起的痛苦"[①]。

第二,现代化的威胁会成为民族认同的激化剂。"现代国家与转变中国家之间的显著差别有力地证实了这个论点,即现代性意味着稳定,而现代化意味着不稳定。"[②] 现代化意味着变动不居,虽然包含民族认同的存在空间,

---

① 黄其松:《制度建构与民族认同:现代国家建构的双重任务》,载《云南行政学院学报》2010年第6期。
② 〔美〕塞缪尔·亨廷顿:《变革社会中的政治秩序》,李盛平等译,华夏出版社1988年版,第43页。

却也构成对传统社会结构和民族文化的"颠覆"性威胁。小约瑟夫·奈在《理解国际冲突——理论与历史》中指出,自由资本主义在冷战以后所面对的重要挑战者和竞争对手是族群民族主义(ethnic nationalism)。"当认同受到重大社会变革的挑战时,民族主义就会兴起。族群特征类似的人具有相同的认同,这是一个很有说服力的观点。"[①]在现代化汹涌而来的情况下,民族成员尤其是民族精英往往能深刻感受到这种被"颠覆"的危机,从而产生一种对外来文化一体化的情绪化抗拒情绪。在与外部"他者"的对照和刺激下,为保持本民族的纯洁性、连续性和优越感,一些民族成员对本民族的认同意识空前强化。这种强烈的民族认同如果发展成极端民族主义,就成为削减国家认同的根源。

第三,现代化增强了民族间的交往融合,也加剧了民族间矛盾。不可否认,现代科技和经济发展使各民族间的交往联系空前密切,但这并不导致各民族自我意识的快速弱化,相反会强化他们对自身的民族认同。因为民族间的密切联系,使人们能够在与他族的比较中凸显自身民族性。正因如此,全球范围内的现代科技和经济发展,不断刺激并激发着各类民族的认同觉醒。历史和现实也已经说明,在多民族国家里,现代化在增加不同民族间接触机会和融合趋势的同时,也增加了各民族之间发生冲突的频度,助长了一些民族的分离主义倾向。特别是某些少数、弱势民族在现代化的非均衡发展过程中,很容易产生被剥夺感觉,而这种感觉会因为现代传媒手段的迅捷发达而过度放大。当国家制度不能提供利益保障时,人们会倾向于向民族寻找安慰和力量。一些民族成员在民族认同的纽带下迅速凝聚起来,建立以宗教、地缘或精英人物为纽带的社会网络组织,形成民族主义运动,导致民族认同与国家认同的冲突。事实表明,现代化并未平复原生性的民族认同,反而不断激化它们,这使得削减原生性民族认同对国家认同的影响越来越困难,从而

[①] 〔美〕小约瑟夫·奈:《理解国际冲突:理论与历史》,张小明译,上海人民出版社2002年版,第324页。

使其国家认同出现危机，国家的完整性（国家安全）遭遇威胁。[①]

综上，现代化进程不但没有消除民族认同与国家认同的差异，反而凸显了它们。民族认同作为一种形塑群体心理和行为的持续性力量，因适应现代化发展而对人类社会产生更大影响。对此，美国学者伊罗生20世纪70年代时就曾论断："现代化进程中，原乡情怀仍将持续酝酿，新的族群认同，在科技于各个层面变本加厉肆虐的同时，也将撼动世界的政治。"[②] 现代化的发展特性展示，伴随着现代化的进程，"族群民族主义并没有伴随着政治与经济发展而枯萎。实际上，高度的政治参与与迅速扩展的GNP常常在给予民族主义集团新生活的同时，使得他们更加寻求发展过程中的利益"[③]。简言之，对于多民族国家而言，现代化较容易催化其内部民族分离倾向。对于民族认同，我们既无法强制消灭，也不可放任自流。因此民族认同与国家认同关系建构，既不能是同质化取向，也不应是多元化取向，而须采取顺乎现代化发展进路的和谐关系建构取向。

4. 耦合多民族国家普通态势

历史一再表明，"一个民族，一个国家"这只是人类选择的一个方面，却属于极少的"例外"（只有日本、韩国、朝鲜、冰岛等为数不到10%的国家不在多民族国家之列）。即使是这些国家，在全球化时代，随着移民大规模涌入，也越来越趋向多民族国家形态。在当代以及今后时期里，多民族国家正成为普遍形态。一个最简单的事实是，尽管经过各民族不懈的努力，在短短半个多世纪里世界上的民族国家已经由几十个猛增到近二百个，但如果考虑到世界上尚有2000至3000个民族（这是最保守的估计，有人甚至估计有多达6000至7000个民族），我们很难想象不断追求"一个民族，一个国

[①] 郭艳：《全球化时代的后发展国家：国家认同遭遇"去中心化"》，载《世界经济与政治》2004年第9期。

[②] 〔美〕哈罗德·伊罗生：《群氓之族：群体认同与政治变迁》，邓伯宸译，广西师范大学出版社2008年版，第3页。

[③] Frederick L. Shiels, *Ethnic Separatism and World Politics*, Lanham, MD: University Press of America, 1984：17.

家"的单一民族国家将会是怎样一种情景。①这既不现实，也会带来巨大灾难。两次世界大战的沉痛代价和此起彼伏、连续不断的民族主义浪潮及民族冲突，已经使人类和国际社会幡然醒悟。国际社会已经开始接受这样的事实：一个国家由两个或者两个以上的民族共同组成应是现代国家公民构成的基本特征，多民族国家必然的成为普广态势。

在极具人口流动性的全球化、现代化时代，这种多民族国家的普遍形态更为突出地巩固和强化。在当今世界，移民现象是越来越普遍的发展趋势，单一民族国家已经越来越成为不可能。据联合国人口部门的统计，生活在出生国以外的国际移民人数，已从1965年的7500万增加到1990年的12000万，其中55%的移民是在欠发达国家间流动，90%的移民集中在55个国家。另据美国情报部2001年4月的一份调查报告称，国际移民的数量在20世纪末已上升到14000万人以上，而移民人数占所在国人口总数15%以上的国家，也已经超过了50个。②这些大规模的移民，在初始时期仅仅还是暂时性散居于移入国家，但是从20世纪70年代开始，国际移民表现出新的特征：从原来个别和偶然性质的移民转化为群体、永久性质的移民。不仅移民的规模迅猛扩大，而且移民的区域也相对集中，美国、西欧和大洋洲成为国际移民的集中地。相关统计资料表明，德国、法国、奥地利、瑞士等国的外国移民均超过本国人口的5%，瑞典的比例甚至高达19.9%。③

在多民族国家成为普广态势的当代，民族认同与国家认同之间的矛盾冲突日益成为困扰所有国家的共同问题，在此背景下"处理好主文化与以民族为基础的亚文化之间、民族认同与国家认同之间的矛盾，就是国家生存与发

---

① 李红杰：《由自治到自觉——当代多民族国家的民主政治经验教训》，中央民族大学出版社2009年版，第324页。
② 林云、曾少聪：《族群认同：菲律宾华人认同的变迁》，载《当代亚太》2006年第6期。
③ 郭忠华：《动态匹配·多元认同·双向建构——再论公民身份与国家认同的关系》，载《中山大学学报》2011年第2期。

展的需要"。① 由此不难理解,在当今世界一些传统多民族国家挣扎于文化承认和多元文化权的问题(包括移民和原住民的权利问题、分裂主义问题等)的时候,许多学界人士和政策制定者竟也"惊异地发现",一直视自己为单一民族国家的德国、英国、法国以及东欧的一些国家等,也在热切地了解传统多民族国家是如何处理民族问题的。事实已经表明,由于全球化和现代化,原先仅仅是传统多民族国家所面临的问题,如今已成为那些原来视自己为单一民族的国家同样要面临的问题,如法国、德国及日本等。今天,再要设想这些国家是单一民族的、种族纯粹的,已越来越困难了。② 在多民族国家是普遍形态的当今时代,试图通过同质化建构取向压制、消除民族认同已然不合时宜,而多元化建构取向的"放任自流"则会危及国家安全稳定,亦不可取。尊重多民族国家的普遍存在事实,建构和谐的民族认同与国家认同关系,引导各民族之间相互交流、相互学习、和谐共进,进而推进民族认同与国家认同的互辅共生,实为理性选择。

5. 遵从民族发展的客观规律

建构民族认同与国家认同关系,侧重点在于国家如何对待民族认同。在此过程中,只有遵循民族发展的客观规律,才能取得预期的效果。这里所指的民族发展客观规律,包括民族的产生、发展和消亡,以及民族认同发展中所呈现的固有本性两个方面。

一方面,是民族的产生、发展和消亡规律。一些乐观派的研究者曾认为,在目前的世界格局中,现代性作为一种强大力量,将会使基于语言、文化、群体迁徙等因素的民族认同变得虚弱甚至没有意义。民族和民族主义也即将被现代性的普世文化所取代,这显然是过于乐观。依据马克思主义民族理论,"民族的产生、发展和消亡是一个漫长的历史过程。民族的消亡比

---

① 于福坚:《一杯鸡尾酒:美国民族与国家认同的构建》,载《中国民族报》2009年11月6日第8版。
② 都永浩:《民族认同与公民、国家认同》,载《黑龙江民族丛刊》2009年第6期。

阶级、国家的消亡还要久远"①。从全球格局、历史长河进行审视，民族融合是民族发展的最后一个阶段，即全世界各民族经过长期的共同发展、互相吸收、互相交融，最终在共产主义社会根除民族差别，融合成新的统一人类共同体。然而，这将是一个很遥远的历史前景。在当前以及未来相当长一段时期里，全球各民族仍处于繁荣发展的时代，而不是消亡的时代。在当今时空境遇下，民族发展的总趋势是依托国家形式而发展，自然的族群日益被改造成国家民族，对立的趋势就是民族文化变异发展，走向国家的对立面，其内部锻造新的民族基因。②民族同化现象虽然时刻在发生，却仍是部分而不是全体，只是支流而不是主流，只是整体量变而不是整体质变。

另一方面，是民族认同的固有本性。对于多民族国家而言，尽管民族认同总是具有积极和消极两方面作用，但一些人怀着刻板印象，认为民族认同是令人心怀忧惧的词汇，似乎总是与"狭隘""野蛮""仇外"及族群沙文主义相联系，它蕴含的非理性的狂暴力量也始终处于被警惕被批判当中。③民族认同也因此常常被当作多民族国家内部冲突或暴力的根源。然而，民族认同的固有本性并非必然的属于破坏作用，民族、民族认同性也不是人类一种固有的破坏性遗产。正如戴维·莱丁所说："族际分野固然是关于公共利益的分歧和争端的一个因素，但却并不具有导致暴力行为的特殊潜质。"④民族与民族认同深植于人类习性中，是不能够轻易抹杀掉的人性本质。无论从世界历史经验看，还是从现实世界潮流看，多样性民族和民族认同的共存共生，使得我们的社会文化生活更加光辉灿烂，更加丰富多彩，这符合生物多样性可持续发展的规律，有益于世界的共同发展与进步。问题的关键在于，我们要找到促进其积极作用方面生长、成长的主要因素。

---

① 《民族工作文献选编：2003~2009》，中央文献出版社 2010 年版，第 92 页。
② 沈桂萍：《民族问题的核心是国家认同问题》，载《中央社会主义学院学报》2010 年第 2 期。
③ 陈福民：《文化认同与国家认同》，载《文艺报》2008 年 5 月 13 日。
④ David D. Laidin, *Nations, States and Violence*, New York: Oxford University Press, 2007: 40—41.

民族认同与国家认同关系建构必须遵从民族与国家将长期共存的客观规律。其一，当代民族认同与国家认同建构不能采取强制性的同质关系建构取向。民族在当代仍处于繁荣发展阶段，依然具有强大的生命力。如果试图强制性同化或者提前消灭之，不仅会违背民族发展规律而导致失败，也会因此给各民族群众乃至整个社会带来灾难性后果。对于人类是否能够更为"去部族化"并共冶于一炉而趋于同质化的问题，美国学者白鲁恂曾指出："人都自以为已经摆脱族群意识，其实依然在向民族感情借壳，为自己建立新的姆庇之家，从而引起更残酷的冲突。"① 历史更是清晰显示，民族认同具有顽强的生命力，世界上极其罕见到有民族认同被强制消灭的。其二，当代民族认同与国家认同建构也不宜采取多元关系建构取向。多元关系建构取向充分认识到，承认民族意识和民族文化的价值就是对世界文明价值的肯定，"漠视民族遗产，拒绝捍卫民族，是衰败而非进步的表现，是一国病入膏肓而非健康的征兆。……否决民族意识，抛弃民族文化，不仅是一个民族身心健康的问题，而且是一种政治病症，因为它实质上是一种反文明的行为"②。但是，多元关系建构取向存在着片面地强调民族差异性，忽略了族际同一性的局限性，可能导致民族认同与国家认同的差异性进一步加大，隔阂进一步加深，最终导致一些民族成员对国家的心理疏远与政治分离。因此，必须进行引导和规制，使民族认同与国家认同良性互动。事实上，一定程度的文明进步性的同化或一体化也是必须的。"没有起码的同化，无论国家还是公民社会，都无法运转。"③ 这一点恰恰是多元关系建构取向所忽视并且难以有效达成的。实践一再表明，不尊重民族发展规律，民族认同与国家认同关系建构结果总是事与愿违。民族认同与国家认同的和谐关系建构取向强调"多元一体"，

---

① 〔美〕白鲁恂：《族群认同的先知》，见〔美〕哈罗德·伊罗生：《群氓之族：族群认同与政治变迁》，邓伯宸译，广西师范大学出版社2008年版，第5页。
② 〔英〕休·希顿-沃森：《民族与国家：对民族起源与民族主义政治的探讨》，吴洪英等译，中央民族大学出版社2009年版，第630页。
③ 〔美〕格罗斯：《公民与国家：公民、部族和族属身份》，王建娥等译，新华出版社2003年版，第242页。

既吸收了同质、多元关系建构取向的优点，又扬弃了两者的局限与缺陷；既尊重各民族的既有文化和民族认同，保护各民族的合理权益，也鼓励各民族的自然交往交流交融，做到了把战略性与策略性、理想性与现实性、先进性与层次性、普遍性与特殊性、主流与多样等有机结合，很好遵从了民族发展的客观规律。

第四章 民族认同与国家认同和谐关系建构的目标、原则和支撑

民族认同与国家认同的和谐关系建构取向具有十分丰富的理论意蕴,既预设着和谐关系建构的目标,也规定着和谐关系建构的原则,更蕴含着和谐关系建构的支撑条件。我们探讨民族认同与国家认同和谐关系建构的实现,就是要探讨民族认同与国家认同和谐关系建构实践中所应选择的目标、所要秉持的原则以及所须具备的支撑条件等。

一、民族认同与国家认同和谐关系建构的目标

和谐作为一种目标追求,自身具有阶段性和层次性。从长时段历史眼光观照,民族认同与国家认同和谐关系建构具有初级目标、中级目标和高级目标等三个层次。这三个层次目标适应于不同历史时期的生产力与生产关系。当代世界所处的历史时期决定,民族认同与国家认同和谐关系的建构目标应定位于初级目标和中级目标,尤其应以初级目标为直接的、近期的目标,而以中级目标和高级目标为今后所应努力追求的奋斗目标。

(一)民族认同与国家认同和谐关系建构的目标层次

民族认同与国家认同和谐关系建构是对民族认同与国家认同的同质关系、多元关系建构取向的超越和扬弃,因此其目标取向既不是国家认同取代或消灭民族认同的同质关系,也不是忽视或削弱国家认同的多元关系。换句话说,按照和谐关系建构的理念,我们不能强迫人们仅仅保留纯粹的国家认

同而放弃民族认同,也不能允许人们只保留完完全全的民族认同而放弃国家认同。问题的关键是,人们在不同认同层次结构中,会把哪种认同置于优先的级序。如果国家认同高于民族认同,各个民族就会以国家利益为重,主动维护国家的利益,并把实现和维护本民族的利益与维护国家统一、稳定和发展紧密联系起来。反之,民族成员就会在维护国家统一和稳定的根本问题上发生动摇,导致民族认同与国家认同的对立冲突频发,助长民族分裂主义势力的发展。所以,民族认同与国家认同和谐关系建构的核心目标,就是确保国家认同优先于民族认同,在民族成员认同层次结构中处于最高级序。基于此,从长时段历史眼光看,民族认同与国家认同和谐关系建构可分为三个阶段的目标层次。

第一阶段目标:民族认同与国家认同和谐关系建构的初级目标。在此阶段里,民族认同与国家认同的整体关系达到一种协调与平衡,国家认同不否认或排斥民族认同,民族认同也不在根本上损伤国家认同。在特定情况下(如外部势力干涉、民族关系处理的个别失误等),民族认同与国家认同之间可能会发生一些局部和短暂冲突,但是冲突能够得到很快控制和有效化解,并且还可以通过它们之间的互动和互补加以调适,使彼此相互增进、共同发展。在此一阶段,一些少数民族由于聚居环境恶劣、生产方式落后、历史上长期受到压迫等原因,与主导民族之间存在着明显的"事实上不平等"。多民族国家为维护各民族间的平等团结,必要采纳一些优惠政策,在一定时期内给予少数民族、弱势民族以特定的经济、政治、文化保障权利,比如中国实施的民族区域自治和民族优惠政策。在这一阶段,大多数民族成员作为国家的公民,在与国家公共权力发生关系时,能够既保持一定程度的民族认同,也"把国家作为自身最高的认同和归属对象,宣誓效忠并且以此作为自身情感信念、义务责任和行为规范的最高来源"[①]。

第二阶段目标:和谐关系建构的中级目标。在此一阶段里,国家认同

---

① 高永久、朱军:《论多民族国家中的民族认同与国家认同》,载《民族研究》2010年第2期。

始终处于主导位置，而各个民族的民族认同也依然存在，但处于自然性的交融态势。伴随整个国家的经济、政治、文化和社会一体化推进，各民族之间在长期交流交融中会不断增加共同性因素，各民族之间的"我们感"不断强化，相互认同的水平不断提升，国家公民的一体化程度也已达到极高水平（这是多样性前提下的一体化，属于进步性的自然同化范畴）。在国家范围内，公民已基本实现"事实上"的不分民族的一律平等，人们已很少有必要，甚至是不再必要通过民族的身份来获取任何特别的经济、政治和文化保障权利。国家和社会对于因能力、天赋、残疾和地域等因素而不能有效享受公民权利的民族个体，采取各种通行的补偿机制来协调平衡。此一阶段的多民族国家，必然会是一个"民主法治、公平正义、诚信友爱、充满活力、安定有序、人与自然和谐相处"[1]的富强民主文明和谐国家，整个社会也必然是一个全面协调可持续发展的美好社会。

第三阶段目标：和谐关系建构的高级目标。在此一阶段里，民族认同与国家认同达到基本融为一体的理想化状态。在一国范围内，民族身份差距已经基本可以忽略不计，民族认同虽然还会继续存在，却已经完全不再以利益为目标，而仅仅具有文化价值和历史符号意义。不过，这一高级目标的实现至少应该是在社会主义的中高级阶段以后，即已经接近共产主义社会的时候了。按照马克思、恩格斯对未来社会的科学设想，共产主义社会将在消灭私有制、打碎旧的国家机器的基础上，消除城乡之间、阶级之间以及脑体劳动之间的对立和差别，极大地调动全体劳动者的积极性，使社会物质财富极大丰富，人民精神境界极大提高，实行各尽所能、各取所需，实现每个人自由而全面的发展，在人与人之间、人与自然之间都形成和谐的关系。[2] 在这样一种社会到来的前夕，民族与国家进入衰亡形态，民族认同和国家认同也逐

---

[1] 胡锦涛:《高举中国特色社会主义伟大旗帜为夺取全面建设小康社会新胜利而奋斗——在中国共产党第十七次全国代表大会上的报告》，人民出版社 2007 年版，第 17 页。
[2] 胡锦涛:《在省部级主要领导干部提高构建社会主义和谐社会能力专题研讨班上的讲话》，载《人民日报》2005 年 6 月 27 日。

渐失去其存在根基和价值，在达到高度和谐统一的状态中，预示着二者也将很快淡出人类思想的历史舞台。

（二）民族认同与国家认同和谐关系建构的目标选择

在民族认同与国家认同和谐关系建构的三个层次目标中，高级目标即民族认同与国家认同的高度一体化是最为美好的。然而，这一高级目标是一个长远的目标，尽管很美好却不宜作为当前及今后相当长一段时期的目标取向。正如马克思所指出，虽然"人们自己创造着自己的历史"，但"他们并不是随心所欲地创造"[①]，因为"历史的每一阶段都遇到由一定的物质结果、一定数量的生产力总和，人和自然以及人与人之间在历史上形成的关系，都遇到由前一代传给后一代的大量生产力、资金和环境，尽管一方面这些生产力、资金和环境为新的一代所改变，但另一方面，它们也预先规定新一代的生活条件，使它得到一定的发展和具有特殊的性质"[②]。民族认同与国家认同和谐关系建构中所应选择的目标层次，必须由所处历史时代决定，否则就会因为脱离时代发展而沦为空想。

当今世界正处于资本主义与社会主义相互竞争、相互依存的历史时期，资本主义尚未腐朽至死，社会主义也还处在初级阶段。马克思主义提出的对人类社会解决民族问题的必由之路，即"人对人的剥削一消灭，民族对民族的剥削就会随之消灭。民族内部的阶级对立一消失，民族之间的敌对关系就会随之消失"[③]，其条件尚未具备，因此在当代世界国家还无法真正实现。即使在当代中国，我们也还处于社会主义初级阶段。这就意味着，我们还不可能在世界范围内完全实现民族平等，民族与民族、民族与国家之间的矛盾冲突根基依然存在。因而，当代民族认同与国家认同和谐关系建构目标应放在第一和第二阶段，尤其是以第一阶段目标为直接、近期的实现目标，而以第二阶段目标为中期的奋斗目标，以第三阶段目标为长远的追求目标。

---

① 《马克思恩格斯选集》第 1 卷，人民出版社 1995 年版，第 585 页。
② 《马克思恩格斯选集》第 1 卷，人民出版社 1995 年版，第 92 页。
③ 《马克思恩格斯选集》第 1 卷，人民出版社 1995 年版，第 291 页。

二、民族认同与国家认同和谐关系建构的原则

民族认同与国家认同和谐关系建构不仅涵括民族认同与国家认同关系建构的目标选择,也规定了民族认同与国家认同关系建构所应秉持的原则,主要包括求同存异、立足国情、统筹兼顾和锐意创新等原则。

(一)求同存异

民族认同与国家认同关系建构的求同存异原则,就是指既不能以国家认同压制、替代民族认同,也不以民族认同超越、破坏国家认同,而是在确保国家认同首要地位的前提下,寻求二者之间的和而不同、和谐共生。民族认同与国家认同和谐关系建构取向的精髓在于求同存异,求同存异也理应是民族认同与国家认同和谐关系建构的首要原则。在多样民族文化共存的国家内部,建构民族认同与国家认同关系的建设性方式是,我们必须放弃同质化和普遍性的单一诉求,接受各民族认同与国家认同的和而不同,在民族认同与国家认同建构中做到求同存异。

国家拥有强大的公共权力支撑,对作为部分存在的相对弱小民族的包容与支持并不会危及公民的国家认同。相反,如果忽视或漠视民族差异,企图以国家认同去消融、打压各少数民族的民族认同,结果就会适得其反。当然,如果过分肯定和突出民族差异,导致民族认同被过度强化,社会稳定与政治参与就可能受到威胁。从理论上讲,确保国家与民族间的和谐稳定是正当的,追求各民族间的平等、共存与相互承认也是正当的,但这必须以维护国家认同为前提,做到"多样民族认同共存,民族国家认同一体"。具体而言,对于多民族国家,民族差异是合理的,但需要正确对待民族认同与国家认同的关系。求同存异的原则,就不失为处理民族认同与国家认同关系的一种合理的政治抉择[1],即民族认同差异应该是在国家认同基础上的差异,国家

---

[1] 罗惠翾:《族群认同与国家认同:和谐何以可能》,载《理论视野》2009 年第 8 期。

第四章　民族认同与国家认同和谐关系建构的目标、原则和支撑

认同和公民共同性建构也以民族差异为前提。

秉持求同存异的原则，首先要求中央政府既讲求民主公平又保持强大集中优势，要在中央政府的统一领导下全面协调各民族之间、民族与国家之间的利益关系。历史表明，如果族际经济、政治、文化、福利等分配不公平，一些民族就会对国家政府产生离心力，其民族认同与国家认同就会发生矛盾冲突。正如美国政治学教授亨利·海勒在剖析分离主义相关因素及其联系后所指出的，决定少数民族去留意向的重要因素是国家和中央政府的性质——是压迫性的还是平等协作性的。如果国家和中央政府愿意并且能够满足民族地区的利益，那么少数民族就会发现留在既有国家内符合自己的利益。[①]另一方面，如果仅仅依靠公平并不足以取得所有民族的效忠。当经济、政治和文化资源在各民族之间的分配平等达到最大化时，多民族国家中的各个民族能否相对和谐地共存，很大程度上就取决于是否存在一个有足够力量将民族间冲突控制在可容忍范围内的中央政府。伊格纳蒂夫指出："在当今成功的多族群社会中，能将族群或者种族之间的紧张控制在一定范围以内的，是一个强大得足够使其权威得到尊重的政府。"南非的近况表明，在这个方面的努力有时可以让局面产生显著的改变。而在南斯拉夫的情况则表明，将各个民族结合在一起的强大政府垮台，将会带来怎样巨大的灾难。[②]可以说，如果没有一个保持集中优势的强有力的中央政府，多民族国家不仅无法实现有效"求同"，也无法达到有效"存异"，只剩下"失序状态"中各民族间的极端仇恨和相互残杀，最终导致整个社会分崩离析。

秉持求同存异的原则，要求推进能够包容民族认同与国家认同和谐共存的公民国家建设。鲍威尔指出，只有存在包容一切、超越平常将人们分割开来的意识形态、经济或者政治利益冲突的共同意见时，少数派才会容忍多数

---

① Henry E. Hale, *The Foundations of Ethnic Politics, Separatism of States and Nations in Eurasia and the World*, Cambridge University Press, 2008:72.
② 〔美〕马丁·N.麦格：《族群社会学：美国及全球视角下的种族和族群关系》，祖力亚提·司马义译，华夏出版社2007年版，第523页。

派的统治。①公民国家的"公民权"正是这种"包容一切"的民族联系纽带，它"创造了一种新的认同，一种与族属意识、族籍身份分离的政治认同，它是多元文化的一把政治保护伞。……它提供了一种将种族上亲族认同（文化民族）与和国家相联系的政治认同（国家民族）相分离的方法，一种把政治认同从亲族关系转向政治地域关系的途径"②。换句话说，公民权可以使某个民族群体拥有双重认同。公民国家建立了一种公民纽带，其法律体现就是公民权，这是一种公民的联合、国家成员的联合，而不是族群成员的联合。"公民纽带是一个地域性的纽带，它来自扩大了的邻里关系，也来自这样一个事实，即居住在同一个地域的个人和集团为共同利益所联系，彼此之间负有责任。他们也发展起一种共向的传统、文化、忠诚和认同。有些人害怕和讨厌这种认同和效忠的双重性，但是，这是多民族国家的现实。"③通过突出公民权来协调民族认同差异性以构建现代国家认同并取得成效的，有很多典型的范例。比如，俄罗斯、塔吉克斯、尼泊尔、新加坡等，通过采取突出公民权力的措施，有效克服了独立后主体民族对非主体民族的排斥心理，弱化了各民族之间的敌视和冲突，收到了良好的效果，境内各民族对国家认同感稳步上升，保障了国内的安全稳定。

秉持求同存异的原则，还要求以和平、渐进的方式推进适度的国家建构，形成各民族团结一体所必须的共同性因素。这种共同性因素并非完全同质性质，而是要对多民族进行适度整合，推进其一体化进程，建立各民族的共识性或主体间性。英国学者沃克指出："所有社会都需要某种集体认同感和共识，即人们对社会目标、对社会及其组织运作方式的广泛认同，尽管这种认同有时显得非常模糊不清。这种系统化的认同（例如，通过"资本

---

① 〔英〕詹姆斯·马亚尔：《世界政治》，胡雨谭译，江苏人民出版社2004年版，第56页。
② 〔美〕格罗斯：《公民与国家：公民、部族和族属身份》，王建娥等译，新华出版社2003年版，第32页。
③ 〔美〕格罗斯：《公民与国家：公民、部族和族属身份》，王建娥等译，新华出版社2003年版，第183—185页。

主义"或"社会主义"的观念表达出来)赋予社会管理机构某种程度的权威性。如果大多数人都认同议会、选举、法律制度和司法机制等事物都是'好的',那么他们也就能够更加自觉自愿地遵守和服从它们。同时,这种认同也为人们提供了——种关于认识自己的本质、地位和努力目标的一般性意识。一个社会如果缺少了这种一般认同,它可能很快就会分崩离析。"①哈贝马斯也指出:"只有在一种具有普遍意义的话语的交往前提下,才能建构起一种较高层次的主体间性,让每个人的视角与所有人的视角相互重合。"②求同存异原则反对以"一国一族"为目标的强制性同化,因为运用暴力手段进行强制性民族同化在当代世界已经丧失合法性。国际法和联合国制定保护少数民族权利、保障人的基本权利的法律条文,在阻止国家领土的任意分割的同时,也从根本上禁绝了国家对境内少数民族实行民族歧视和民族压迫,包括运用暴力手段进行强制性民族同化的合法性。马基雅维利时代纯粹从统治者角度考虑问题,完全不顾及人民利益和感受,任由统治者为所欲为的时代已经一去不复返了。③但求同存异并非全盘否定必要的同化,而是主张以和平、渐进的方式推进一体化(自然同化)。周恩来曾指出:"如果同化是一个民族用暴力摧残另一个民族,那是反动的。如果同化是各民族自然融合起来走向繁荣,那是进步的。这种同化本身就有推动进步的意义。"④以和平、渐进的方式推进适度的国家建构,从表现形式上看,通常是以"民族建构"的面目出现的。国家通过在国家主权疆域内实行一体化的公共政策,无论是标准化的文化政策,如统一语言的推广与使用、同一的意识形态(社会主流价值观与规范),还是公民教育体系,如同一模式的教育制度与教育内容,以

---

① 〔英〕雷切尔·沃克:《震撼世界的六年——戈尔巴乔夫的改革怎样葬送了苏联》,张金鉴译,改革出版社1999年版,第58页。
② 〔德〕尤尔根·哈贝马斯:《对话伦理学与真理的问题》,沈清楷译,中国人民大学出版社2005年版,第85页。
③ 王建娥:《民族分离主义的解读与治理———多民族国家化解民族矛盾、解决分离困窘的一个思路》,载《民族研究》2010年第2期。
④ 《周恩来选集》下卷,人民出版社1984年版,第255页。

及通过国家制度安排实现的社会再分配制度和补偿性法律体系，将自己疆域内的所有居民纳入国家的控制与文化塑造之中。全体国民不仅在文化象征意义上被国家仪式、象征物（国旗、国徽、国歌）、民族英雄和历史物质遗迹在感情上连接起来，也在制度上被国家统一标准的制度安排结构起来，如交通与通讯设施、共同市场及其规则、代表国家意志的科层制官僚体系等，从而成为现实的具有强烈感情基础的政治、经济与文化共同体。[①]

（二）立足国情

马克思在1877年给《祖国纪事》杂志编辑部的信中，对俄国的一位"教条主义者"提出如下批评："他一定要把我关于西欧资本主义起源的历史概述彻底变成一般发展道路的历史哲学理论，一切民族，不管他们所处的历史环境如何，都注定要走这条道路……他这样做，会给我过多的荣誉，同时也会给我过多的侮辱。"[②]伟人的这个批评，对我们开展民族认同与国家认同和谐关系建构同样具有深刻启迪：民族认同与国家认同和谐关系建构必须立足国情，反对教条化和照搬照抄。正如同质关系建构、多元关系建构在不同国度都具有不同的表现形态和推进路径一样，民族认同与国家认同的和谐关系建构也不应有"注定要走这条道路"之说，而应该在立足国情的基础上做出慎重抉择。

在立足国情的基础上建构民族认同与国家认同的和谐关系，必须以本国的实践需要为逻辑起点，而不能盲目宣扬和照搬照抄别国的经验模式或建构样式。尽管超越和扬弃同质关系建构、多元关系建构的和谐关系建构取向是多民族国家民族认同与国家认同关系建构的理想取向，但是各国的历史背景和文化传统不同，具体的民族构成和社会发展也各有差异，因此各国的具体做法、所选择的制度模式等，也肯定各有特色。列宁在1916年《关于自觉问题的争论总结》中曾这样强调："要达到使一切民族完全平等、亲密接近和进而融合的共同目的，显然要走各不相同的具体道路，就拿达到这一

[①] 关凯：《族群政治》，中央民族大学出版社2007年版，第47—48页。
[②] 《马克思恩格斯选集》第3卷，人民出版社1995年版，第342页。

页书的中心点的方法来说吧，从它的一边向左走和从相对的一边向右走，都是一样的。"①说的正是这一道理。2001年，时任芬兰奥兰群岛政府的总干事曾在北京召开的一次会议上介绍奥兰自治模式时说，针对奥兰自治这样一个"为少数民族制定的、最具深远影响的国际保证措施"，常有人提出这样的问题：奥兰群岛的自治形式是否可为其他地区提供一种模式？它可以供人仿效或照搬吗？答案当然是绝对不可以。正如有人所说的那样，无论是过去，还是在现在，奥兰群岛的问题都有其独特性。此话也适用于大多数自治模式。这些模式都有各自不同的背景，是由各种历史事件产生出来的，而各地的历史又鲜有甚至毫无共同之处。自治地区的共同之处，乃是在于彼此不同。②事实上，无论是自治的具体模式和形式上，还是民族认同与国家认同和谐关系建构上，世界都不可能有包治百病的灵丹妙药，各国应立足国情，自己选择，走自己的路。

当然，这样分析也并非要否认各国在处理民族认同与国家认同和谐关系时所应遵循的共性规律。问题在于，追求和谐需要立足国情。当前，在大规模移民的压力下，一些欧美发达国家被迫采取了文化多元化的民族政策，并大力倡导基于政治法律认同的自由主义公民国家认同教育，希望借此实现民族认同与国家认同的和谐状态。较之于"大熔炉""盎格鲁化"等纯粹的同质关系建构取向，这些自由主义公民国家认同教育、文化多元主义民族政策的确大大缓解了民族认同与国家认同之间的张力，对民主法治比较健全、社会福利水平较高的西方发达国家也具有一定普适性，对发展中国家也颇具启迪作用。但是，一些发达国家学者或政治家对其建构样式肆意拔高，对发展中国家的国情漠然视之，企图将自己的建构模式作为"普世模式"在全球各国推广。令人费解的是，一些发展中国家的学者也闻之起舞，在全球化话语权激烈竞争背景下自觉或不自觉地沦为"全盘西化"的"学舌鹦鹉"。然而在事实上，"集体认同的建构和重构是文化与政治的双向过程。没有坚硬的

---

① 《列宁全集》第28卷，人民出版社1990年版，第42页。
② 王铁志、沙伯力：《国际视野中的民族区域自治》，民族出版社2002年版，第337页。

政治外壳，集体认同就会变得软弱无力，而剥离了柔软的文化内核，它又容易发生脆性崩溃"①，国家认同既涵括了政治法律认同，也涵括民族文化认同。正如哈贝马斯指出，现代公民资格具有两重身份，即公民权利确立的身份及文化民族的归属感。相反的例子是美国，它表明，没有文化一体化的民族作为基础，民族国家也可以建立起来，并维持一种共和制形式。但在美国，扎根在多元文化中的公民宗教取代了民族主义。②我们如果看不透这一点，而是过度地迷信政治法律正当性，企求依赖自由主义的公民政治认同来回避或是削减民族认同与国家认同之间的矛盾冲突，就无异于漠视现代国家作为民族文化共同体的价值存在。事实上，即使是在发达欧美国家，文化多元化、公民认同教育也并非想象中那么完美。如美国和加拿大这样崇尚合法性的国家，在推行文化多元主义之后，仍不能解决民族认同危机，魁北克独立思潮愈演愈烈，亨廷顿则表示美国可能将解体。③在政治法律不健全及其正当性水平相对落后的后发展国家，更应该注重文化共性的建构作用。如在当代中国，既要吸收借鉴西方自由主义公民认同教育的合理成分，倡导政治法律性的公民认同教育，也要立足中国实践需要，大力建构中华民族共同文化，藉此统合56个民族，统和大陆与港澳台地区，形成强大的民族文化国力和民族国家认同。

在立足国情的基础上建构民族认同与国家认同的和谐关系，还必须针对国内不同民族的具体情况"因族制宜"，而不能搞全国范围内的"一刀切"式建构模式。在当今世界，大多数国家都是多民族形态存在，各民族的聚居状况、人口数量和历史文化不同，其民族认同的强度也相应不一样，与国家认同的相容性也就不尽相同。有些民族的民族认同与国家认同保持一致，而有些民族的民族认同与国家认同处于既相容又相斥的状态，并处于变化中。

---

① 戴晓东：《全球化视野下的民族认同》，载《欧洲研究》2006年第3期。
② 〔德〕尤尔根·哈贝马斯：《包容他者》，曹卫东译，上海人民出版社2002年版，第133页。
③ 张健一：《现代国家认同与国家权力合法性分析——兼与徐勇教授商榷》，载《东南学术》2008年第2期。

国内学者都永浩曾对不同类型国家中，不同民族的民族认同与国家认同关系情况进行区分。如多数、优势民族成员经常将民族认同等同于公民和国家认同，或将本民族等同于公民和国家，其民族认同与国家认同基本重合，对国家的认同不会存在太多障碍。但少数、弱势民族的部分成员会因此在国家认同上心存芥蒂，担心公民化过程和国家认同就是被同化的过程。又如一些历史上建立过古代国家的或者曾经处于"强势"的，并且与多数民族的文化保持较多异质的少数民族，其部分成员的民族认同中就不直接包含国家认同目标，甚至还可能将国家的民族政策效果作为民族认同内涵变化之依据。如果此类少数民族信仰单一的、封闭性较强的宗教，那么其民族认同与国家统一认同的和谐之路会荆棘载途。与之相对，多民族国家的"历史弱势"少数民族，尽管其民族认同中存在一定政治性，但他们的国家认同是清晰的，容易将民族认同与国家认同相协调一致。再如，多民族国家跨境少数民族的认同是错综复杂的，通常而言，跨境少数民族由于已存在有"民族国家"，一般不会追求"民族建国"，但他们的国家的认同容易受到国际环境的影响，可能长期在二元国家认同之间左右摇摆[1]，等等。在另一方面，即使同一个民族内部，在全球多元文化交织的格局下，其内部成员的民族认同也存在分化趋势，而并非"铁板一块"。如部分少数民族成员为摆脱社会经济地位低、教育程度低及就业率低的阴影，会自觉选择融入主体、优势民族当中，其民族认同与国家认同趋于和谐；部分少数民族成员则强烈认同其母体文化而排斥其他民族的文化，常常对外团体民族带有偏见，其民族认同与国家认同的关系就趋于复杂化。[2] 综上所述，不同民族以及同一民族内部的成员，其民族认同与国家认同状况是不尽相同的，这就要求国家民族政策的"因族制宜"甚至是"因人而宜"，民族认同与国家认同和谐关系建构切不能搞全国范围内的"一刀切式"建构方法。

---

[1] 都永浩：《民族认同与公民、国家认同》，载《黑龙江民族丛刊》2009年第6期。
[2] 李忠、石文典：《文化同化与冲突下的民族认同与民族偏见》，载《社会心理科学》2007年第Z3期。

(三) 统筹兼顾

民族认同与国家认同的和谐关系建构是一项长期复杂性系统工程，涉及经济发展平衡、文化关系共生、政治权益分享和社会福利公正等，必须坚持统筹兼顾原则。统筹兼顾是科学发展观的原则与方法，要求善于把经济建设、政治建设、文化建设、社会建设、生态建设及其各个环节进行科学统筹与协调，使之相互促进、相辅相成、良性互动。要求正确处理国家整体和民族地方的关系，既坚持全国一盘棋，保证中央权威和政令畅通，又支持民族地区因地制宜、创造性地开展工作。要求正确处理当前利益和长远利益、局部利益和整体利益、个人利益和集体利益的关系，善于从各个民族的利益结合点上考虑问题和开展工作。要求正确处理民族矛盾，善于化解不和谐因素，形成各民族共同团结进步、共同繁荣发展的强大合力。要求正确处理重点和一般的关系，善于抓住牵动全局的主要工作、涉及各族群众利益的突出问题，着力在重要领域和关键环节取得突破，做到以点带面、协调推进，维护多民族国家的团结统一和安全稳定。①

坚持统筹兼顾的原则建构民族认同与国家认同的和谐关系。第一，应从经济、政治、文化和社会等方面协调推进。要确保各民族的根本利益不受外族的侵略与欺凌，生命安全不受威胁，民族尊严不受践踏；确保各民族的经济获得平稳较快发展，民族间经济水平呈不断缩小趋势，并且是互惠互利关系；确保各民族享受应有的公民权利与社会公平正义；确保各民族获得基本的民生和福利保障。第二，应着力在重点领域和关键环节取得突破。如在一些经济发展水平落后的少数民族地区，应重点抓经济建设，通过团结聚居民族大力推进经济发展、提高生活水平的方式增强少数民族的国家认同，建构起少数民族的民族认同与国家认同和谐关系。第三，要正确处理局部利益和整体利益、个人利益和集体利益、当前利益和长远利益的关系。民族认同与国家认同的和谐关系建构，其根本问题在于民族之间、民族与国家之间的

---

① 《科学发展观重要论述摘编》，中央文献出版社2008年版，第56页。

利益整合。这些利益整合过程的复杂性决定，国家必须正确处理民族个体成员利益和民族集体利益、民族地区利益和国家整体利益、民族国家当前利益和民族国家长远利益的关系。一般情况下，国家必须千方百计实现好、维护好、发展好民族个体、民族地区和民国家当前利益，但是，当民族个体成员利益和民族集体利益、民族地区利益和国家整体利益、民族国家当前利益和民族国家长远利益发生冲突时，则应坚持以后者为重。在统筹民族之间、民族与国家之间各方面复杂利益关系过程中，最重要的是要适应新时期国家利益格局变化和利益主体多元化的客观要求，在经济发展的基础上，更加注重社会公平正义，正确反映和兼顾不同民族群众的利益，抓紧创建和完善各种高效的利益协调机制。

（四）锐意创新

锐意创新是一个国家兴亡发达的不竭动力，也是实现多民族国家民族平等、团结、互助与和谐关系的动力和原则要求。一方面，实现民族认同与国家认同的和谐关系建构转向，需要以锐意创新的精神推动。另一方面，民族认同与国家认同和谐关系的建构样式也是一个需要动态优化的过程，必须在实事求是的基础上，推进建构理论、建构内容、建构方法和途径等的锐意创新。历史一再表明，在民族认同与国家认同关系建构过程中，固守成规、裹足不前、畏首畏尾的思想态度，只能错失变革良机，令国家陷入持续不断的战乱与纷争漩涡中。

推进民族认同与国家认同的和谐关系建构转向需要锐意创新。从历史唯物主义分析，在多民族国家里，民族认同与国家认同的建构取向属于特定历史时期的产物，只要行之有效，都具有顺应历史发展需要的特定合理性。然而，事物总是处于不断发展变革当中，随实践的变化发展，已然形成的民族认同与国家认同关系建构取向也会逐渐失去其合理性而走向反面，这就要求以锐意创新的精神和原则，努力推进建构范式的转换。历史上，依靠锐意创新精神原则，成功实现民族认同与国家认同关系建构转换的多民族国家并不鲜见。如，"回顾美国独立以来走过的 200 多年的历史，能够成长为当今世界唯一的超级大国，其中的原因应是多方面的，但从民族及其相关的制度和政策来说，在这样一个多民族国家，根据时代和环境的变化不断调整其政策，实现由种族主义、同化主义到多元文化主义的历史演进，是一个值得注意的方面。事实上，加拿大、澳大利亚等很多新大陆的各国都曾经历过类似的过程。这些国家不追求、也不标榜一成不变的理论框架和政治体系而不断对之进行调整，不管其动机和原因如何，就其结果来说基本上是积极的。尽管其间一直伴随着磕磕碰碰，有时闹得还相当尖锐，但基本上保证了国家整体上的稳定与和谐"[1]。

另一方面，因麻痹大意、恪守成规而无法实现民族认同与国家认同关系建构转向的多民族国家也不乏其例。在苏联，就因没有及时实现这种转向而导致国家分崩离析。列宁在早期曾明确反对民族联邦制，认为"鼓吹联邦制和民族自治，不是无产阶级应做的事情"，但在"十月革命"后，由于帝国主义利用"民族自决"口号来鼓动俄国各少数民族反对新生无产阶级革命政权，列宁适时改变策略，采取了以民族为单位的联邦制、联盟制来统一沙皇俄国统治下的各民族。为体现对各民族自治权和政治权利的保护，苏联宪法对于加盟民族共和国主权权力的规定，赋予每个加盟共和国都保留自由退出苏联的权利。但是，列宁曾明确指出，这种民族联邦制只是在特殊国情条件下向单一国家的"过渡"形式。他强调，联邦制是各民族劳动者走向完全统一的过渡形式，联邦制已经在实践上显示出它是适当的。既然承认联邦制是走向完全统一的过渡形式，那就必须力求达到愈来愈紧密的联邦制同盟。[2] 概括地说，列宁希望通过先建立起一个联邦制的苏联，然后再逐步向"完全统一国家"过渡。然而列宁逝世之后，斯大林和后继的领导人并没有带领苏联各族走出这一"过渡"形态，而是使这一形态固定化并长期延续下来。他们既没有实事求是地面对联邦国家存在着的民族认同问题，更没有以锐意创新的原则推动民族认同与国家认同关系建构的适时转向，而是想当然

---

[1] 李红杰：《由自决到自治——当代多民族国家的民主政治经验教训》，中央民族大学出版社2009年版，第236页。
[2] 《列宁专题文集·论资本主义》，人民出版社2009年版，第254页。

地以为国家认同已经存在并且具有牢不可破的共同基础。斯大林在1939年联共(布)十八大上甚至宣布："制造民族纠纷的主要势力即剥削阶级已不存在，培植民族互不信任心理和燃起民族主义狂热的剥削制度已不存在"，"在全国经济、政治、社会和文化生活各方面都享有同等的权利。所以，根本谈不到民族权利会受损害"。1952年斯大林又宣布："苏联已成为全世界真正民族平等和合作的榜样的典范。"① 赫鲁晓夫在1961年苏共二十二大上宣布要在20年内基本建成共产主义后也说："苏联已经解决了人类世世代代所关心的，而资本主义世界直到现在仍然尖锐的一个极其复杂的问题，即各民族相互关系问题"，因为"在苏联已经形成了具有共同特征的不同民族人们的新的历史共同体——苏联人民"。从此，"新的历史共同体"就成为描述苏联民族关系的官方理论。勃列日涅夫在1972年继续就这个"历史共同体"在"发达社会主义"的状况做出了新的解释，指出在发达社会主义社会已形成了各民族共同一致的政治、经济、社会、文化生活，各民族的利益已和谐地融合在一起，各民族"新历史共同体"——苏联人民正在进一步完善和发展。同年12月，他在苏联成立50周年庆祝大会上宣布："苏联的民族关系问题已经完全解决，已经彻底和一劳永逸地解决了。"苏联领导人的上述言论，并非苏联民族关系真实状况的客观反映。历史表明，正是在他们过度乐观地宣称苏联实现了各民族的接近融合之时，民族矛盾却在日益积累和深化。②欧美国家、苏联的正反事例启示我们，锐意创新是推进民族认同与国家认同关系建构转向的客观要求。多民族国家要实现民族认同与国家认同和谐关系建构的转向，就必须倡扬锐意创新的原则。

　　民族认同与国家认同和谐关系的建构样式优化必须秉持锐意创新原则。从唯物辩证法审视，任何一种民族认同与国家认同关系的建构样式都有一个从不完善到逐渐完善的优化过程。更何况，和谐本身是一个动态的过程，在民族认同与国家认同都已消失的共产主义社会来临之前，二者的和谐关系建

---

① 《斯大林文集》，人民出版社1985年版，第106、121页。
② 袁峰：《政府解体原因论》，学林出版社2003年版，第85—86页。

构只有起点没有终点，换句话说，我们不能称某个国家已经完全实现民族认同与国家认同的和谐，在这一点上是有深刻历史教训的。如在南斯拉夫的冲突中，颇具讽刺意味的是，20世纪90年代初所受冲击最为严重的波斯尼亚，过去数十年中一直是民族和谐的典范，是一个"多元并且宽容"的社会。其三大主要民族群体——塞族、克族和穆斯林——曾和平共处并且创造了一个相对整合的社会。在波斯尼亚的主要城市萨拉热窝，克族的罗马天主教堂、塞族东正教教堂与穆斯林清真寺教育比肩矗立，民族混居的居住区比比皆是，三大民族间的通婚也屡见不鲜。对此，美国学者麦格发出感言："在追求族群和谐的过程中，无论可能实现怎样的成功，这成功都可能会被不和谐弄得黯然失色。"他进一步评论道："南斯拉夫联邦，尤其是波斯尼亚的各个族群一直置身其中的相对和谐局面的忽然崩塌，提醒人们，那些通常被认为是历史久远和无休止的族群冲突，如何可能由较近的事件引起，并且也可能随着政治、经济和社会形势的变化以及新领导人的上台而跌宕起伏。"[①] 南斯拉夫联邦的和谐与不和谐的境遇转换，除了麦格所剖析的因素外，还有一个更为深层次的历史原因——南斯拉夫联邦没有做到以锐意创新的精神和原则，不断优化民族认同与国家认同关系建构样式。历史事实深刻昭示我们，民族认同与国家认同和谐关系建构样式同样需要坚持锐意创新的原则加以不断优化。

多民族国家发展演变过程中，能够提供给民族认同与国家认同关系建构的转换与优化的有利时机并不多见，有的良机甚至稍纵即逝。多民族国家必须保持锐意创新的精神和原则，对民族认同与国家认同关系的变动保持高度警觉，并随时抓住有利时机，根据民族认同和国家认同关系的特点和规律，及时调整和优化对二者关系的建构。历史与实践表明，一旦多民族国家的民族认同与国家认同建构方式发生僵化，或者民族认同与国家认同的建构能力遭受弱化乃至丧失，多民族国家也就难逃骚乱动荡乃至分崩离析的厄运了。

---

① 〔美〕马丁·N.麦格：《族群社会学：美国及全球视角下的种族和族群关系》，祖力亚提·司马义译，华夏出版社2007年版，第515、523页。

三、民族认同与国家认同和谐关系建构的支撑

历史与现实昭示，如果多民族国家不能向各民族成员提供基本均衡的经济生活保障、畅通灵活的政治参与机制、相对自由平等的文化发展空间和公平合理的社会福利依托，各民族就会转而寻求其他保护者，民族主义正好是可以取而代之的便捷选择。一旦发生这种情况，国内各民族成员的民族认同将超越国家认同，由此引发两种认同之间的矛盾冲突。此类矛盾冲突一般是通过民族之间的矛盾冲突而呈现出来的。迪米奇·戈仁堡曾较为全面地归纳了民族间冲突的五个主要原因，即文化差异、经济发展水平的差异、促进民族竞争的国家机制、行将瓦解的国家中民族成员所面临的安全困境，以及进行民族动员的民族冒进分子。[①]这启示我们，国家要避免此类矛盾冲突，应从经济、政治、文化和社会等向度，建构民族认同与国家认同的和谐关系。

（一）族际经济发展的和谐

族际经济发展和谐，是指多民族国家内部各民族经济发展的协调性、共享性，体现为各民族的经济发展是互惠互利关系，各民族经济发展差距保持在可接受区间内。历史表明，族际经济发展和谐是将多民族国家内部的各民族联结为一体的基本纽带，是民族认同与国家认同关系和谐的根基。马克思曾指出："在古代，每一个民族都由于物质关系和物质利益（如各个部落的敌视等等）而团结在一起。"[②]在当代世界，集中体现物质关系和物质利益的经济问题，仍然是影响民族团结的基本因素。国家认同必须建立在各民族彼此经济依存的基础上，并以经济互利关系支撑和拱卫。不同民族共存于同一国家和社会之中，需要有长期稳定的互惠互利的经济合作，即需要族际经济

---

① 戴晓东：《浅析族裔民族主义与公民民族主义》，载《现代国际关系》2002年第12期。
② 《马克思恩格斯全集》第3卷，人民出版社1972年版，第169页。

发展的和谐来做奠基。德国学者迪特·森格哈斯指出："一般说来，在同一个文化圈内，现代化水平较高的社会与现代化水平较低的社会在价值观方面出现的差别是很大的，它甚至大于分属不同文化圈而发展水平相当的社会价值观方面所呈现出的差别。"① 为了国家的统一和民族的团结，促进民族经济和谐发展十分重要。如果族际经济发展问题处理不好，民族间利益分配欠公平，经济发展差距不断拉大，各民族的国家认同必然受损。因为"我们所寻求建立的认同本质上是实用的，它们依赖于经济的基础，并且仅为促使和增进物质利益而寻求政治的表达"②。我们无法想象的是，"如果一国内各民族经济发展相差悬殊，或各民族有着独立的经济系统，彼此间缺乏相互依赖感和利害卷入，该共同体会赢得其统治下的民众的正当性支持"③。

族际经济发展的欠和谐问题是当今世界多民族国家现代化进程中普遍存在的现象。尤其是各国推进现代化进程中，工业的发展需要不断地开辟资金、原料、能源、和商品销售市场，开发较为滞后的少数民族地区可以相当程度上满足这种需求。这就刺激和推动着国内较发达地区的大民族向较落后的少数民族聚居地区大规模流动。一般而言，大民族受教育程度和工作效率高，移民进入少数民族地区之后，大多居住在城镇和工矿区，他们资金、技术雄厚、商业意识较强，在市场竞争中往往能够迅速占据较多的就业机会、较舒适的工作岗位、较重要的行政职位，成为开发事业的主导者、骨干队伍和主要获益者。同时，这既是一个新生产力要素转移和新生产方式扩张的过程，又是一个发掘新原料、新能源并将之作为初级产品输送国外或国内较发达地区的过程。在此情况下，少数民族原有的生产方式很有可能被彻底摧毁，沿袭千百年的谋生手段变得无用武之地，自然环境和社会环境遭到很

---

① 〔德〕迪特·森格哈斯：《文明内部的冲突与世界秩序》，张文武等译，新华出版社2004年版，第12页。
② 〔英〕安东尼·史密斯：《民族主义：理论，意识形态，历史》，叶江译，上海人民出版社2006年版，第147页。
③ 吴开松、解志苹：《论我国少数民族地区国族认同的构建》，载《中南民族大学学报》2008年第3期。

大破坏，而他们获得的补偿和收益却显得很不相称，甚至补偿和收益本身反而加剧了少数民族传统的社会结构、经济结构瓦解。这就很容易引发少数民族的"相对剥夺"感，这种情感酝酿到一定程度之后，就会演变为狭隘而强烈的民族认同意识，成为民族分裂主义、宗教极端势力和恐怖势力的思想根源和动力。在另一面，发达的大民族也可能因担心历史上已经形成的利益结构会受到改变，不愿意为民族国家的各个地区、各个民族的均衡发展承担责任，而企图通过实行各种形式的分离主义而独占现代化的好处。这就提出了一个值得多民族国家高度重视的问题，即"在国土开发过程中出现或加剧的地区经济差距，可能播下国土分裂运动的种子——或者是贫困地区闹分裂，或者是富裕地区闹分裂"[①]。

在当代历史进程中，因民族间经济发展不和谐而导致民族认同与国家认同冲突的事例很多。苏联解体的一个重要方面原因，就是在经济一体化过程中没有很好地解决各个民族共和国之间的族际经济发展和谐问题。苏联由于族际经济发展差距过大，分配不合理，结果无论是较发达的波罗的海沿岸加盟共和国，还是较落后的中亚、西伯利亚地区加盟共和国，都失去了彼此之间的认同和对苏联的国家认同。苏联解体的过程中，俄罗斯、乌克兰等在联盟中具有优势地位的地区之所以强烈地要求分离，很大程度上不是因为民族性，而是因为一些政治精英和部分民众想摆脱欠发达地区的"拖累"。据统计，俄罗斯在与各加盟共和国的经济交往中，是付出多于收入的一方。俄罗斯每年运到其他加盟共和国的产品要比输入的多300亿卢布，1988年俄罗斯全部利润的61%都上缴中央，用于全苏联和其他加盟共和国的发展。有人计算，如果按照世界价格同其他加盟共和国进行交易，俄罗斯每年还可多收入250亿卢布。因此，俄罗斯人普遍抱怨，他们成为各少数民族的"奶

---

① 宁骚：《民族与国家：民族关系与民族政策的国际比较》，北京大学出版社1995年版，第242页。

牛",同时又在各共和国中成为被优惠政策歧视的"二等公民"①。南斯拉夫的解体也具有同样的原因。南斯拉夫联邦共和国的解体原因,与其说是民族主义推动下的结果,还不如说是由于经济发展在地域间的严重失衡所带来的结果。"民族主义是这场剧变的受惠者,但它绝非肇事者。正因如此,世界各国才会对东欧政权的乍然崩解震惊不已,因为这项发展完全出乎预料。"②据分析,第二次世界大战刚结束时,南斯拉夫内部的地区差别并不算很大。1947年,最富的斯洛文尼亚人均收入只比最穷的科索沃地区人均收入高3.3倍。20世纪50年代,南斯拉夫各地区间的加权差异系数为0.34,与芬兰、希腊水平差不多,比意大利和西班牙还低。但是到了20世纪60—70年代,各地区之间的差别开始急剧扩大。随着地区差别的扩大,国家的整合程度开始下降,与阿尔巴尼亚接壤的科索沃地区抱怨自己是被遗忘的角落,与奥地利、意大利接攘的斯洛文尼亚则对援助落后地区越来越不耐烦,要求独立的声音最早便是来自这最穷和最富的地区。到1990年南斯拉夫解体前夕,两地的人均收入差别已达8倍之巨,使南斯拉夫成为世界上地区差别最大的国家之一,这是从经济分裂走向政治分裂的典型案例。③在印度尼西亚,由于经济上存在强烈的被剥夺感,早在苏加诺时期,外岛人与中央的矛盾就此起彼伏,地方叛乱接连发生。苏哈托上台后,因为经济的快速发展,也由于实施军事管制和政治独裁,这一情况有所好转,但是中央与地方权益分配、不同民族区域经济发展不平衡问题并未解决。这一问题在东亚金融危机后重新凸显。④以上事例无不表明,经济利益不平等、经济发展欠和谐所产生的心

---

① 王建娥:《民族分离主义的解读与治理——多民族国家化解民族矛盾、解决分离困窘的一个思路》,载《民族研究》2010年第2期;马戎:《"民族化"政策的影响及其后果——读萨尼〈历史的报复:民族主义、革命和苏联的崩溃〉》,载《中国民族报》2010年10月22日。
② 〔英〕埃里克·霍布斯鲍姆:《民族与民族主义》,李金梅译,上海人民出版社2000年,第200页。
③ 王绍光:《分权的底线》,中国计划出版社1997年版,第74—75页。
④ 郭艳:《民族分离运动与国家认同的建构——印度尼西亚个案研究》,载《国际论坛》2004年第5期。

理极易诱发民族认同与国家认同的矛盾冲突。

由上可知,在多民族国家建立起公平公正的资源分配体系,协调好民族地区与其他地区之间的经济关系,进而维持族际经济发展的和谐,对于维护民族认同与国家认同的和谐关系至关重要。不过,这不会是一蹴而就和一劳永逸就能解决的事情。它需要各个民族自觉地、持续地加以关注和维护,同时也"需要掌权者自觉地、持续地加以关注和审视"①。在此过程中,国家和各级政府需要特别关注少数民族的经济权益。江泽民曾强调:"在新的历史时期,搞好民族工作,增强民族团结,核心问题就是要积极创造条件,加快发展少数民族和民族地区的经济文化等各项事业,促进各民族共同繁荣。"②这段话不仅对当代中国,对当代世界的多民族国也同样具有普适性。

(二) 族际政治生活的和谐

族际政治生活的和谐,指的是多民族国家内部各民族之间政治生活关系的和谐。这涉及国家公权力对各民族政治生活的承认,对各民族政治利益关系的调适,是一个十分复杂敏感的问题。一般而言,民族认同与国家认同的矛盾冲突,最直接的原因就缘起于族际政治生活的矛盾冲突。迄今为止的人类历史表明,作为以文化为纽带联结在一起的民族,既是最为基本的人群共同体,也是最为稳定的人群共同体,同时还是最为重要的利益共同体。不同民族间存在着差异,但也有许多共同的特征,其中一个重要特征就是都有自己的政治生活。对于民族共同体而言,只有借助政治的方式,才能协调好民族内部关系,有效整合民族共同体,保持民族共同体的稳定。各民族在借助政治的方式争取、实现和维护自身利益的过程中,族际间发生矛盾、摩擦和冲突在所难免。20世纪末以来发生的世界热点问题,无不蕴含着深刻的民族政治内涵。③多民族国家只有维护好族际民族政治生活和谐,才能成功建

---

① 〔美〕罗伯特·杰克曼:《不需暴力的权力——民族国家的政治能力》,欧阳景根译,天津人民出版社2005年版,第126页。
② 《江泽民文选》第1卷,人民出版社2006年版,第183页。
③ 周平:《民族政治学》,高等教育出版社2007年版,第2—3页。

构民族认同与国家认同的和谐关系。

实现族际政治生活的和谐，首先就要承认、保障各个民族的应有政治权利。对于任何一个民族而言，政治权利都是最重要的民族利益保障。正是意识到这一点，各民族都十分渴望并且锲而不舍地追逐自己应有的政治权利。对这种渴望和追求的任何忽视或打压，都无济于事，甚至还会适得其反，引发各种暴力冲突乃至分离运动。菲利浦·罗伊德研究一些发生分离主义的国家后指出，在过去200年中几乎所有新建国家都是从既有制度框架发生的危机中产生的。这些民族能够独立建国的更重要原因，是原有国家政治制度失败，未能将该民族及其土地保留在其司法行政框架之内的结果。① 多民族国家如果不想让少数民族连同其世居土地从国家分离，就应该向国内所有民族提供足够政治空间，保证其自由发展和利益分享。这就涉及罗尔斯和哈贝马斯等人所说的"协商民主"、查尔斯·泰勒所说的"承认的政治"，以及菲利浦·罗伊德所说的包容能力等问题。② 多民族国家只有承认国内民族特别是少数民族的政治权利，并通过特定的制度设计确保其对国家政治权利的分享，方可保持社会稳定，促进民族团结，在各个民族之间建立政治互信。

实现族际政治生活的和谐，还必须整合与规范各民族的政治权利，尽量避免或消减以民族为界的"多元民族政治"。"多元民族政治"即国家权力以民族为单位进行分割，每个民族单位都集中于同一地域并享有绝对自治权利，每个民族都绝对平等地享有干部配置数额等，这无异于在一个国家内建立同质化的"亚国家政治集团"。应该清醒认识到，"多元民族政治"固然有利于承认和保障不同民族尤其是弱势民族的政治权利，但也人为地强化民族边界和加剧族际分割，不利于多民族国家团结和统一。正如有学者指出的："传统的以民族为基础的自治理论，是建立在民族地域共同体这个理论基础

---

① Philip.G.Roeder, *Where Nation State Come From:Institutional Change in the Age of Nationalism*, Princeton University Press, 2007：12.
② 王建娥：《民族分离主义的解读与治理———多民族国家化解民族矛盾、解决分离困窘的一个思路》，载《民族研究》2010年第2期。

之上的，即追求在本民族聚居的地区自主管理本民族地区的事务，这是亚国家模式。因此，民族自治理论本质上是分治的理论而非共治的理论。"[1]这在历史有着深刻教训，南斯拉夫即是典型案例。例如，南斯拉夫在实践中追求各民族平等和差异的绝对化，从承认民族利益差异性扩展到强调各民族经济独立性，在领导机构和干部配置上推行"各民族绝对平等"的原则。这表面上似乎有利于减少民族矛盾，实际上却陷入"多元民族政治""多中心国家主义"的误区，致使中央权威日渐衰微和民族主义势力不断上升，多民族国家联邦在日甚一日的"邦联化"畸变中最终不可避免地走向解体。[2]有鉴于此，多民族国家必须整合与规范各民族的政治权利，尽量避免或消减以民族为界的"多元民族政治"局面。多民族国家政治整合的目标，即是按照民族认同与国家认同和谐关系建构的原则，既要维护国家的政治一体地位，又要承认多样民族政治权利的存在，通过协调族际政治生活关系的冲突和矛盾，促进各个民族对国家或现存政治体系的强烈认同。要在保障少数民族适度自治的同时，吸纳其进入国家的政治体系和族际政治生活中对国家进行共同治理，通过自治、共治的辩证治理过程强化少数民族的国民意识，达成民族认同与国家认同的和谐关系。

（三）族际文化关系的和谐

族际文化关系和谐，是指不同民族文化之间、民族文化与国民文化之间的和谐共生、美美与共，它主张各民族文化一律互相尊重、取长补短、求同存异、协调发展，强调各民族文化都是国民整体文化的重要组成部分，都为其繁荣发展做了贡献，二者维持一种"多元一体"的关系。在多民族国家中，民族文化的相互尊重是彼此沟通的天然桥梁，是打通民族认同与国家认同的基本途径，维持族际文化关系和谐是实现民族认同与国家认同和谐关系的思想文化根基。

---

[1] 沈桂萍：《民族问题的核心是国家认同问题》，载《中央社会主义学院学报》2010年第2期。
[2] 余建华：《民族认同与南斯拉夫民族危机》，载《世界历史》2006年第5期。

为实现族际文化关系和谐,应在理论上厘清尊重多元与促进一体的辩证关系。一方面,只有尊重多元才能促进一体。对于任何一个民族而言,文化认同都居于民族认同的核心位置,需要得到应有的承认与尊重。实际表明,民族的国家认同与民族在国家中享受到的文化自由紧密关联。只有当各民族成员能够自由地生活在本民族的文化氛围之中,并且能以本民族的语言、习俗和方式生活与外部世界平等交往互动,他们才能切实感受到国家和其他民族对本民族文化的承认和尊重,才能感受到个人自由和民族的自由,并且因此而自觉地认同于所属的多民族国家。[1]如果民族间文化发展不和谐,一些民族因文化差异遭受歧视,就会导致他们发生强烈的愤懑情绪,这种心理反应往往会成为民族矛盾冲突,乃至民族分离活动的起源。加拿大学者查尔斯·泰勒就曾指出:"一个世纪以来民族主义政治汹涌澎湃,其部分原因就是人们感受到周围其他人的轻视或尊重。多民族社会之所以可能分裂,其中一个主要原因是某个群体不能得到其他群体对其平等价值的(可以感觉到的)承认。"[2]另一方面,只有促进一体才能更好尊重多元。任何国家的团结稳定,都需要有一定的同质性文化内核做支撑。客观上讲,族际文化的多元差异性的确不利于民族经济的和谐发展,不利于国家社会整合与政治稳定,这就需要在尊重多样的基础上促进一体。对于弱势民族群体而言,文化上的平等独立并不能帮助改变经济上的不平等。他们一般处于社会的边缘区域,如果不能融入主流社会文化,就无法获取更多更好的发展机会,由此形成文化隔阂之上的经济社会分化,而这种往往是民族成员"相对剥夺感"的产生根源。同时,在多民族国家里,多民族文化的存在意味着多元价值观或多元主义、主文化与亚文化的并存,这对多民族国家的团结稳定会是一种考验。按照约翰·霍普金斯大学的学者威廉·E.康诺利的说法,植根于多元文化的多元主义"不接受任何一种单一的价值作为理想,但其本身的多重的方式

---

[1] 王建娥:《民族分离主义的解读与治理———多民族国家化解民族矛盾、解决分离困窘的一个思路》,载《民族研究》2010年第2期。
[2] 汪晖、陈燕谷:《文化与公共性》,生活·读书·新知三联书店1998年版,第322页。

起作用"。这就意味着，任何未经融合的亚文化都带来或多或少的问题，最坏的便是构成对一国政治系统的威胁。①如果出现这种情况，那么在随之而来的社会动荡、战乱纷争中，各民族的多元民族文化就不可能获得相互间的包容与尊重。因此，我们十分有必要在尊重多样的基础上促进一体。对此一道理，列宁的论述十分深刻："各民族共同的文化，以绝对宽容的态度对待用何种语言进行宣传的问题和在这种宣传中如何照顾一些纯地方的或纯民族的特点问题。这就是马克思主义的绝对要求……任何在涉及无产阶级的问题时把某个民族文化当作整体同另一个据说是整体的民族文化相对立等等的行为，都是资产阶级民族主义，应该与之作无情的斗争。"②

为维持族际文化关系的和谐，应在实际当中推行"多元一体"民族文化政策。其一，我们必须承认并尊重民族文化多样性。在对待不同民族文化上，应如费孝通所说的："首先要承认各人群的'各美其美'，然后要使具有不同价值观点的人群去互相理解别人的价值观点，首先要以容忍的态度来尊重别人与自己不同的观点。在共同合作和思想交流中逐步地认同于相同的价值观点。这个过程中，必然要有一个时期使不同的价值观点在相互的容忍中共同存在，不相排斥。"③我们必须深刻认识到，"要求遗忘过去以及一个人赖以形成自我感和认同感的文化渊源，是强迫性的和不公正的，一个国家提出这样的要求是不恰当的"④。其二，应着力推进各民族的价值与文化整合。为维护多民族社会的团结稳定，多民族国家应采取辩证统一的和谐思维范式，推进社会价值和民族文化整合。要在多元民族价值基础上打造核心价值体系，形成社会团结稳定所需要的价值共识和共同文化根基。核心价值体系是社会运行的方向盘，是维系多民族国家统一与稳定的核心要素。因为

---

① 孙正甲：《生态政治学》，黑龙江人民出版社2005年版，第217页；张友国：《亚文化、民族认同与民族分离主义》，载《西南大学学报》2007年第4期。
② 《列宁选集》第2卷，人民出版社1995年版，第345—346页。
③ 《费孝通论文化与文化自觉》，群言出版社2005年，第250页。
④ 〔英〕C.W.沃特森：《多元文化主义》，叶兴艺译，吉林人民出版社2005年版，第30页。

"只有那些共享的价值观、象征符号以及彼此接受的法律—政治秩序，才能提供必要的、广泛流行的合法性：顶层的一致协议和国际上的承认，都不足以构建或确认一个国家"[①]。至于主文化与亚文化之间的差异，则须通过积极构建同质文化的内核予以解决。列宁就曾坚决反对狭隘的民族政治亚文化意识，他指出："谁拥护民族文化的口号，谁就只能与民族主义市侩为伍，而不能与马克思主义者为伍"，"提出'民主主义的和全世界工人运动的各民族共同的文化'这个口号，只是从每一个民族的文化中抽出民主主义和社会主义的成分……这些成分只是并且绝对是为了对抗每个民族的资产阶级文化、资产阶级民族主义"，"反对一切民族压迫的斗争是绝对正确的。为一切民族发展，为笼统的'民族文化'而斗争是绝对不正确的"[②]。可见，列宁提倡的是同质的各民族共同文化，并以此反对狭隘的民族政治亚文化。那么，在当代多民族国家里，如何克服狭隘的民族文化，并将多元民族亚文化逐渐融入国家主文化呢？我们主要可以通过两种方式推进亚文化的融合：一是培养各民族的骨干人物，使之怀有强大的国家认同观念。二是在尊重各民族文化权利的基础上打造同质文化内核，奠基国民文化与民族文化和谐共生基础。无疑，保持一定程度的国民文化同质性是增强凝聚力、保持稳定的重要基础，但这应坚持民族认同与国家认同的和谐关系建构取向，即把国民文化的同质性建构与民族文化的多样性存在看成辩证统一体。事实上，从多元民族文化继承而来的国民文化，会得到各民族的广泛认同和自觉吸纳。这一过程往往是通过鼓励不同民族在长期交流中渐进实现的。只要民族亚文化与国民主文化保持同向性发展，二者就不会发生冲突。概言之，为了建构民族认同与国家认同和谐关系，多民族国家文化认同建设绝不能以一元文化取消文化多样性，也不能对各种民族亚文化放任自流，使之与国家共性文化多元平行

---

① 〔俄〕瓦列里·季什科夫：《苏联及其解体后的族性、民族主义及冲突——炽热的头脑》，姜德顺译，中央民族大学出版社2009年版，第465—466页。
② 《列宁选集》第2卷，人民出版社1995年版，第337页；《列宁选集》第1卷，人民出版社1995年版，第347页。

发展，而是要实行有重点、分层次的文化引领，形成一元主导、多样共存的"多元一体"族际文化和谐关系。

（四）族际社会福利的和谐

族际社会福利的和谐，是指在一国之内各个民族成员都能"总体上平等"地享受国家提供的包括就业、教育、社会保障等方面的公共性服务。之所以强调"总体上平等"，是因为平等并非是平均主义。由于一些少数民族存在经济社会发展水平上的"事实上不平等"，以及一些民族成员存在身体、智力、家庭背景等方面的缺陷与不足，导致在享受国家公共性服务方面存在能力之局限，因而需要国家在社会福利方面给予一定的倾斜，比如提供教育、就业、财政税收等方面的优惠政策。事实表明，实施"有差别"但"总体上平等"的族际社会福利制度，是当代多民族国家建构和谐的民族认同与国家认同关系的有效办法。

福利系统属于直接影响民众日常生活和抗风险能力的社会资源再分配领域，对于国家认同具有重要支撑作用。多民族国家在很大程度上是通过福利系统这样一个中介，推动民族成员与国家之间的关系——特别是各民族成员对多民族国家的信任和依赖关系的重建，使得多民族国家的边界和形象在各民族成员的心目中清晰起来，从而从根本上解决多民族国家认同的实现和强化问题。和谐的族际社会福利制度之所以能够推动多民族国家认同，一个很重要的原因在于，它使国家成为各民族成员的"本体性安全"载体。[①] 社会学家吉登斯指出："个体行动者对对象世界连续性和社会活动构造抱有信任感。这种信任感的基础，在于这些行动者与他们的日常生活过程里进行活动的社会情境之间，存在着某些可以明确指出的关联。"[②] 在一个不确定的社会中，族际社会福利和谐的国家能够成功地在民族成员个体及其日常生活环境

---

① 李友梅、肖英、黄晓春：《社会认同：一种结构视野的分析：以美、德、日三国为例》，上海人民出版社2007年版，第16—18页。

② 〔英〕安东尼·吉登斯：《社会的构成：结构化理论大纲》，李康等译，生活·读书·新知三联书店1998年版，第133页。

之间建立了亲密而稳定的联系，从而获得民众的积极性认同。

实现族际社会福利的和谐，一是要杜绝对少数民族的歧视，保障少数民族与主体民族同样公平享受国家的所有公共性福利。因为只有如此，才能促使少数民族与主体民族之间形成"一体感"，自觉在民族认同基础上形成强烈的国家认同。任何忽视、歧视少数民族，不给于其公平享受公共性福利的"国民待遇"，必将引起他们内心的愤懑感和行动上的疏离倾向。在当代国家中，对此的佐证材料比比皆是。正面的例子可以在我们自己身边找到：中国共产党及其建立的中华人民共和国，之所以能够在很短时间内获得56个民族的普遍认同，其中一个重要的因素在于，她在中国历史上第一个建起了一套全民性社会福利制度。虽然这个制度仍不够完善，却是覆盖国内各民族的社会福利制度，这大大提高了各民族群众的生活质量和抗风险能力。反面的例子则是，2005年10月在法国巴黎郊区爆发的规模浩大的移民后裔暴动事件。1945年以来，法国建立了十分复杂、完备的社会福利体系，有效促进了法国的民族国家认同。但由于法国社会深刻的民族主义传统，这些福利制度在面对外来移民及其后裔时出现了严重偏差，不能使后者真正受惠，造成后者在生活上、权利上、工作上同法国本土居民之间的严重隔阂，使他们对法国的民族国家认同大打折扣。一些移民后裔在接受采访时愤然说道：我是法国人，但不是"真正的"法国人。言下之意，他们在理论上已经是法国人了，但在真实的公民权利上却被排斥在法国人之外。这种社会认同的危机促使一些移民后裔忍无可忍，一有机会就揭竿而起，于是就有了这次暴动。[①]

实现族际社会福利的和谐，二是要注意克服、消减各种民族优惠政策的负面面性影响。国家针对少数民族实施一些倾斜性的民族优惠政策，这对提高少数民族经济社会发展水平，提升少数民族国家认同，具有重要意义。但是从辩证视角看，虽然民族优惠政策的目标主要是为了协调民族关系，但其政策效果却经常是复杂的，也会存在负面影响，需要关注和克服。第一，

---

① 李友梅、肖英、黄晓春：《社会认同：一种结构视野的分析：以美、德、日三国为例》，上海人民出版社2007年版，第16—18页。

优惠政策的负面影响是将缩小民族差距的社会代价转移到个体竞争者身上，这在一定程度上引起受惠民族成员的"优越感"，以及主体民族成员内心的"不公平"感，客观上不可避免带来民族隔阂。诚如有论者指出的："这种特殊照顾很可能会成为强化其民族认同感，增加国内民族之间隔阂的重要诱因，因为这种做法在某种程度上有悖于各民族一律平等的原则，有故意制造民族差别的嫌疑，因而不利于国家安全局面的缔造。"[①] 第二，优惠政策的确帮助了一批有才能和发展潜力的少数民族克服困难脱颖而出，培养出一批民族人才，但也可能会使得一些少数民族成员躺在优惠政策上不思进取。关于对少数族群的优惠政策的社会效果，国外社会学界开展了不少调查研究，如关于美国政府对于黑人提供的各项优惠政策效果的分析发现，这些政策对黑人的发展和自强而言，既有积极的后果也有消极的后果。从积极方面看，帮助了一批有才能和潜力但只靠自己奋斗确实有困难的黑人脱颖而出，培养出一批黑人社会精英；从消极方面看，也使得一些黑人躺在社会福利上生活，而不愿就业或努力工作。这一现象也引起部分白人的不满，认为是他们的劳动成果在养活着"种族寄生虫"。在美国总统选举和地方选举中，对于政府的种族政策、福利政策的辩论生动地反映出不同群体和不同思考角度的各类观点。[②] 第三，尽管民族优惠政策的性质是临时性的，但一旦开始实施，就会形成某种程度的"路径依赖"，从而导致停止执行可能引发社会问题。如 1990 年 1 月俄罗斯联邦议会提出的"卢曼切夫计划"，以保证不同地区公民权利平等为理由，建议取消包括区域自治在内的对少数民族的优惠政策，结果遭到所有民族共和国和其他民族地区的强烈反对，最终流产。[③] 对于民族优惠政策的上述负面影响，我们如果听之任之，就会导致与政策制定初衷相反的后果。克服、消减民族优惠政策的负面作用，有三点可行措施：

---

① 桂银才、徐祗朋：《关于增强各民族国家认同的几点思考》，载《武警学院学报》2006 年第 6 期。
② 马戎：《民族社会学——社会学的族群关系研究》，北京大学出版社 2004 年版，第 534—535 页。
③ 关凯：《族群政治》，中央民族大学出版社 2007 年版，第 120—121 页。

第一，要明确民族优惠政策的过渡性质。要让包括少数民族在内的所有国民认识到，民族优惠政策的实施只是为了帮助少数民族地区尽快脱离贫困落后状况，而非永恒性政策，我们社会需要从实行少数民族优惠政策的历史时期向不再需要并可以逐步取消这些优惠政策的历史时期过渡。第二，要引导少数民族从"政策依赖"转为"自立自强"，帮助他们尽快提高本民族的素质和能力，更多依靠自己的实力实现真正民族平等，而切不可将优惠政策看作"天经地义"的社会福利。第三，对民族优惠政策的效果进行科学评估，并适时做出实事求是的动态调整与修改完善。

第五章　当代中国民族认同与国家认同的和谐关系建构思考

中国是各族人民共同缔造的统一多民族国家，56个民族共同创造了祖国悠久的历史和灿烂的五千年文明。新中国成立以来，中国共产党和国家政府坚持把马克思主义与中国国情相结合，开辟了中国特色社会主义民族认同与国家认同和谐关系的建构思路，民族工作取得举世瞩目的成就，为当代世界提供了一种可供借鉴的成功案例。不过，伴随中国进入矛盾凸显的社会转型期，加之外国敌对势力的长期肆意干涉和极端主义、民族分裂主义和恐怖主义"三股势力"的冲击挑战，以及民族政策存在的一些不完善，中国也难免存在局部地方的民族认同与国家认同欠和谐问题。如何根据世情、国情的发展变化，按照解放思想、实事求是和与时俱进的思想路线要求，进一步深化当代中国民族认同与国家认同的和谐关系建构，进而推进各民族的共同团结奋斗、共同繁荣发展，是关系中国安全稳定的一项重要工作。

一、当代中国民族认同与国家认同和谐关系建构的进展

新中国成立以来，党和政府牢牢把握各民族共同团结奋斗、共同繁荣发展的主题，坚持以马克思主义民族理论为指导，立足本国国情，总结历史经验教训，借鉴世界其他国家做法，确立并实施了以民族平等、民族团结、民族区域自治和各民族共同繁荣为基本内容的民族理论与政策，形成了中国特色的民族认同与国家认同和谐关系建构理论体系。历史与实践表明，当代中

国的民族认同与国家认同和谐关系建构是科学合理的，并因此取得了举世瞩目的成就。

（一）当代中国民族认同与国家认同和谐关系建构的形成

中国民族认同与国家认同和谐关系建构的形成过程，是一个马克思主义民族理论的中国化过程，凝聚了数代党和国家领导集体的心血和智慧：首先，以毛泽东同志为核心的党的第一代中央领导集体，坚持把马克思主义民族理论同中国民族问题的具体实际相紧密结合，建立起了民族平等、民族团结、民族区域自治、各民族共同繁荣的基本原则和基本政策，初步确立中国特色社会主义民族认同与国家认同和谐关系建构框架。其次，以邓小平同志为核心的党的第二代中央领导集体，对文化大革命期间的错误民族理论和政策进行拨乱反正，强调了社会主义时期民族问题的性质总体上属于人民内部矛盾，实现了民族工作重心向经济建设转移，领导制定了《中华人民共和国民族区域自治法》，推进了民族地区的改革开放和社会主义现代化建设，发展了中国特色社会主义民族认同与国家认同和谐关系建构。第三，以江泽民同志为核心的党的第三代中央领导集体，正确把握时代特征，丰富和发展了马克思主义民族理论的科学内涵和党的民族工作方针政策，强调各民族要始终同呼吸、共命运、心连心，不断增强中华民族的凝聚力，做出实施西部大开发战略等一系列加快少数民族和民族地区发展、增进民族团结的重大决策，全面开创了中国特色社会主义民族认同与国家认同和谐关系建构新局面。第四，以胡锦涛同志为总书记的党中央，提出各民族共同团结奋斗、共同繁荣发展是新世纪新阶段民族工作的主题，正确处理民族问题是衡量党的执政能力和各级党政组织领导水平的重要标志，强调解决民族地区的困难和问题归根结底要靠发展，关键要坚持以科学发展观统领经济社会发展全局，着力建构社会主义和谐社会，进一步推动了民族认同与国家认同和谐关系建构的新发展。中国共产党和中国政府经过长期探索与实践而形成的民族认同与国家认同和谐关系建构体系，是对马克思主义民族理论的进一步丰富和发展。从内容上分析，经过60多年来的探索发展，中国民族认同与国家认同和谐关系建构已初步形成独具特色的理论体系，可将之概

括为如下几个方面：①

第一，提出民族新内涵，认为民族是在一定的历史发展阶段形成的稳定的人们共同体。一般来说，民族在历史渊源、生产方式、语言、文化、风俗习惯以及心理认同等方面具有共同的特征，有的民族在形成和发展的过程中，宗教起着重要作用。这是历史唯物主义的民族科学内涵，充分肯定了民族和民族认同的客观实体性，为民族认同与国家认同和谐关系建构奠定了思想认识基础。

第二，强调民族的产生、发展和消亡是一个漫长的历史过程，在人类社会发展的进程中，民族的消亡比阶级、国家的消亡还要久远。这是对民族及民族认同发展规律的科学阐述，是对马克思主义民族理论的继承发展，为民族认同与国家认同和谐关系建构奠定理论依据。

第三，指出社会主义时期是各民族共同繁荣发展的时期，各民族间的共同因素在不断增多，但民族特点、民族差异和各民族在经济文化发展上的差距将长期存在。这是当代中国民族认同与国家认同和谐关系建构的初级目标的科学定位。

第四，强调民族问题既包括民族自身的发展，又包括民族之间，民族与阶级、国家之间等方面的关系。在当今世界，民族问题具有普遍性、长期性、复杂性、国际性和重要性。这指明了民族认同与国家认同和谐关系建构的复杂性、长期性和重要性，因此必然要求坚持统筹兼顾、锐意创新的原则方法。

第五，指出中国特色社会主义道路是解决中国民族问题的根本道路，中国只有在建设中国特色社会主义、实现中华民族伟大复兴的共同事业中才能逐步解决好民族问题。这秉持了民族认同与国家认同和谐关系建构的立足国情原则，同时也强调了建构的正确方向——只有沿着共产主义目标前进的社会主义道路，才是民族认同与国家认同的和谐关系建构的根本正确道路。

---

① 《民族工作文献选编：2003~2009》，中央文献出版社 2010 年版，第 91—93 页。

第六，强调中国是各民族人民共同缔造的统一的多民族国家，祖国统一是各族人民的最高利益，各族人民都要继承和发扬爱国主义传统，自觉维护祖国的安全、荣誉和利益，反对一切外部势力利用民族问题对中国进行渗透、破坏和颠覆活动。这指明民族认同与国家认同和谐关系建构的实质在于确保国家认同的首要位置，即任何时候民族认同都不应超越国家认同。

第七，强调平等、团结、互助、和谐是中国社会主义民族关系的本质特征，国家应该为少数民族创造更多更好的发展机会和条件，保障各民族的合法权利和利益，同时各族人民都有义务维护宪法和法律的尊严。强调各民族相互离不开，要互相尊重、互相学习、互相合作、互相帮助，不断巩固和发展全国各族人民的大团结，构建社会主义和谐社会等。这是民族认同与国家认同和谐关系建构"多元一体"特征的深刻呈现，是对求同存异同建构原则的具体规定。

第八，强调"两个共同"是现阶段民族工作的主题，将加快帮助少数民族和民族地区经济社会发展看作现阶段民族工作的主要任务和解决民族问题的根本途径。要求长期坚持和不断完善民族区域自治。强调国家尊重和保护少数民族文化，鼓励各民族加强文化交流。国家重视培养选拔少数民族干部和培养民族地区现代化建设需要的各级各类人才，等等。这些都是对民族认同与国家认同和谐关系建构的经济、政治、文化、社会等支撑维度提出的全面而具体要求。

（二）当代中国民族认同与国家认同和谐关系建构的成就

历史与实践表明，新中国成立以来，党和国家的民族认同与国家认同和谐关系建构具有科学合理性，并因此取得了举世瞩目的成就，主要表现在：推动民族地区快速发展，各民族的国家认同大幅提升；促进民族团结合作，有效抵御了分离主义势力的分裂图谋；长期维护和谐稳定，为世界提供可供参考的成功案例。

首先，中国的民族认同与国家认同和谐关系建构推动了民族地区快速发展，使各民族的国家认同感大幅提升。新中国成立以来特别是改革开放以来，中国共产党引导各族人民共同走上社会主义道路，实现了中华民族发展史上最广泛深刻的社会变革；确认了56个民族成分，实现了各族人民共同当家作主、管理国家事务；建立、巩固和发展了社会主义民族关系，实现了空前的民族大团结；各民族自治地方在国家统一领导下实行民族区域自治，拥有了自主管理本地区内部事务的权利；支持和帮助民族地区发展生产力，实现了少数民族群众生产方式和生活水平的历史性飞跃；大力发展民族地区社会文化事业，实现了少数民族群众综合素质的全面提高；大力培养少数民族干部和各类建设人才，密切了党同少数民族群众的关系。[①]在此过程中，各族人民的中华民族认同和国家认同得以大幅加强和巩固，"56个民族已结合成相互依存的、统一而不能分割的整体，在这个民族实体里所有归属的成分都已具有高一层次的民族认同意识，即共休戚、共存亡、共荣辱、共命运的感情和道义"[②]。有调查显示，中国西部少数民族表现出高度的中华民族认同和中国认同，94.7%的人认同"每一位中国人不管是哪个民族都是中华民族的一员"；95.7%的人"为自己是中华民族的一员而骄傲"；92.4%的人认同"当中华民族受外敌入侵时，每一个中国人不论哪个民族都应奋起反抗"；95.7%的人认同"中国是一个由56个民族组成的大家庭"。[③]还有调查显示，少数民族大学生对"各少数民族文化是中华文化的一部分"认同度较高，有94.4%的少数民族大学生对此表示"很赞同"和"赞同"。在"每个民族的前途和命运都同中华民族的前途和命运紧紧联系在一起"的调查中发现，92.9%的少数民族大学生对此表示"很赞同"和"赞同"。少数民族大学生对国家的形成历史、领土主权、政府能力、价值观念、国家形象都有高度认知与认同。如在"中华人民共和国960万平方公里领土神圣不可侵犯"选项中，表示"很赞同"和"赞同"的为94.1%；在"我国是各族人民共同缔造的统一多民族国家"选项中，表示"很赞同"和"赞同"的为94.9%；

---

① 《民族工作文献选编：2003~2009》，中央文献出版社2010年版，第93页。
② 费孝通：《简述我的民族研究经历和思考》，载《北京大学学报》1997年第2期。
③ 马克林、邓美：《西部少数民族政治认同心理探析》，载《北方民族大学学报》2009年第6期。

在"社会主义核心价值观对于构建社会主义和谐社会意义重大"选项中，表示"很赞同"和"赞同"的为92.4%；在"新中国成立以来我国的国际地位不断提升"项，表示"很赞同"和"赞同"的为94.5%；在"我国政府在地震等突发事件中的应急处理能力不断增强"选项中，表示"很赞同"和"赞同"的为87.7%。这表明少数民族大学生对于国家综合实力的增强、国家形象的提升有十分强烈的感知，无论是从自然属性、历史属性、政治属性，还是价值属性来看，少数民族大学生对国家整体认同都具有一定的高度。[①]这些相关调查数据，或许由于抽样调查数量所限，会存在一定的局限性，但也窥斑见豹地反映出各民族国家认同得以大幅提升的事实。这是全国各族人民共同团结奋斗的重大成果，是中国特色社会主义事业的伟大胜利，也是党和国家民族认同与国家认同和谐关系建构的巨大成功。

其次，中国民族认同与国家认同的和谐关系建构致力于民族团结合作，有效抵御了分离主义势力的分裂图谋。中国民族认同与国家认同的和谐关系建构，强调"和而不同""求同存异"，既保障了少数民族的权益，又致力于各民族团结合作，能够有效抵御分离主义势力的分裂图谋。如中国虽然实施民族自治，但它既不同于以单一民族聚居为基础、各民族可以轻易分离的联邦制，也不同于将少数民族隔离在偏远落后地区，令其远离现代文明发展的"保留地"，而是在少数民族聚居地方实行一种民族因素和地域因素结合、经济因素和政治因素结合的"区域自治"，因此在本质上是一种着眼于各民族"合"的和谐关系建构制度，是维护国家统一稳定和民族团结发展的制度。对此，李维汉早在1951年12月就精辟指出："民族的区域自治，是中华人民共和国领土之内的，在中央人民政府统一领导下的，遵循着中国人民政治协商会议共同纲领总道路前进的，以少数民族聚居区为基础的区域自治（不应以少数民族所占当地人口的一定比例为基础，这种看法是错误的，违反共同纲领的）。这是一个总原则和大前提。对这个总原则和大前提，不可有任

[①] 沈壮海：《思想政治教育发展报告2011》，高等教育出版社2011年版，第345—385页。

何的动摇。"① 周恩来在 1957 年 8 月也曾强调指出："在中国这个民族大家庭中，我们采取民族区域自治政策，是为了经过民族合作、民族互助，求得共同的发展、共同的繁荣。中国的民族宜合不宜分。我们应当强调民族合作，民族互助；反对民族分裂，民族'单干'。我们民族大家庭采取民族区域自治制度，有利于我们普遍地实行民族的自治，有利于我们发展民族合作、民族互助。我们不要想民族分立，更不应该想民族'单干'。这样，我们才能够真正在共同发展、共同繁荣的基础上，建立起我们宪法上所要求的各民族真正平等友爱的大家庭。"② 这十分深刻地道出了民族区域自治的真谛——中国民族区域自治是在打造各民族共同团结奋斗、共同繁荣发展的政治基础，它有利于"合"而不利于"分"。正是为体现这种"合"，在西藏自治区的设立问题上，中央没有采纳将所有藏族聚居区都合并为一个自治单位的意见，也没有采纳仅在壮族集中的桂西建立广西自治区的建议。为体现这种"合"，成立新疆维吾尔自治区时，没有赞成采用维吾尔斯坦这个名称。西藏、内蒙的名称是双关的，又是地名，又是族名，这里有一个民族合作的意思在里面。③ 同样为了体现这种"合"，《中华人民共和国民族区域自治法》明文规定，"民族区域自治是在国家统一领导下，各少数民族聚居的地方实行区域自治，设立自治机关，行使自治权"，"民族自治地方设立自治机关，自治机关是国家的一级地方政权机关"，"民族自治地方的自治机关必须维护国家的统一，保证宪法和法律在本地方的遵守和执行"，"民族自治地方的自治机关要把国家的整体利益放在首位，积极完成上级国家机关交给的各项任务"等。④ 历史证明，民族区域自治"合"的因素有效抵御了"东突势力""藏独分子"以及栖居西方的少数人所鼓噪的"南蒙古运动"等分离主义的分裂企图。正因为这一点，国内外敌对势力、分裂主义分子始终在攻

---

① 李维汉：《统一战线与民族问题》，人民出版社 1981 年版，第 464 页。
② 《周恩来选集》下卷，人民出版社 1984 年版，第 261 页。
③ 《周恩来选集》下卷，人民出版社 1984 年版，第 257、260 页。
④ 《民族工作文献选编（1990~2002 年）》，中央文献出版社 2003 年版，第 311—312 页。

击和诋毁这一制度,企图谋求"高度自治""独立建国"。时下"藏独"分子就反复声称要"整合所有藏区,并获得完全的自治权力"[①]。可见,在分裂分子眼中,包括民族区域自治在内的民族认同与国家认同和谐关系建构是"巨大阻碍",而在我们看来,这却是维护国家统一、民族团结的"钢铁长城"。

第三,中国的民族认同与国家认同和谐关系建构为世界提供了可供参考的成功案例。中华人民共和国成立后,中国共产党和中国政府在处理民族问题上采取了许多具有创造性的政策,优待少数民族,促进国家整合,建立起了一整套以"民族平等、民族团结和民族区域自治"为核心的民族认同与国家认同和谐关系建构体系,并一直延续至今。这些政策在20世纪50年代很快取得了历史性的成就,在中国领土疆域之内,国家将自己和少数民族密切连接起来,国家在历史上第一次全面进入"天高皇帝远"的少数民族社区。对于中国少数民族来说,他们在历史上第一次拥有了与主体民族或曾居于统治地位的特定少数民族平等的身份和地位,第一次在实践意义上成为现代国家的公民。如果以20世纪50年代的眼光观察,全世界范围之内,中国的民族政策极具感召力,它不仅是一种历史性贡献,更代表了人类社会一种"先进的"价值取向:民族无论大小,一律平等。换句话说,这是当时世界上最好的民族政策。而恰恰在此时,种族隔离在美国还是合法制度,苏联最高苏维埃还没有考虑恢复车臣—印古什自治共和国的建制,被迫失去家园的近40万车臣人和近10万印古什人还位于中亚和西伯利亚的流放地苦苦挣扎,亚非拉许多民族还在西方殖民者统治下充当"二等"甚至更低等的公民。中国革命以一种革命化的方式奠定了中国作为一个统一的多民族国家保持和谐的民族关系的社会基础,其基本理念与经验为后世留下了弥足宝贵的

[①] 郝时远:《构建社会主义和谐社会与民族关系》,载《民族研究》2005年第3期;王希恩:《也谈在我国民族问题上的"反思"和"实事求是"——与马戎教授的几点商榷》,载《西南民族大学学报》2009年第1期。

精神遗产。① 而时至今日，随着民族认同与国家认同和谐关系建构的深入推进，中国各民族之间的经济政治文化社会交往，较之半个世纪之前，又不知密切了多少倍。尽管中国仍未达到民族融合的阶段，民族、民族认同以及民族认同与国家认同之间的张力仍将长期存在，但是各民族的中华民族认同、国家认同意识大幅提升，整个国家长期保持了民族平等、团结、互助、和谐的良好关系，这在当今世界也是十分难得的。正如邓小平所指出："我们的民族政策是正确的，是真正的民族平等。我们十分注意照顾少数民族的利益。中国一个很重要的特点就是没有大的民族纠纷。"② 回良玉在2006年国家民委全体会议上也指出："我们实行民族区域自治制度的成就和经验，对世界上一些多民族国家产生了重大影响，被称作解决民族问题的'中国模式'。要认真总结、大力宣传中国民族区域自治制度的成功经验，进一步增强坚持和完善这一基本政治制度的坚定性和自觉性。"③ 费孝通从理论角度明确提出：不同国家、民族、宗教、文化的人们，如何才能和平相处，西方文明即欧美文明并没有解决好这个问题，这些年发生了很多冲突和战争。中国传统文化的"和而不同"的思想和中国当代民族政策在促进世界民族和平相处、共同发展反面具有重要启发意义。④ 所有这些都是对中国民族认同与国家认同和谐关系建构所取得成就的客观评价。实践证明，中国的和谐关系建构"经受住了国内外形势发展变化的种种考验，无论在当今世界，还是在中国历史上，新中国的民族关系都是最好的"⑤，这无疑给当代世界其他多民族国家提供了值得借鉴的成功案例。

---

① 关凯：《族群政治学》，中央民族大学出版社2007年版，第258页。
② 《邓小平文选》第3卷，人民出版社1993年，第362页。
③ 《民族工作文献选编：2003~2009》，中央文献出版社2010年版，第171页。
④ 费孝通：《多元一体 和而不同》，载《人民日报（海外版）》2000年7月27日。
⑤ 《新中国民族工作十讲》，民族出版社2006年版，第121页。

二、当前中国民族认同与国家认同和谐关系建构所面临的问题与挑战

中国民族认同与国家认同的和谐关系建构取得了举世公认的成就,但是这并不意味着我们从此可以裹足不前或高枕无忧。首先,"一个具有先进理念的制度模式的确立,并不意味着这个制度已经充分实现了它应有的优越性"[1],中国民族认同与国家认同和谐关系建构尽管已经表现出巨大优越性,但这仅仅是初级阶段的和谐关系建构,其建构的理念和制度模式等仍需要在长期实践中不断完善。第二,民族认同与国家认同和谐关系建构本身就是一个动态的过程,具有长期性、复杂性、反复性等特征。随着时代发展变化,影响民族认同与国家认同和谐关系的新问题、新矛盾会不断涌现,与之相应,民族认同与国家认同和谐关系建构的理论和政策等也需要锐意创新,跟上时代发展步伐。第三,民族认同与国家认同和谐关系建构需要具备系列配套措施、支撑条件和运行机制等,比如要有一支执政能力很强的干部队伍,有一套成熟健全的民族事务管理制度和法律,有系列公平高效的族际利益协调机制,有高度发达的物质生产力和精神文明支撑体系,有一个讲求和平发展的国际环境作保障等。这些方面的缺位或者不足,民族认同与国家认同的和谐关系建构也是无法自足的。而这些方面,正是我们今后需要大力建设与完善的。概言之,虽然当代中国民族认同与国家认同和谐关系建构已经基本确立,也取得了巨大成就,但仍然是不够健全、不够完善和不够成熟的初级阶段建构。这就意味着,当前中国民族认同与国家认同和谐关系建构仍将面临着诸多问题与挑战。如果处置不当,导致这些问题与挑战交互作用,就很可能会引发民族认同与国家认同的矛盾冲突,并因此引发暴力事件发生。对此,我们必须保持高度警惕。

---

[1] 郝时远:《构建社会主义和谐社会与民族关系》,载《民族研究》2005年第3期。

（一）社会转型期带来的冲击和挑战

任何一种民族认同与国家认同关系建构取向都需要有相应的支撑系统，而"构成以民族国家为取向的社会认同的基础性支撑在中观层次上主要有三个方面的内容：社会福利系统、社会意义系统和社会组织方式"①。这种支撑系统的培育需要较长时期，一旦形成则具有很强的稳定性。不过，每逢社会转型时期，民族认同与国家认同关系建构就会因支撑系统转变不及时而受到极大的冲击和挑战。当前，中国恰逢计划经济向社会主义市场经济、传统社会向现代社会的社会转型期，其突出特征是"经济体制深刻变革，社会结构深刻变动，利益格局深刻调整，思想观念深刻变化"②。在此背景下，民族认同与国家认同的和谐关系建构就很可能会因支撑体系不匹配而面临诸多问题与挑战。作为统一多民族国家，当代中国各民族之间有着诸多深厚基础的历史、文化共同性，国家也为各民族的认同不断寻求共同的理解和目标，但是伴随全球化和现代化趋势以及市场经济发展，中国正处在经济社会全面转型的关键期，此时"民族之间，民族与国家之间源于利益的碰撞而产生的民族认同与国家认同、民族利益与国家利益的冲突，使我国部分少数民族成员产生了国家认同感的危机"③。

这一社会转型是以改革开放为分水岭的。"改革开放以来，随着社会转型和利益结构的变动，各民族间由于资源利用、利益关系调整、人口迁移、风俗习惯差异等原因而发生的民族矛盾和纠纷，也对各民族之间的相互认同和国家认同带来消极影响。"④相比较而言，在 1949—1978 年间，各民族的国

---

① 李友梅、肖瑛、黄晓春：《社会认同：一种结构视野的分析：以美、德、日三国为例》，上海人民出版社 2007 年版，第 16 页。
② 《中共中央关于构建社会主义和谐社会若干重大问题的决定》，载《人民日报》2006 年 10 月 12 日。
③ 左岫仙：《2010 年国家社会科学基金项目〈加强公民的民族认同感和国家认同感教育研究〉简介》，载《黑龙江民族丛刊》2010 年 4 期
④ 奂平清：《全球化背景下的当代中国民族认同》，载《北京工业大学学报》2010 年第 1 期。

家认同是以阶级认同为轴心，体现为各族群众对国家的总体性认同在基础性领域的社会福利系统、社会意义系统和社会组织方式等三个方面高度匹配。相对封闭的计划经济体制和不发达的生产力水平是支持这种高度匹配的一个重要条件。在社会认同三个基础性领域高度匹配的历史条件下，各民族群众共同信奉共产主义理想、遵循平均主义分配原则和集体主义的组织方式，相互依赖程度很高，民族认同与国家认同关系高度和谐。随着改革开放力度的不断加大，市场经济体制的不断完善，国家认同基础性领域的结构形态也在不断发生变动。如：福利渗透方式经历了从相对均衡渗透到非均衡渗透的转变过程，意义系统的构成经历了从价值取向一元化到价值取向多元化的转变，组织社会的方式经历了从单一的自上而下的方式到双向互动的多维方式的转变。这些都给中国民族认同与国家认同和谐关系建构带来冲击与挑战。

首先，是社会福利系统转变带来的冲击和挑战。新中国成立后30年时间里，特别是实现民族地区社会主义改造之后，各族普通人民获得了土地和牧场等生产生活资料，成为国家的主人。此一时期里，无论边疆和内地，不管群众和干部，各族群众的生活水平相差不大。同时，党和政府采取前所未有的政策优待少数民族，如中央政府向少数民族地区派遣中央访问团，促进国家深入当地社调查情况，沟通感情，访贫问苦，行医治病，传播国家理念，全面展开民族识别，尊重民族意愿，改变以往对少数民族的歧视性称呼，为他们建立自治单位以及在各少数民族地区开展社会制度改革。中央甚至将历史上汉族中央政权对边缘族群的欺压都算成自己的债务（即对少数民族"还债"之说）。[①] 这种情况下，各族人民的利益与国家利益达到高度一致，民族认同与国家认同关系十分和谐。但是，中国自20世纪80年代至90年代末先后出现了商品市场、劳动力市场和资本市场。市场形态的复杂化导致社会阶层的分化逐步出现，各民族间的福利渗透方式经历了从相对均衡渗透到非均衡渗透的转型过程。在改革开放的前10年中，由于商品和市场门槛

---

① 关凯：《族群政治》，中央民族大学出版社2007年版，第258页。

低,加之国家宏观调控和民族优惠政策的成效大,不同的民族群体均可以相对均衡地分享改革开放初期和经济增长的成果。但随着经济体制改革深入进行,以及中国参与全球经济体系的程度越来越高,在劳动力市场出现新的产业分隔特点和资本市场逐步开放的同时,也出现了财富向东部沿海汉族为主体的社会成员集中的现象和民族内部阶层分化进一步加剧的问题。

从国家发展层面而言,在社会转型过程中,中国为推进经济全球化和现代化融入,自觉遵循了非平衡发展规律而设计前进路线——"两个大局"的战略构想、"先富后富"和效率优先的市场调节机制等。这种经济全球化、现代化所决定的非平衡性发展路线,是国内不同区域、不同民族间以及民族内部发展差距快速拉大的重要因素。虽然在中国共产党和中国政府多年努力扶持下,各少数民族和民族地区的经济社会也发生了翻天覆地的变化,正摆脱贫穷落后状态,总体进入小康水平。但是,民族之间经济发展差距依然过大。胡锦涛在2005年中央民族工作会议上就指出:"2004年,民族自治地方人均生产总值只有全国平均数的67.4%,农民人均纯收入只有全国平均数的71.4%。"[1]北京大学马戎教授先后在拉萨流动人口开展的两次调查发现,2005年汉族流动人口的工资收入是藏族流动人口的1.5倍,而2008年扩大至2.2倍。[2]在全球化、现代化条件下,大众传媒很容易将此类族际差距予以传播放大,激化少数民族群众的"受忽视感""被剥夺感",进而冲击民族认同与国家认同和谐关系的建构。21世纪之后,中国"个别少数民族民族意识的过快增长对国家认同形成了强大的压力,甚至出现了民族意识超越和背离国家意识的情形"[3],就是很好的实例。对于这种情况,国家民族政策也出现"解题乏力"的问题——尽管国家民族优惠政策力度也可以逐年加大,但相对市场机制导致的快速拉开的族际差距和民族内部阶层差距,其调控作

---

[1] 胡锦涛:《在中央民族工作会议暨国务院第四次全国民族团结进步表彰大会上的讲话》,人民出版社2005年版,第5页。
[2] 马戎:《关于当前中国城市民族关系的几点思考》,载《西北民族研究》2009年第1期。
[3] 周平:《中国族际政治整合模式研究》,载《政治学研究》2005年第2期。

用反而显得越来越不明显。由此，国家的和谐关系建构效果受到市场经济价值运行机制的"冲淡"，导致一些西部地区少数民族群众的挫折感、被剥夺感开始上升，而"这些心态一旦指向国家或国家的政策，就会对他们的国家认同形成某种浸蚀或消解作用，对国家认同产生消极影响"[①]。

其次，是意义系统构成的转变带来的冲击和挑战。改革开放之前的30年，各族群众都强烈认同以马列主义毛泽东思想为核心价值体系所构成的意义系统。改革开放之后，随着市场经济深入运行，以及西方社会思潮影响，这种意义系统构成经历了一个从价值取向一元化到多元化的时代转型，此时国家意识形态建构对人们社会生活的影响开始有所淡化。同时，随着中国共产党和中国政府全面控制社会生活管理方式的改变，改革开放之前高于民族认同的阶级认同观念和共产主义认同观念等的影响力、控制力被削弱，各民族群众对国家认同的共同纽带发生了改变，并且这一改变目前仍处于未完成状态。也就是说，在当代中国社会转型期，昔日的意义系统构成正在发生迅速改变，新时期的意义系统构成却还处于建构阶段，尚未完全确定下来，因此出现着一定程度的真空现象。真空面前，民族认同就很可能会成为一种填补空白的"替代品"，扮演人民的"终极保镖"[②]，此时此境，"笼统的族群性与族群认同作为一种动员原则又回来了……民族主义又调转船头，部落主义的幽灵又在徘徊"[③]。当民族认同进一步强化为具有双重功能的民族主义，国家认同的首要地位就会受到冲击和挑战，各族群众的民族认同与国家认同和谐关系建构也因此遭遇麻烦和障碍。

第三，是社会组织方式转型带来的冲击与挑战。改革开放之前，中国56个民族群众在"单位制"的组织方式作用下，无一例外地被融入国家整合中。"群众"依据各种"单位"——包括职业的和社区的（如街道或村庄）

---

① 周平：《论中国的国家认同建设》，载《学术探索》2009年第6期。
② 〔英〕埃里克·霍布斯鲍姆：《民族与民族主义》，李金梅译，上海世纪出版集团2006年版，第167页。
③ 王剑峰：《多维视角的族群冲突》，民族出版社2005年版，第31页。

被组织成为一个个有影响力的社会实体,各族群众的呼声成为"单位"的群体诉求,国家和各族群众之间共同排斥个人主义意识和行为,协调彼此关系,社会因而成为有序的整体。在这样一种社会环境下,"民族"本身并不是那些具备有效的社会功能的"群众组织"中的一个。"超民族"的社会组织,特别是行政意义上的"单位",凌驾于"民族"之上,使得"民族"的个体成员在行为上首先要尊重和服从"单位"的管理,"民族"在事实上成为一种"松散的共同体"。[①]这种情形下,各族群众的民族认同弱而国家认同强,民族认同与国家认同和谐关系建构的支撑系统十分稳固。改革开放以来,尤其是在改革向纵深发展的情况下,"单位"制组织方式及其赖以存续的政治社会条件不断失去重要性。而政府、市场、社会等多种性质的管理制度以及由此形成的多元治理环境正发挥着越来越重要的作用。也就是说,政府对企事业单位、个人的管控能力逐步减弱,企事业单位也逐步弱化单位行为的非专业性目标,弱化职工对单位的过分依赖性。在此背景下,社会涌现出一大批的民间组织、协会等,使得组织间、个人间的互动模式由单一的纵向垂直管理模式转变为复杂的多元互动、纵横互动模式。概言之,社会组织方式相应地经历了从单一的自上而下的方式到双向互动的多维方式的转变。这必然要求原有民族认同与国家认同和谐关系建构方式的相应转换。然而就当前情况看,此一转换似乎难以在短期内完成,这意味着中国民族认同与国家认同和谐关系的建构在一定时期内仍会处于"弱化"状态。

(二)西方敌对势力的干涉渗透和"三股势力"的煽动破坏

中国是社会主义国家,主张民族平等、团结、互助、和谐关系,各族群众的根本利益是一致的,因此社会转型期所引发的各种民族问题,一般情况下都可以通过各种合法途径和正常渠道加以有效疏导和协调,而不必然导致民族认同与国家认同的强烈矛盾冲突。然而,西方敌对势力的干涉渗透和"三股势力"的煽动破坏,则可能导致民族问题复杂化,从而对中国民族认

---

① 关凯:《族群政治》,中央民族大学出版社 2007 年版,第 261 页。

同与国家认同和谐关系的建构产生极大损害。对此,中国社会科学院的王希恩教授指出:"平心而论,从世界范围来看,当今中国的西藏问题和新疆问题并不比其他国家的类似问题严重多少,但为什么现今它们有那么高的关注度?原因只有一个,这就是国际敌对势力的长期扶持、纵容和炒作。看一看2008年'3·14'拉萨事件后'藏独'分子在世界各地的喧闹,看一看'东突'势力在欧美国家的聚集、造势,哪一件事、哪一个动作背后没有西方反华势力的支持?社会主义的中国向来都是国际敌对势力分化渗透的目标,她的日益崛起也使中国正在成为世界关注的中心,原本敏感的民族问题由此被利用、被放大也便不足为奇,问题是我们切不可不明就里、自乱阵脚。"[1]这一点评可谓入木三分、一语中的。当前,对中国民族认同与国家认同和谐关系建构破坏最大的"三股势力",就是在西方敌对势力资助下的"达赖集团"和"东突独"。

达赖原来是西藏农奴主的总代表,也是最大的农奴主。以达赖为首的政教合一、僧侣贵族专政下的西藏旧社会,是最黑暗、最反动、最落后的社会。在西方反华敌对势力的策划下,达赖集团于1959年3月1日发动武装叛乱,失败后逃往印度,建立"流亡政府",长期顽固从事反对祖国的"藏独"活动,成为西方反华敌对势力遏制中国的一张"王牌"。许多西方学者和媒体曾对达赖集团与西方反华势力之间的相互勾结和阴谋策划予以披露。如美国著名学者威廉·恩达尔披露:"无可争议的是,达赖自1959年出逃后,便获得美国等西方国家的情报机构及所谓'非政府组织'的资助。"[2]德国《我们的时代》周刊刊发文章《达赖喇嘛——受蒙蔽的神秘主义者狂热崇拜的对象》,指出达赖及其西方支持者在西藏问题上打"科索沃"牌,其地缘战略的目的是向中印施压和控制东亚,并在军事上围堵俄罗斯。文章还提

---

[1] 王希恩:《也谈在我国民族问题上的"反思"和"实事求是"———与马戎教授的几点商榷》,载《西南民族大学学报》2009年第1期。
[2] 《美著名学者:美国暗中策动西藏事件 无疑是在玩火》,http://news.xinhuanet.com/world/2008-04/24/content_8040521.htm。

到，中方认为这次流血暴力事件（即2008年拉萨"3·14"暴力事件）的主谋身在国外，这个说法是完全可信的。"美国和德国方面的宣传、挑拨和对颠覆活动的资助破坏了中国对这片西部地区的主权。"[①]2008年北京举办奥运会，达赖认为这是与西方反华势力相勾结，一道合压中国接受"藏独"的最后机会了，因此共同精心策划和组织了西藏"3·14"打砸抢烧暴力犯罪事件，以及阿坝、甘南类似事件。据藏青会头目说，这"只是反抗运动的序曲"。德国外交政策网站爆出事件的内幕：当前西藏反华运动是在德国弗里德里希—瑙曼基金会策划和组织下，于2007年5月11日至14日在布鲁塞尔举行的第五次"支援藏人国际大会"议定，并由这个基金会委托的设在华盛顿的一个总部操纵的。参加这个大会的有达赖"流亡政府"的"总理"桑东仁波切，美国副国务卿、西藏问题特别协调员葆拉·多布里扬斯基也出席了会议。[②]英国某专栏作家更为露骨道出西方反华势力在这次反华活动过程中的卑劣目的：当西藏形势恶化后，以奥运会为武器针对北京的压力将增大，为全球反华势力提供了"机遇之窗"，要随着奥运圣火的传递，煽动起"一个滚动的全球范围的反华抗议"。"当西方政治家面临无力扭转经济颓势和人们在伊拉克及阿富汗问题上的愤怒积郁之际，将辱骂倾泻于中国，为这些政治家从其他灾难中转移人们的注意力提供了一个合适的机会。"[③]所有这些，充分暴露西方敌对势力和达赖集团破坏中国国家统一和民族团结的卑劣行径。他们半个多世纪来从未停止活动，我们也只有同他们坚决斗争到底。由于"达赖集团"打着民族、宗教的旗号，头上戴着西方赐予的各种"桂冠"，在特定的时间和条件下，他们对境内藏区部分群众仍有很大的欺骗性，仍然具有煽动、组织境内部分寺庙僧人、信教群众同党和政府对抗的能量。社会上一些出于各种原因对政府不满的人，也可能继续参与达赖集团策划、组织的

---

① 《国际舆论：中国打击藏独分子的决心更加坚定》，http://china.huanqiu.com/eyes_on_china/2008-04/84029_2.html。
② 黄铸：《构建中国民族理论的学术话语体系》，华文出版社2008年版，第98页。
③ 温宪：《从偏见到卑劣》，载《人民日报》2008年4月2日。

暴力破坏活动。①当前及今后较长一段时期里，达赖集团对中国民族认同与国家认同和谐关系建构所造成的冲击和挑战仍然不可小觑。

"东突独"是泛伊斯兰主义和泛突厥主义在新疆制造分裂的组织，东突厥思潮属于民族分裂主义思想，是民族分裂主义的政治纲领。东突独分子通过制造突厥语民族和信仰伊斯兰教的各民族同其他民族间的对立，竭力歪曲历史，煽动反汉排汉，鼓吹在新疆建立"东突厥斯坦伊斯兰共和国"。这既是民族分裂主义思潮在新疆的集中表现，又是国外敌对势力妄图把新疆从中国分裂出去的产物。"东突独"问题的复杂化和持久化，与外国敌对势力的介入和利用关系密切。如从第一次世界大战起，英、德、日、土耳其以及沙俄等国为了在从中亚到北非的伊斯兰国家中扩大自己的影响，都曾扶植和支持过泛伊斯兰主义分子和泛突厥主义分子。从1990年开始，在全球性民族分裂思潮的刺激和影响下，"东突独"民族分裂势力发展迅速、活动猖獗，疆内民族分裂势力秘密发展组织，内外勾连，频繁制造暴力恐怖事件，呈恶性膨胀的态势。据不完全统计，20世纪90年代以来，恐怖分子在新疆共制造恐怖事件350起，手段极其凶残，武装对抗事件也逐年增多，境内外"东突独"分裂分子已经连成一体，形成了"境外指挥，境内行动；境外培训，境内破坏"的特点。2009年7月5日，境外热比娅等民族分裂分子与境内民族分裂势力相互勾结，境外策划指挥，境内组织实施，制造了令人震惊的乌鲁木齐"7·5"打砸抢烧暴力犯罪事件。事件中，暴徒们无所不用其极，疯狂残杀手无寸铁的平民百姓，造成197人死亡，上千人受伤，其中绝大多数是无辜群众。"7·5"事件是新疆近60年来发生的性质最恶劣、伤亡人数最多、财产损失最严重、破坏程度最大、影响最坏的一次暴力犯罪事件，严重干扰了新疆的民族团结和社会稳定。这场骇人听闻的暴行，是以热比娅为首的"世维会"为实现分裂中国的政治图谋，在宗教极端势力、民族分裂势力、国际恐怖势力这"三股势力"的策划煽动下操纵的。图谋通过杀戮无辜

---

① 《民族工作文献选编：2003~2009》，中央文献出版社2010年版，第274页。

制造社会恐慌,通过"出点大事"来形成国际影响,通过恐怖行径制造民族矛盾。① 其根本的目的,就是要破坏新疆经济发展、社会进步、民族团结以及各族人民安居乐业的大好形势,就是要破坏中国民族认同与国家认同的和谐关系的有效建构。

(三)民族政策方面存在的不完善

民族政策是中国民族认同与国家认同和谐关系建构的核心要件。当前中国民族认同与国家认同和谐关系建构仍处于初级阶段,与之相应,民族政策也处于不够成熟、不够完善的阶段,仍存在一些问题与不足。如有调查显示,79.4%的人认为民族区域自治制度既实现了少数民族群众当家做主的权利,又实现了国家的统一,在具体的民族政策方面,有75%的人认为国家具体的各项民族政策总体是正确的。同时,也有46.4%的人认为民族区域自治制度应继续坚持和完善。② 这主要体现在民族政策本身有待优化、民族政策的宣传存在偏差、民族政策的执行存在缺失,以及民族干部政策有待改进等。

首先,民族政策本身有待优化。为了实现民族平等,中国实行民族区域自治制度。该制度实际上是民族自治和区域自治的结合。中国民族区域自治制度推行半个多世纪来,对实现民族平等和民族团结,确实起了举足轻重的推动作用。中国民族区域自治制度最大的特点是民族自治和区域自治相结合,这是由中国民族分布的历史和现实状况所决定的。但这一制度本身也还存在着需要优化之处:在现有的民族区域自治框架中,共同体内部的地域性联合很容易转化为民族性联合,地域差别与民族差别也极易相互叠加,这对中华民族共同体的凝聚力可能会产生一定程度的消解作用。计划经济时代,中央政府对地方上包括少数民族自治地方统得较严格,地方上缺乏自主发展的积极性。改革开放以后,地方自主权得到了空前的扩大。然而这样做的结

---

① 刘志刚、刘学健:《当代热点问题透视》,武汉大学出版社 2011 年版,第 71—72 页。
② 马克林、邓美:《西部少数民族政治认同心理探析》,载《北方民族大学学报》2009 年第 6 期。

果，却又容易导致"诸侯经济""地方保护主义"等离心倾向的产生。如何使地方与中央、各少数民族和中华民族间，在保持一定张力的基础上形成互动和共赢的局面，为中国的现代化建设提供持久的、强大的动力，是当前中国面临的关键问题之一。随着市场经济的不断发展，中国在地域、民族方面也呈现前所未有的多元格局。在这种多元利益格局下，如何在制度层面上修订并完善中国的民族区域制度，使其与社会主义市场经济制度相适应？如何建立起合理的利益表达和聚合渠道，使民族区域自治制度成为国族建构努力的一部分？这些都应是未来中国政治体制改革过程中重点考虑的问题。也就是说，把各地区、各民族间存在差异的张力关系，变成国族共同体发展的动力机制，并在这个过程中运用各种物化形式和信仰资源，寻求国族大家庭的价值共识，从而逐步孕育和营造崭新的对中华国族共同体的认同，应是中国现代化建设的战略目标，也是全面建成小康社会和政治文明建设的一项重要内容。①同时，与民族区域自治政策相配套，几十年来我们为了帮助少数民族发展，实施了各种民族优惠政策。这些民族优惠政策对少数民族和民族地区发展起到了难以估量的积极正面作用，并因此而得到了各族人民群众的积极拥护。但是，这些政策也存在着"一刀切"和一些不公平的现象。②此外，中华人民共和国成立之初，曾效仿苏联，确立起各民族都有使用自己传统语言的权利，甚至还帮助部分少数民族进行了造字。这在当时有助于团结各民族，为各民族文化繁荣起到了积极作用。但是从长远看，也一定程度上增加了普通话的推广难度，制约民族间的交流交融，有碍于国家认同建构。

第二，民族政策的宣传存在偏差。应当充分肯定，中国这些年来的宣传舆论教育工作在加强民族团结、维护祖国统一、反对民族分裂和介绍各民族的风俗习惯等方面，取得了很大成效。但是，也存在着宣传各民族的共同

---

① 孙关宏：《地域本位与国族认同：美国政治发展中的区域结构分析·序》，天津人民出版社 2004 年版，第 7 页。
② 王希恩：《也谈在我国民族问题上的"反思"和"实事求是"——与马戎教授的几点商榷》，载《西南民族大学学报》2009 年第 1 期。

性、强调各民族成员在法律面前人人平等，以及国家和内地人民对民族地区的大力帮助等等方面显得有些不足。这在某种程度上造成一些人的思想发生变化，给庸俗民族认同观的滋生创造了条件。①同时，中国的民族优惠政策在理论和宣传方面有时强调的是以民族而不是以个人为单位的"事实上的平等"，并且没有指出现时的民族优惠政策只是过渡时期的暂时性政策，没有指出只有改变民族社会分层的结构性差距才有可能达到列宁提出的民族"事实上的平等"，这对广大干部群众思考问题的角度产生了一些误导。北京大学马戎教授认为，这种民族政策宣传思路可能造成的后果是，汉族和少数民族对于政府实施的相应优惠政策都不会感到满意：汉族成员从个人角度考虑，认为自己受到了不应受到的不公平待遇（没有在法律或制度上得到平等的竞争机会），从而降低了学习、工作热情和帮助少数民族的积极性；而得到优待的少数民族同样不满意，他们从民族层面考虑，认为本民族还没有达到"真正事实上的平等"。当少数民族成员的实际竞争能力较弱而又希望得到机会时，"事实上平等"和相关的优惠政策是他们享有某些"特权"的理论和政策依据。这种各自从不同层面（少数民族的参照系是民族群体，汉族的参照系是公民个体）考虑"平等"和进行比较的思路，有可能会加强民族之间的隔阂和不满，我们需要认真地总结这方面的经验。②马戎教授的上述观点虽然有待商榷，但也值得我们去认真研究和思考。

第三，民族政策执行过程存在缺失。民族政策在执行过程中，也存在一些值得我们认真反思的问题。从宏观上讲，民族认同与国家认同和谐关系建构既尊重"多元"，也强调"一体"，并要求"一体"处于首要地位。然而，正如有学者指出，目前中国在民族意识方面的态势是56个民族的意识仍然强烈，而本应处于首要地位的中华民族认同和公民国家认同似乎没有被提升到应有的高度，体现为中华民族的民族认同"只是停留在民间的范围，仅仅

---

① 姜勇：《论庸俗民族认同观》，载《新疆大学学报》2002年第2期。
② 马戎：《民族社会学——社会学的族群关系研究》，北京大学出版社2004年版，第534页。

处于文化和学术的层面上，基本上没有进入国家的运行范围，即没有进入政治和制度的层面，也没有进入政策和法律的层面"[①]。这似乎与中国的民族政策过程缺失有一定关系。对此，有论者做出了反思，认为"多年来我们的政策在重视落实少数民族政策的同时，很容易强调少数民族的'自我认同'而忽视对他们进行'中华民族'认同意识的培养与巩固。这样，政府在落实民族政策、宣传保障少数民族权益的同时，很容易在客观上淡化了少数民族对'中华民族'的认同意识"[②]，"建国以来，党和政府一贯注意挖掘各民族的文化遗产尊重各民族的风俗习惯，强调各民族的自治权利，进一步加强了各民族的自我认同，但是在一定的程度上忽视了对中华民族认同意识的培育和加强。各个民族作为中华民族大家庭的一员，还必须强化对中华民族的认同意识，这也是建构国家认同的主要前提"[③]，等等。近年来因国家对农村和民族地区教育投入不足和公民意识、国家认同教育的弱化，也使得一些民族地区宗教等方面的认同强化，而国家认同有所弱化。[④] 此外，有了好的民族政策之后，还需在基层政府手中得到真正落实，切实让其发挥作用，以维护好、发展好、实现好各民族的权益，唯有如此，才能获得各民族对国家的强烈认同。但是，有些基层管理机构及其行政人员，在执行民族政策中掌握政策不透彻、把握问题不准确、处理问题不科学。在散杂居地区和城市民族工作中，之所以屡屡出现一些民族关系方面的摩擦，一个很重要的原因就是，基层管理机构工作的不到位加剧了事态严重性。如 2000 年山东阳信事件，固然是少数别有用心的人借个别商店代销牛羊肉之事，利用民族宗教感情挑

---

① 徐杰舜：《从多元走向一体：中华民族论》，广西师范大学出版社 2008 年版，第 2—4 页。
② 马戎、赵志研：《多元一体理论：拓展中华民族研究新视野》，载《中国民族报》2008 年 8 月 9 日。
③ 李崇林：《挑战与应对：认同与和谐新疆研究》，载《新疆师范大学学报》2009 年第 2 期。
④ 奂平清：《全球化背景下的当代中国民族认同》，载《北京工业大学学报》2010 年第 1 期。

拨煽动所致,但地方有关领导处置不当,酿成重大人员伤亡事件。①

第四,民族干部政策有待改进。民族干部的培养和使用,既是贯彻执行民族政策的内在要求,也是民族地区又好又快发展的关键所在。中国在推进民族干部政策的贯彻落实中,经过几十年的不懈努力,少数民族干部队伍不断发展壮大。截至2008年,少数民族干部已达290万人,比1978年增长了3倍多。全国公务员队伍中,少数民族占9.6%,其中县处级以上的少数民族干部占同级干部总数的7.7%。在中央和地方国家政权机关、行政机关、审判机关和检查机关都有相当数量的少数民族干部。②然而,少数民族干部存在"发展不平衡(特别是小民族人数少),结构不合理(行政干部多,专业人才少;一般干部多,高层次骨干不足)"等问题。③民族干部结构的这种欠合理状态,不利于民族地区群众对国家认同的提升。因为现代国家认同的构建越来越依赖于政府的公共服务,而在中国广大民族地区,由民族干部组成的乡镇政府是当地民族群众对国家认知、感受的最直接对象,是各级政府公共服务的直接提供者,是所在地区民族群众国家认同建构的核心影响因素。必须肯定,近些年来民族地区乡镇政府公共服务能力总体上取得了巨大的进步,很大程度上提升了民族地区少数民族群众对国家、党与政府的认同。但是,由于干部队伍结构失衡,民族地区乡镇政府的执政能力仍不够强,有碍于民族地区群众国家认同的提升。如民族地区基层政府重经济社会服务,轻政治法律服务,不利于提升群众对国家的制度性认同;重服务供给,轻服务需求,不利于提升群众对国家的参与式认同;重文化服务的经济效果,轻文化服务的政治效果,不利于提升群众对国家的信念式认同。④民族干部结构

---

① 黄铸:《构建中国民族理论的学术话语体系》,华文出版社2008年版,第134页;马惠兰、陈茂荣:《论民族认同与国家认同一体化路径选择》,载《中南民族大学学报》2011年第4期。
② 《民族工作文献选编:2003~2009》,中央文献出版社2010年版,第469页。
③ 黄铸:《构建中国民族理论的学术话语体系》,华文出版社2008年版,第155页。
④ 彭庆军:《国家认同视角下民族地区乡镇政府公共服务职能探析》,载《上海行政学院学报》2010年第4期。

的这种欠合理状态固然是多种因素造成的,但中国现有民族干部政策的导向性不够和执行贯彻不科学等也是一个重要原因,这是我们今后需要认真反思和改进的。

三、中国民族认同与国家认同和谐关系建构的深化路向

面对新问题新挑战,当代中国民族认同与国家认同和谐关系建构应坚持以马克思主义民族理论为指导,在实践中不断深化完善。事实上,中国共产党和中国政府在处理民族认同与国家认同关系的实践中,对此问题已经深谋远虑进行了有益探索。如2010年5月在中共中央、国务院召开的新疆工作座谈会上,胡锦涛同志提出:"要全面贯彻党的民族政策和宗教政策,全面加强和改进宣传思想文化工作,深入开展社会主义核心价值体系宣传教育,弘扬社会主义先进文化,广泛开展民族团结宣传教育和民族团结进步创建活动,增强各族人民对伟大祖国的认同、对中华民族的认同、对中华文化的认同、对中国特色社会主义道路的认同,巩固各族干部群众共同团结奋斗、共同繁荣发展的思想基础,推动各民族和睦相处、和衷共济、和谐发展。"[1]这一讲话所涉及的各民族"和睦相处、和衷共济、和谐发展"和"四个认同"等问题,实质上是从战略高度指明当代中国民族认同与国家认同和谐关系建构的应然进路。根据这一讲话精神,同时针对中国当前民族认同与国家认同和谐关系建构的问题与挑战,本文提出今后中国民族认同与国家认同和谐关系建构的五方面深化路向。

(一)支持少数民族和民族地区发展与倡行"两个共同"主题相结合

少数民族和民族地区主要分布在中国的边陲,因地理环境险恶、气候复杂多变和自然灾害频繁,加之历史上长期遭受民族歧视和压迫,这些地区一直处于贫穷落后状态。新中国成立以来,由于中国共产党和中国政府予以

---

[1] 邹声文、顾瑞珍:《中共中央国务院召开新疆工作座谈会》,载《光明日报》2010年5月21日。

大力扶持，少数民族和民族地区的落后面貌得到极大改善。但与东部地区比较，差距依然很大。在现有状况下，如果没有国家和东部发达地区的大力扶持，仅仅依靠少数民族和民族地区自身努力，与东部地区的差距将会继续扩大。任由这种差距的扩大，民族认同与国家认同和谐关系的建构必将因为缺乏物质根基变成空中楼阁。因此，在今后相当长一段时期内，中央政府和东部发达地区的支持与帮助，仍然是少数民族和民族地区的民族认同与国家认同和谐关系建构的不可或缺的手段。我国自2000年实施的西部大开发战略，很大程度上即基于此一考虑。我们只有通过发展提高少数民族的生活水平，引导少数民族和民族地区群众走上经济发展、生活富裕、生态文明的道路，才能从根本上提升他们的爱国热情，激发他们的国家认同意识，进而实现民族认同与国家认同的和谐关系。对此，党中央的认识是清醒而到位的。邓小平指出："观察少数民族地区主要是看那个地区能不能发展起来。"[①]江泽民也指出："现阶段，我国的民族问题，比较集中地表现在少数民族和民族地区迫切要求加快经济文化发展。"[②]胡锦涛强调："要加快少数民族和民族地区经济社会发展。只有发展问题解决好了，才能真正实现民族平等和民族和谐。"[③]当然，少数民族和民族地区与东部发达地区的发展差距并非短时期可以解决，因此支持各少数民族和民族地区经济社会发展，在当前及今后相当长一段时期，仍是民族认同与国家认同和谐关系建构的首要工作。

不过，支持各少数民族和民族地区经济社会发展只是解决民族问题的必要而非充分条件。那种认为经济社会发展后国家认同就必然会强化的观点，事实证明是不正确的。如果我们的民族工作仅停留在对少数民族经济利益发展需求的满足，而忽视在少数民族地区建构中华民族统一体的理念和情感维系，基于工具性取向而建构起来的国家认同势必会存在诸多不稳定的因素。[④]

---

① 《邓小平文选》第3卷，人民出版社1993年版，第247页
② 《江泽民文选》第1卷，人民出版社2006年版，第183页。
③ 《民族工作文献选编：2003~2009》，中央文献出版社2010年版，第156页。
④ 陈晓婧：《社会主义多民族国家制度性国家认同的实现机制》，载《西北师大学报》2011年第1期。

据中国边疆地区的调研表明，经济发展往往带来了国家民族意识、地方意识、宗教意识并行增强的态势。但是在有些边疆地区，在经济发展背景下，跨界民族的文化发展并没有循着与中华文化发展同向的路径，而是发生了以民族意识的极度张扬为基础，以宗教为依托，与中华文化的整合方向并不一致的变异。[①]有鉴于此，我们必须注意把支持各少数民族和民族地区经济社会发展与民族工作的"两个共同"主题（即共同团结奋斗，共同繁荣发展）结合起来，藉此促进各民族的"我们感"，提升中华民族认同和中国国家认同。"换句话说，对民族地区每一项经济投入，都要赋予增强团结、维护稳定、巩固国家统一的意义，都要考虑到产生经济、政治两方面效果。"[②]把支持各少数民族和民族地区经济社会发展与民族工作的"两个共同"主题结合起来，需从如下方面做出努力。

第一，倡行共同团结奋斗，东部发达地区与西部民族地区互助互惠。由于西部民族聚居地区普遍落后，东部汉族聚居地区较为发达，因此人们很容易形成这样的思维定式和认识误区：只要提及扶助少数民族和民族地区经济社会发展，就想到东部汉族对西部少数民族的"无私援助"，发达地区通过税收等形式向欠发达的少数民族地区"输血"。这种认识属于仅仅看到表面现象的片面认识，既不符合事实，也有损于少数民族"有尊严的生活"，无助于民族平等、团结、互助、和谐关系的长期保持。科学的提法与做法应该是各民族"共同团结奋斗"。因为其一，中央财政大部来自汉族聚居的东部沿海地区，但在这些发达地区和大城市中也有相当数量的少数民族居住和就业。同时，在中国少数民族聚居的中西部地区也生活着汉族居民，他们也都从中央财政支持以及东部发达城市的对口支援项目中受益；其二，对包括少数民族聚居地区的各项建设事业的支持和投入，是中央政府应尽的责任和义务。从道理上讲，在现代国家里，领土范围内的所有公民都应享受到大致

[①] 沈桂萍：《民族问题的核心是国家认同问题》，载《中央社会主义学院学报》2010年第2期。
[②] 朱维群：《对当前民族领域问题的几点思考》，载《学习时报》2012年2月13日。

相同水平的基础设施和社会公共服务。这些方面的投入，是国家的责任和义务，而不能以"无私援助"来冠名。其三，西部各民族地区表面上获得了大量的中央财政补贴以及大量基础设施建设项目，但是西部各民族地区也在支持东部发达地区的发展。辽阔的西部民族聚居区是中国几条重要母亲河的源头，是中国东部地区建设所必须的石油、天然气、煤炭、矿产、粮食等能源资源宝库。再者，改革开放之初，国家优先支持东部沿海地区快速发展，也是以减少西部民族地区的经济投入为代价的。从这一个角度说，东部和西部的"支援"是双向互动的，只是各自表现的形式和内容不同而已。其四，中国国土上共同生活的全体公民，都是中华民族的平等一员。各民族之间可能存在着文化上的差异，但是大家都是完全平等、具有共同利益的中国公民。如果有些人提出，因为中央和沿海地区对西部有重大投入，要求西部民众特别是少数民族国民对中央政府和国家"感恩"，这恐怕就有些本末倒置了。[①]对于各民族共同团结奋斗，东部发达地区与西部民族地区的互助互惠，周恩来同志也早有提及，他指出："各个民族必须互相帮助，互相支持，在共同发展的目标下建设社会主义祖国。这样，两种民族主义错误才会逐步减少，民族歧视的倾向和民族分裂的倾向也才会减少。"[②]以今天眼光审视，我们不得不钦佩周恩来的深谋远虑。

第二，倡行共同繁荣发展，缩小区域差距和民族内部发展差距。这里所说的繁荣发展并非仅仅是总体规模和速度的发展，而是强调全面协调可持续的科学发展。有数据反映，改革开放以来，中、西部地区经济得到飞速发展，但与东部地区差距仍在不断扩大。1978年东部地区与中、西部地区之间人均GDP的绝对差距分别为153.6元和212.9元；到1990年分别扩大为700.1元和885.9元，2002年分别扩大为6416元和8066元。[③]这种不断拉大

---

① 马戎：《中华民族各成员之间理应相互支持与帮助》，载《中国民族报》2010年4月9日。
② 《周恩来选集》下卷，人民出版社1984年版，第252页。
③ 吴开松、解志苹：《论我国少数民族地区国族认同的构建》，载《中南民族大学学报》2008年第3期。

的差距如果持续下去，就会萌发被边缘化民族成员的不满，其国家认同也将遭受冲击。然而，国家应采取何种措施缩小这些发展差距呢？实践证明，在支持少数民族和民族地区经济社会发展过程中，单纯依靠资金投入、内地劳动力的援助，无法有效消除少数民族"被边缘化""被剥夺感"的意识。因为在市场经济体制下，各民族之间把握发展机遇和推动发展进程的能力存在差距，即使在同一民族内部，也存在精英与普通民众的差别。这种情况下，中央和政府单纯的资金支持、内地劳动力的援助等，很可能成为拉动收入差距的外在推动力。正如有学者指出："如果政府在推动社会经济发展的时候忽略了整个社会的和谐和平等发展，则往往会在经济高速发展、旧的传统社会组织逐渐丢失和解体、贫富明显分化的同时，造成一部分人的被边缘化并因此而产生无助、失落、绝望甚至对社会的仇视。"① 这种情况，在南疆地区表现十分明显。改革开放以来，南疆经济社会发展迅速，但是与内地多数省份比较，以及南疆与北疆、南疆农村与城市相比较，发展差距十分明显，并且这些差距还在扩大。同时，在南疆的现代化进程中，代表权力主体的政治精英、代表资本主体的经济精英和代表文化主体的知识精英分享了社会大部分的经济发展成果，而当地民众的生活水平虽然有所提高，但是随着社会转型期贫富差距不断扩大，本地民族会在与"精英集团"的对比之中产生"相对剥夺感"，认为自己处在主流社会利益分享的边界。② 类似情况在西藏也比较突出。从政府公布的统计数据看，中央政府对西藏自治区财政支持的力度达到人均超过1万元，然而2007年西藏自治区城镇居民平均收入在全国各省份中的排名在倒数第11名，消费支出排名在倒数第3位。2007年，西藏城镇居民平均收入是农牧民收入的4.3倍，同期全国为3.6倍。换句话说，西藏农牧民收入不仅显著低于全国农民平均水平，而且与西藏城镇居民的收

---

① 杨圣敏：《社会稳定和谐的基础是什么——一个少数民族社区的案例》，载《北京大学学报》2008年第5期。
② 热米娜·肖凯提：《南疆族群认同根源另类探析》，载《西南民族大学学报》2010年第1期。

入差距也在继续拉大。①针对这种情况，我们就应该及时调整思路，切实遵照胡锦涛所要求的："要坚持以科学发展观统领民族地区经济社会发展全局，按照'五个统筹'的要求，坚持国家帮助、发达地区支援、民族地区自力更生相结合，既努力缩小民族地区与发达地区的发展差距，又努力缩小民族地区内部的发展差距；既支持发展水平较高的民族更好地前进，又着力帮助特困少数民族、人口较少民族、边疆少数民族加快发展步伐。"②我们只有切实倡行并实现共同繁荣发展，少数民族和中西部民族地区民众才会具有对中华民族的强大向心力，才会培育起强大的国家认同。

第三，在支持各少数民族和民族地区发展过程中促进各民族的交流交融。历史告诉我们，民族是可以在一定的时空系统中再造的。虽然我们反对强迫同化，但对于民族间的自然融合进程，则应予以鼓励、引导和支持。只有通过广泛的社会接触，持续不断的相互吸引，各民族的共同团结奋斗、共同繁荣发展才可能最大限度地推行，各民族的共同性才会得以不断发展，中华民族认同和国家认同才能得以不断提升。同时，民族间的很多矛盾和冲突是因为缺乏了解而引起的，"人类因无知或偏见引起的冲突，有时比因利益引起的冲突更可怕"③。事实表明，只有扩大交流才能消除偏见与误解，"族际之间的人口流迁既是一个张扬族性、增加认同的过程，又是一个消弭差异、增加共性的过程"④。因此，在支持少数民族和民族地区发展的过程中，我们应有意识地推进"两个共同"主题，增加民族间的交流交融，"要使支持民族地区发展的过程同时成为加快民族地区同其他地区之间人流、物流、资金流、信息流及干部的对流的过程，成为促进各民族团结交融的过程，成

---

① 马戎：《实事求是、与时俱进，推动西藏社会发展研究》，载《中国民族报》2010年1月15日。
② 《民族工作文献选编：2003~2009》，中央文献出版社2010年版，第156—157页。
③ 《温家宝总理在哈佛大学的演讲：把目光投向中国》，http://www.people.com.cn/GB/shehui/1061/2241298.html。
④ 王希恩：《全球化中的民族过程》，社会科学文献出版社2009年版，第353页。

为巩固国家统一和中央权威的过程"[①]。为此，我们应积极引导各民族互相尊重、互相认同，并制定相应的政策和措施，保护民族共同点增多现象的正常发展，促进中华民族认同与公民国家认同。具体而言，一是应进一步加大边疆少数民族学生到内地读书的人数，尽可能让不同民族混合接受教育。要努力让各民族通过空间接近达到文化和心灵上的接近。民族学校应该大幅度增加多数民族（汉族）的学生，各普通高校也应该多招收民族生。二是应该加大政策力度，鼓励支持各族人才到中、西部少数民族聚居地区奉献社会、建功立业。中、西部少数民族聚居地区的发展十分需要高层次人才的支持，而鼓励引导高层次人才参与西部民族聚居区建设，既需要提倡无私奉献的精神，也需要给予物质关怀和鼓励。毕竟，"人们为之奋斗的一切，都同他们的利益有关"[②]，"如果只讲牺牲精神，不讲物质利益，那就是唯心论"[③]。三是应该鼓励支持少数民族和民族地区的劳动力外出务工，促进各少数民族的人口流动。实践证明，通过组织和鼓励少数民族外出务工，是支持少数民族和民族地区发展与推行"两个共同"主题的一个重要的途径，也是增进国家认同的重要途径。如果藏族、维吾尔族人民能像四川人那样大量到内地打工，那么各民族之间的交往就会越来越密切，从而促进民族交流交融。[④] 在这方面，我们已经取得了重要进展，如新疆维吾尔自治区政府自21世纪初即开始鼓励农民进行劳务输出，2003年劳务输出54万人次，劳务创收9.3亿元；2004年劳务输出100万人次，劳务创收13亿元；2007年上半年，参加劳务创收的农村富余劳动力已达65万人，实现劳务创收8亿元。[⑤] 今后，还应该加大力度，通过支持少数民族和民族地区发展为途径，鼓励引导各民族之间

[①] 朱维群：《对当前民族领域问题的几点思考》，载《学习时报》2012年2月13日第1版。
[②] 《马克思恩格斯全集》第1卷，人民出版社1995年版，第187页。
[③] 《邓小平文选》第2卷，人民出版社1994年版，第146页。
[④] 韩震：《论国家认同、民族认同及文化认同——一种基于历史哲学的分析与思考》，载《北京师范大学学报》2010年第1期。
[⑤] 马戎：《个人一小步，能否带动民族一大步？》，载《中国民族报》2008年7月11日。

的交流交融。

（二）完善党和国家的民族政策与强化公民的国家认同相结合

一般而言，多民族国家有两种途径解决国家认同危机：一是国家行为满足国内各民族的需求，适应各民族的价值观，这就是伊斯顿所说的形成"特定支持"；二是调整国家制度，实施民族整合计划，改进各民族利益表达机构及方式，加强认同感，这就是伊斯顿所说的"散布性支持"的建立。[①] 就中国的情况看，党和政府通过实施民族平等、民族团结、民族区域自治和各民族共同繁荣等民族政策，较好地做到了把"特定支持"与"散布性支持"的有机搭配，因而长时期较好地保持了民族认同与国家认同的和谐关系。但是随着时代的发展变化，这种有机搭配出现了一些不和谐情况。如国家"特定支持"长期坚持，并且力度逐年加大，而"散布性支持"则做得相对滞后。这就要求党和国家的民族政策做出相应的完善。

那么，到底该如何与时俱进地推进党和国家民族政策的完善工作，藉此实现民族认同与国家认同的和谐？对此问题的回答无疑会仁者见仁智者见智。但不管选择何种路径，都需要秉持求同存异、和而不同的原则。一方面，完善党和国家的民族政策应以维护公民的国家认同为指向。哈贝马斯曾指出，在日益多元化的社会中，民主制度下的公民资格能够成为实现各民族的理想生活方式的机制，可以成为团结一切外来者的一体化力量。[②] 当代中国虽然还较少有外来移民者，但在经济全球化和市场经济体制下，人们的思想观念日益多元化，各民族的民族认同意识有所强化，也应注重把完善民族政策与提升各民族的公民国家认同相结合，借助公民身份的纽带来凝聚各民族群众。历史证明，在多民族杂居地区或国家里，如果各民族的公民国家认同意识淡漠，就可能导致民族认同意识高涨，助长分裂势力，危及国家的和谐统一。在中国适时进行公民国家认同建设，完善相关政策与法规是十分必

[①] 罗惠翾：《族群认同与国家认同：和谐何以可能》，载《理论视野》2009 年第 8 期。
[②] 〔德〕尤尔根·哈贝马斯：《包容他者》，曹卫东译，上海人民出版社 2002 年版，第 138—139 页。

要，也是一项紧迫的任务。①强化公民国家认同应该是中国处理民族关系、解决民族问题的出发点和归宿，是党和国家完善民族政策的首要价值准则。另一方面，完善党和国家民族政策，仍然必须坚持对民族成员的三重身份承认，即"每个人作为不可替代的个人，作为一个族裔或文化群体的成员，作为公民（即一个政治共同体的成员）都应该能够得到对其完整人格的同等保护和同等尊重"②。在不威胁公民国家认同的情况下，个人的其他认同（包括民族认同）就不应该受到干涉。在具体的操作层面，当前中国完善党和国家的民族政策与强化公民国家认同相结合，应该从如下两点着手。

其一，完善党和国家的民族政策要以促进公民的国家认同为指向。公民国家认同强调的是各民族成员同为中国公民，具有平等的权利和义务。公民权是规制民族认同与国家认同关系的最佳纽带。从公民权的角度看，对公民权的尊重是把分散的民族认同整合为公民国家认同的有效途径。正因如此，党的十七大报告强调："要加强公民意识教育，树立社会主义民主法治、自由平等、公平正义理念。"③以促进公民国家认同为指向完善党和国家的民族政策，主要途径有：一是逐渐突出公民权来淡化民族差异性。长期以来，中国的民族政策突出强调对少数民族的优惠和照顾，这在一定的历史时期发挥了很大的作用，但是今后应逐渐调整民族政策的价值取向，将原有的"民族主义"价值取向逐渐转向公民国家主义的价值取向。④我们可通过国家制度、民族政策的安排和教育，有意识地强调各民族的公民身份而弱化各民族之间的排他感。比如，从中国当前民族分布的现实出发，国家在对少数民族

---

① 祁进玉：《公民身份与国家认同：我国少数民族地区的公民教育实践》，载《黑龙江民族丛刊》2009年第1期。
② 〔德〕尤尔根·哈贝马斯：《在事实与规范之间：关于法律和民主法治国的商谈理论》，童世骏译，生活·读书·新知三联书店2003年版，第660页。
③ 胡锦涛：《高举中国特色社会主义伟大旗帜为夺取全面建设小康社会新胜利而奋斗——在中国共产党第十七次全国代表大会上的报告》，人民出版社2007年版，第30页。
④ 陆海发、袁娥：《边疆少数民族国家认同建设的意义、挑战与对策》，载《青海民族研究》2010年第4期。

地区的支持中，民族因素和地域因素的考虑仍会在较长时期内并存，但随着民族混居程度的加深，随着少数民族群众生活和文化水平的提高，要有意识地向地域因素方向引导。也就是说，经济支持要更多强调以自然环境艰苦、群众生活贫困等地域因素为标准，更多强调对贫困地区、对生活在那里的所有民族群众的支持，比如'西部大开发'、'兴边富民计划'，而不是过分强调对特定民族的支持。以地域因素为主要着眼点，国家大部分支持仍然会落实到少数民族群众，但是其社会政治导向作用却是不一样的。[①] 二是推进民族政策调整以培育国家认同。应根据时代主题的变化锐意创新，对中国的民族政策和国家认同策略进行反思和改进，变革当前还存在的一些只会强化族群意识而弱化国家认同的政策及措施。如民族区域自治制度在法律上应更具权威性和可操作性。如果少数民族切实感受到民族区域自治制度对其生存和发展有帮助，这项制度就能成为国家构建公民认同的工具和"跳板"；城镇少数民族居民的特殊补偿应纳入城镇居民统一管理范畴，国家应更多关注农牧区少数民族的权益；国家对民族地区的补偿性政策，也有进一步调整的必要。应增加更直接、更透明、更易了解的针对少数民族的补偿方式，让少数民族成员更直接地感受到国家的关注。对民族地区的资源管理，还有必要从所有权、税收和资源、环境补偿力度等角度进行调整。[②] 三是以法律和法规的形式细化国家的民族政策，将民族政策引向法治化轨道。推进民族政策法治化，就是要使国家在处理民族问题的时候做到有法可依、有法必依、违法必究，同时避免民族政策受政治利益的驱使而随意更改。[③] 在这一方面，中国政府是一直在努力的，并取得了明显的成果。如在1952年，中国政府发布了《中华人民共和国民族区域自治实施纲要》，对民族自治地方的建立、自治机关的组成、自治机关的自治权利等重要问题做出明确规定。1984年5

---

① 朱维群：《对当前民族领域问题的几点思考》，载《学习时报》2012年2月13日。
② 都永浩：《民族认同与公民、国家认同》，载《黑龙江民族丛刊》2009年第6期。
③ 桂银才、徐祗朋：《关于增强各民族国家认同的几点思考》，载《武警学院学报》2006年第6期。

月 31 日，在总结实施民族区域自治经验的基础上，第六届全国人民代表大会第二次会议通过了《民族区域自治法》；2001 年，根据社会主义市场经济条件下进一步加快民族自治地方经济社会事业发展的需要，在充分尊重和体现民族自治地方各族人民意愿的基础上，全国人大常委会对《民族区域自治法》进行了修订，使这一法律更加完善。[①] 然而，作为自治地方一级的各项配套法制法规依然不够完善，这是今后需要重视的工作。

其二，以进一步保障公民权利为出发点完善党和国家的民族政策。对于多民族国家而言，政府的民族政策必须充分考虑到国家领域内少数民族的意志，既保障他们的民族利益，又要保障他们作为公民的个人权利，唯有如此才能使他们的国家认同稳定存在。具体做法有：一是进一步理顺中央国家权力机关和行政机关同民族自治地方自治机关之间的关系，细化各自职责范围，培育和使用民族干部，尽量实现权力的分享平衡，保障少数民族地区人民正当的利益诉求，这对于国家认同的维护尤为重要。[②] 二是在民族政策贯彻落实过程中切实坚持公民间的平等团结取向。国家在完善民族政策时，应"围绕民族权利保障和利益分配，构建一套协调民族差异性或异质性要素与国家统一性的体制和机制"[③]，尽量避免在民族政策的贯彻落实过程中，一部分少数民族受益多、另一部分少数民族受益少的现象。三是调动各民族成员的公民政治参与，拓展边疆少数民族的利益表达渠道。近些年来，边疆少数民族地区群体性事件具有上升态势。其中一个重要原因，就是少数民族的公民政治参与和自身利益表达渠道不够畅通。当少数民族的利益诉求十分突出，而政府又不能察觉并给予及时回应之时，少数民族对国家的认同就会随

---

① 《民族工作文献选编：2003~2009》，中央文献出版社 2010 年版，第 412 页。
② 吴开松、解志苹：《论我国少数民族地区国族认同的构建》，载《中南民族大学学报》2008 年第 3 期。
③ 高永久、朱军：《论多民族国家中的民族认同与国家认同》，载《民族研究》2010 年第 2 期。

着对政府的失望而消退,群体性事件就难以避免地爆发。^① 因此,在社会处于剧烈的转型时期,为避免因利益分化造成国家认同危机,我们必须不断完善民族地区的政治体制,调动各民族成员保持较高的公民政治参与热情。其根本目的,就是为了畅通各民族成员的利益表达渠道,促进各民族对国家政权体系、对中国共产党执政合法性的认同,提升中华民族凝聚力,形成全国范围内的广泛政治认同。

(三)承扬各民族优秀文化与增进中华民族文化共性相结合

文化既是民族的灵魂与血脉,也是民族的生命力、创造力和凝聚力的重要源泉。从某种意义上说,文化等同于民族,民族就是文化。马克思曾深刻揭示:"共同的世系越来越不被认为是实际的血缘亲属关系;关于这一方面的记忆越来越淡薄了,余下来的仅仅是共同的历史和共同的方言。"^② 任何民族的生存与发展,都离不开包括共同的历史和共同的方言在内的本民族文化的继承和发展。少数民族要维持自身的存在,需要继承发扬自己的文化;中国要实现伟大复兴,同样需要弘扬与之匹配的中华民族文化,需要提高各民族对中华民族文化的认同。中华民族作为一种国族建构,十分需要文化上的集体认同。不同的少数民族文化在中华民族多元一体的格局中,共同构建了中华民族的文化面貌。中华民族文化面貌关乎中国的文化安全。而中国文化安全关系到中华民族传统、价值观念、意识形态的生死存亡,关系到中国各个民族、阶层或利益集团之间的和谐共处。^③ 中华民族文化对于增强中华民族的凝聚力、维护国家安全统一具有重要作用。正如胡锦涛同志指出的:"中华民族的优秀文化,生生不息,绵延不绝,是我国人民几千年来克服艰难险阻、战胜内忧外患、创造幸福生活的强大精神力量。"^④ 中国是一个多民

---

① 陆海发、袁娥:《边疆少数民族国家认同建设的意义、挑战与对策》,载《青海民族研究》2010年第4期。
② 《马克思恩格斯全集》第25卷,人民出版社2001年版,第258页。
③ 刘大先:《新疆:文化差异与国家认同》,载《粤海风》2008年第5期。
④ 胡锦涛:《在中国文联第八次全国代表大会中国作协第七次全国代表大会上的讲话》,人民出版社2006年版,第3页。

族的大国，各少数民族对中华文化的认同是建构民族认同与国家认同的和谐关系，进而维护国家安全的最深厚战略资源。

在当代中国，我们既需要承扬各民族的优秀文化，也需要在此基础上不断增进中华民族的文化共性。一方面，只有尊重各少数民族的文化传统，方能获得他们的信任，获取他们对国家的真心认同。反之，那种"迫害他们，屠杀他们，不仅不能消灭他们的民族感情，反而使他们的民族意识加强；不断地压制他们，只会造成他们像一座座一触即发的'火山'。凡此种种，也预示着有可能爆发威胁全人类战争的危险"[1]。另一方面，我们需要以各族群众的民族文化为依托，增进中华民族文化共性，因为"只有当社会一体化从社会成员那里得到文化习惯的支持，而文化习惯又与他们互相交往的方式紧密相关，政治共同体的社会一体化才能取得成功"[2]。

自新中国成立以来，党和政府在保护和发展各少数民族文化方面是真诚而坚定的。中国《宪法》明确规定，国家根据少数民族的特点和需要，帮助少数民族加快各项文化事业的发展。中国政府通过各种政策措施，尊重和保护少数民族文化，支持少数民族文化的传承、发展和创新，鼓励各民族加强文化交流，繁荣发展少数民族文化事业。在60多年的实践当中，中国在保护和发展少数民族语言文字、支持和帮助少数民族发展教育事业、抢救和保护少数民族的文化遗产、繁荣发展少数民族文化艺术事业、扶持民族医药事业发展等方面，皆做出了不懈努力，也取得了巨大成效。[3]也正因为如此，少数民族对中国政府是普遍信服的，对国家的认同也保持着较高水平。但是国家对各民族文化的包容、支持和维护，并不足以激发出各民族群众对中华民族文化的强烈追寻。更何况，任何事物都具有两面性。国家对少数民族文化的包容、支持和维护，固然有利于各民族文化的繁荣和进步，却也存在不

---

[1] 〔英〕休·希顿·沃森：《民族与国家：对民族起源与民族主义政治的探计》，吴洪英等译，中央民族大学出版社2009年版，第632页。
[2] 〔德〕阿克塞尔·霍耐特：《为承认而斗争》，胡继华译，上海人民出版社2005年版，第64页。
[3] 《民族工作文献选编：2003~2009》，中央文献出版社2010年版，第460—467页。

利于社会整合方面的消极方面。正如有学者指出的："对民族文化、传统的过分渲染、对民族认同、文化自觉的过分执著，很容易转化成激进、狭隘和非理性的民族主义……如果民族和文化认同的维持是建立在求异，而不是求同的基础之上，那么它必将成为社会中的一股分裂势力。"① 因此，为了形成各民族对国家政权体系、对中国共产党的执政合法性的长效性认同和支持，为了不断增强中华民族的凝聚力，我们还须把尊重各族群众的民族文化与增进中华民族文化共性有机结合起来，即在尊重各民族文化的同时，努力通过国家和政府有意识的努力建构，大力增进和弘扬中华民族文化，建设中华民族的共有精神家园。按照民族认同与国家认同和谐关系建构的精神，我们教育和宣传工作的总体取向应当是多讲各民族共同创建祖国大家庭，多讲你中有我、我中有你，多讲在近代抵御帝国主义侵略的斗争中各民族共同捍卫祖国统一，多讲在建设中国特色社会主义事业中各民族利益的共同性、一致性。然而，新中国成立以来特别是改革开放以来，与对各少数民族的文化保护和发展相比，我们国家对中华民族共同文化的培育、宣传和教育方面的工作显得力度不够。如中国民族理论政策在强调少数民族的文化特殊性时，普遍的做法是热衷于传播那种通常与现实非常遥远的"古代"的民族文化，比如传统的生活习俗和服饰等，而对少数民族和汉文化的相互影响，却较少展示。这样的做法里面其实包含着一种暗示：少数民族和汉族以及不同少数民族之间，是完全不同的"民族"。又如，我们从公共媒体上获得的关于少数民族文化的信息，大多是那些古老习俗的历史遗迹，而不是现实中那种汉族和少数民族高度互动的文化关系。② 诸如此类情形的存在，客观上强化了各少数民族群众的民族认同，削弱了中华民族共同文化认同，这显然与民族认同、国家认同和谐关系建构的精神实质不相匹配。今后，我们应该大力"弘

---

① 沈卫荣：《汉藏交融与民族认同》，载《读书》2010 年第 1 期。
② 朱维群：《对当前民族领域问题的几点思考》，载《学习时报》2012 年 2 月 13 日；关凯：《族群政治》，中央民族大学出版社 2007 年版，第 283 页。

扬中华文化，建设中华民族共有精神家园"①，从而增进各民族群众对伟大祖国的认同、对中华民族的认同、对中华文化的认同。具体而言，我们应从如下几个方面作长期努力。

第一，加大力度在少数民族和民族地区中推广普通话。任何一个国家都需要有共同的语言和共同的话语体系，普通话不仅是汉族的语言，也是整个国家保持信息渠道一致的共同语言。在国家认同的语境下，普通话实质上是联系全国人民的"政治和经济语言"，是中华民族文化认同的语言纽带。有调研表明，维吾尔族青少年学习汉语的时间与国家认同各维度之间存在着显著正相关，即维吾尔族青少年学习汉语的时间越长，对主流文化的认同就越高。②事实还表明，说其他语言的少数民族只有掌握了作为共同的政治语言和工作语言的普通话，才能提升融入主流文化的能力，从而在社会主义市场经济中更好地参与就业等竞争，更好地维护自己的文化和政治权利。故此，我们必须在全国范围内深入推广普通话，尤其是加大力度在少数民族和民族地区中推广普通话。一是在汉族为主、多民族混校学习的地区，要严格规定，教师在具体教学实践中必须以普通话为主要语言授课。二是在较多少数民族聚集的学校里，如有条件的则应开展双语教学。"卓有成效的双语教育，可以增强'我是中国人'的意识，培育青年学生的国家归属感。"③要使少数民族学生通过接受双语教育积极与社会接触，打破民族语言障碍，使各民族和睦相处，促进不同民族间的沟通与交流，促进中华民族的团结和增强民族的凝聚力。我们在实施双语教育的过程中，不能因为社会上有一些不赞成普

---

① 胡锦涛：《高举中国特色社会主义伟大旗帜 为夺取全面建设小康社会新胜利而奋斗——在中国共产党第十七次全国代表大会上的报告》，人民出版社2007年版，第35页。
② 常宝宁：《新疆南疆地区青少年国家认同影响因素实证研究》，载《新疆社会科学》2010年第1期；韩震：《论国家认同、民族认同及文化认同——一种基于历史哲学的分析与思考》，载《北京师范大学学报》2010年第1期。
③ 莫红梅：《多民族国家视域下的公民身份与国家认同》，载《教学与研究》2010年第9期。

及国家通用语言的声音就产生犹豫、动摇。当然,我们也要考虑周到(比如要安排好只会少数民族语言教学的教师的出路等),做到尊重少数民族的情感,在推广普通话过程中遵循思想先行、引导为主和循序渐进的原则。

第二,坚持不懈地在民族地区推进社会主义核心价值体系建设。人类历史上,不同时代、不同国家和不同社会如果要保持稳定发展,都会有自己的核心价值观。作为一个社会中最为抽象和普遍性的价值观念,核心价值观具有凝聚社会共识、维护社会秩序、强化国家认同的功能。[①]中国是一个多民族国家,客观上存在多元民族文化并存发展的现象。辩证地看,这种多元民族文化是具有不同价值指向的,相互之间有的时候可以相容共生,有的时候则可能发生摩擦和对立,特别是在西方敌对势力和国内分裂分子的鼓捣和挑唆下,这种对立冲突问题更为明显。"一直以来,境内外敌对势力不择手段地对中国进行分裂和破坏活动,他们打着民族的旗号,披着宗教的外衣,编造和歪曲历史,对少数民族群众进行蛊惑和煽动,很大程度上就是利用了文化认同来消解国家认同。"[②]那么,我们如何应对这一问题和挑战?在和谐关系建构理念下,我们不主张以国家认同取缔民族认同,以通用国民文化取代各少数民族文化。我们的办法是,在民族地区推进社会主义核心价值体系建设,建构"多样共存,一元主导"的价值局面。不过,由于历史与现实的原因,中国当代核心价值建设面临这样的窘境:"古代的儒学思想在历次'运动'中几乎被扫荡一清,共产主义理想在今天又失去了毛泽东时代的影响力,西方思潮则得不到官方的承认,我们的思想处于混乱和苦闷之中。"[③]在此形势下,中国共产党十六届六中全会提出建设"社会主义核心价值观体系"的战略任务,正是适时之举。社会主义核心价值体系的基本内容包括马

---

① 左高山:《社会主义核心价值观是国家认同的基础》,载《中国社会科学报》2010年7月1日。
② 杨海萍:《新疆大学生国家认同教育的现状调查与路径选择》,载《新疆师范大学学报》2010年第4期。
③ 张健一:《现代国家认同与国家权力合法性分析——兼与徐勇教授商榷》,载《东南学术》2008年第2期。

克思主义指导思想、中国特色社会主义共同理想、以爱国主义为核心的民族精神和以改革创新为核心的时代精神、社会主义荣辱观。这四个方面内容相互联系、相互贯通、相互促进,是有机统一体,都是社会主义意识形态最重要组成部分,是团结各族人民建设社会主义现代化国家的精神支柱。为推进民族认同与国家认同的和谐关系建构,我们必须通过政治社会化的过程,推进社会主义核心价值体系的大众化,使各少数民族文化与中华文化具有相融相通的纽带和基础。

第三,构建涵盖各民族文化的"多样一体"中华民族文化概念与符号系统。培育中华民族文化是中国国家认同建构的基本手段,其根本方法就是霍布斯鲍姆和兰格所谓的发明传统:"我们认为,发明传统本质上是一种形式化和仪式化的过程,其特点是与过去相关联,即使只是通过不断重复。"[①] 概括地说,"发明传统"就是要从国内各民族共同发展历史和文化中拣选、提取、重塑一种共享资源,借此把地方文化整合到国家文化当中。就当代中国而言,我们要构建涵盖各民族文化内容的多元一体的中华文化概念和符号系统,就是要强调中华文化的多样性形式和多重性内容。我们不能仅仅把中华文化符号象征系统限定在汉族文化的有限范围内,而应把少数民族的文化也纳入中华民族整体文化系统之中。也就是说,56个民族的文化都是中华文化的有机组成部分,中华文化的内涵和符号必须涵盖、包容少数民族的文化形式。事实表明,中国各少数民族文化同样博大精深,在漫长的历史发展过程中创造出了诸多光辉灿烂的文化系统,这些都是中华文化的重要组成部分。如果我们能够更多地把少数民族的诸多认同符号都融入整个中华民族的文化符号系统之中,那么我们的共同文化基础就会更加宽泛和厚实。[②] 我们的可行的做法是:"积极扶持各民族优秀文化的传承和发展,并以现代价值

[①]〔英〕E.霍布斯鲍姆、T.兰格:《传统的发明》,顾杭等译,译林出版社2004年版,第3页。
[②] 韩震:《论国家认同、民族认同及文化认同——一种基于历史哲学的分析与思考》,载《北京师范大学学报》2010年第1期。

为标准，整合各民族的文化资源，突出其共同性和现代性，使各民族在共享优秀传统文化的同时，增强中华民族认同。"①当然，建构中华民族文化也是一个对各少数民族文化的扬弃过程，对少数民族文化中的精华要继承发扬，对其中的落后成分也要批判剔除，这与少数民族自身文化的繁荣发展规律并不矛盾。

第四，通过国民教育体系、大众传媒、节庆仪式等途径推进中华民族文化的宣传教育，建构中华民族共有的精神家园。国族认同是由特定的历史过程决定的，它不仅包括自然的文化适应和整合过程，也包括民族国家的有意识的文化建构，在此过程中国家权力系统的有意识参与发挥着重要作用。②新形势下，我们同样需要发挥国家政府的主导作用，进一步弘扬中华文化，建设中华民族共有精神家园。一是通过国民教育体系推进中华民族文化的宣传教育。从政治整合的立场看，国家必须主导或垄断教育，特别是国民教育体系。我们必须趁义务教育的普及推进统一的国家文化认同建设，在任何情况下，国家都"不能放弃塑造青少年精神的责任，不能把心灵的教育交给宗教或其他势力"③。在国民教育体系中推进中华民族文化宣传教育，重点方面是开展中华民族的历史教育。因为历史承载着培养和强化民族认同感的社会功能，有了"历史认同"才能产生"国家认同"。在全球化时代，要使少数民族产生中华民族认同，进而强化国家认同，就必须进行历史教育以保留和强化他们的"历史记忆"。"历史认同"发生错乱，必然会产生对民族或国家的疏离感，逐渐地也就不认为是这个民族国家的一分子了。④此外，在国民教育体系方面，还需要重点纠正对"汉族"和"少数民族"进行人为区分的

---

① 谢俊春：《中华民族认同：西部民族地区社会稳定的重要心理基础》，载《牡丹江大学学报》2009年第7期。
② 黄其松：《制度建构与民族认同：现代国家建构的双重任务》，载《云南行政学院学报》2010年第6期。
③ 韩震：《全球化时代的公民教育与国家认同及文化认同》，载《社会科学战线》2010年第5期。
④ 王仲孚：《历史认同与民族认同》，载《中国文化研究》1999第3期。

"二元结构",这种区分对于各民族之间的文化交流和"中华民族"凝聚力建设是十分不利的。列宁曾经呼吁"消除各民族之间的种种隔膜,使各民族的儿童在统一的学校里打成一片"①,但是中国在学校体系的"民族区隔"依然十分明显。②二是通过大众传媒推进中华民族文化宣传教育。在信息化迅捷发展的当代社会,人们对媒介的日常性消费使刻意在媒体上建构国家形象成为实现国家认同的一个日益重要的路径选择。"只要大众传播媒介、宣传技术和公共教育让国家精英们将他们的共同价值观、情感和信仰慢慢地灌输给他们的人民,特别是如果那一切都有'民族的'特征的话"③,国家就能获得更大机会实现国家认同的一致性。因此,当代中国应继续加大力度,尽快实现民族地区通水、通电、通电视、通网络,建构起全国统一的大众传媒网络,借此推进中华主流文化传播教育的全覆盖。三是通过各种节庆仪式推进中华民族文化的宣传教育。由于"民族认同和共同体源自连续执行的例行公事和普遍能够理解的公民行为"④,我们在国家庆典和其他社会仪式之中,应重视增加作为公民的统一规范和行为要求。历史表明,节庆仪式是民族历史、文化积累的结果,是连接民族的重要形式,也是民族国家自我认同的重要途径。在中国民族认同与国家认同的和谐关系建构过程中,通过媒介传播各种节庆仪式具有非同一般的意义。用霍布斯鲍姆的概念来描述,即这些节庆仪式在当代具有"被发明的传统"的意义,具有某种"想象的共同体"的建构功能。它能够凸显"我们是谁",建立各族人民的差异性联系。祭奠先烈、升旗仪式、国庆典礼、聆听国歌等节庆仪式必然会灌输这样一种认同感。通过节庆仪式的集体性参与,那种"我们"是一个"中华民族"的认同

---

① 《列宁全集》第23卷,人民出版社1990年版,第396页。
② 马戎:《应调整高校体系中的民族区隔》,载《南方周末》2010年5月20日第F31版。
③ 〔英〕安东尼·史密斯:《民族主义:理论,意识形态,历史》,叶江译,上海人民出版社2006年版,第130页。
④ 〔美〕约瑟夫·拉彼德、〔德〕弗里德里希·克拉拖赫维尔:《文化和认同:国际关系回归理论》,金烨译,浙江人民出版社2003年版,第200页。

经验便持续生成，最终积淀为一种集体历史记忆的重现。[①]

（四）培养使用少数民族干部与拓宽少数民族群众政治参与渠道相结合

民族干部的状况是衡量一个民族发展水平的重要标志。大力培养选拔少数民族干部，是中国共产党的一贯方针，是中国共产党的民族政策的一项重要内容，也是民族工作的一项重要任务。实践证明，少数民族干部熟悉本民族的语言、历史、传统和风俗习惯，了解本民族群众的思想感情和要求愿望，了解本民族和本地区的特点，因而成为中国共产党和中国政府联系少数民族群众的重要桥梁和纽带。民族干部对于解决民族问题，做好民族工作，推进民族团结进步事业，有着不可替代的重要作用。[②] 自新中国成立以来，中国共产党和中国政府把加强少数民族干部队伍建设作为促进各民族繁荣发展、搞好民族地区工作、解决民族问题的关键，作为管长远、管根本的大事，因而不断采取有力措施加大培养选拔力度。广大民族干部队伍也确实做到了艰苦创业、无私奉献，对促进民族地区发展，对民族认同与国家认同的和谐关系建构发挥了重要作用。

但是，我们在肯定现有民族干部制度所获成就的同时，也应注意到这种民族干部制度自身存在的一些问题与不足。如在中国既有的体制环境下，少数民族干部的形成与国家对少数民族的特殊制度政策密不可分。少数民族干部的共同特点是政治化地生存于既有体制之内，其权威性和合法性主要来源于中央或上级政权的职务任命。这就容易导致一些民族干部倾向于在民族认同和维持政治地位间寻求平衡，成为国家认同建构中"维持现状者"，他们不是立足于艰苦奋斗、自力更生谋发展，并从战略高度推进各少数民族群众由民族认同上升到中华民族认同与国家认同，而是止步于以民族发展名义向中央或上级政府争取更多的决策权力和各种稀缺资源，并在有意无意中强化、固化各种民族优惠政策。很显然，这些民族干部所发挥的作用主要是

---

① 金玉萍：《媒介中的国家认同建构——以春节联欢晚会为例》，载《理论界》2010年第1期。
② 《新中国民族工作十讲》，民族出版社2006年版，第186页。

技术性而非战略性的。可以说,他们对民族认同与国家认同的和谐关系建构是既无大过,同时也无大功。又如,按照我国民族地区制度设计,民族干部既要成为中国共产党和中国政府的代理人,也要成为少数民族的政治代理人。可问题在于,"代理人"也是个体的人,也有自己的价值判断和利益诉求,因此当国家代理人和民族代理人集中于一身时,也可能会使民族干部将"自我利益"作为优先选择项,从而在政治角色上演变成"精英自己"的代理人。毛泽东同志曾说:"政治路线确定之后,干部就是决定的因素。"[①]一旦民族精英唯自身利益马首是瞻,国家与社会连接的链条就可能失效甚至中断,这意味着国家意志无法到达下层,而下层民族群众的意愿也无法传至国家和政府。对国家和政府而言,一种令人忧虑的场景可能是这样发生的:表面上,国家的意志仍然被"滴水不漏"地传达到底层,但实际上,国家意愿中的目标和实现路径已经在中间环节被技术性地更改了。在极端的情况下,法律形同虚文,国家的要求被以一种表演性很强的方式应对,国家政策事实上成为地方权力的操作选项——于自身有利的就做,反之就不做。其严重后果是,造成少数民族群众对国家政府的日益失望,进而对国家治理的有效性和国家权威认同发生动摇。[②]当前,我们应充分肯定,中国少数民族干部为边疆各族人民共同团结奋斗、共同繁荣发展做出了不可磨灭的贡献,"为人民服务"仍然是那些扎根边疆、服务各族人民的好干部的处事宗旨。然而与20世纪50—70年代相比,当今真正全心全意为各族普通民众谋利益的干部人数似乎有所下降。在边疆民族地区,各族百姓经常提及"国家政策好得很,就是人不好",这里的"人"即指边疆地区的各级干部。可见,边疆地区各族民众对干部认同的弱化,其结果必然是对现在国家代表者政府认同的弱化。"在处理一些突发性事件时,一些当地政府部门无法调动民心的事实

---

① 《毛泽东选集》第 2 卷,人民出版社 1991 年版,第 526 页。
② 关凯:《族群政治》,中央民族大学出版社 2007 年版,第 285—286 页。

表明，国家认同弱化表现在对政府认同的弱化方面。"①

为克服民族干部制度的上述问题与不足，从治标角度而言，我们要大力开展反腐倡廉、作风整顿和干部培训教育工作，要将民族干部中的害群之马及时清除出队伍，对不思进取者进行及时批评教育，对能力不足者进行培训或调岗。而从治本的角度而言，则应在民族地区深入贯彻党的群众路线，拓宽少数民族群众的政治参与渠道。实践证明，群众的眼睛是雪亮的，只有充分发扬社会主义民主，让政治权力在阳光下运行，少数民族干部的作用才能得到最好发挥。少数民族群众的民主政治参与，可以起到督促少数民族干部提高执政能力和先进性、纯洁性建设，监督少数民族干部保持廉洁从政。

此外，当代中国正处于社会转型期，一些传统类型的少数民族精英可能渐渐"沦落"，而新的少数民族精英阶层必然兴起并发挥出越来越大的作用。与非精英阶层相比，民族精英阶层的民族意识往往表现得更为强烈。当新的少数民族经济精英、政治精英和文化精英渐渐替代或加入传统精英阵营时，其身上所具有的新价值取向、新精神气质和新行为方式会给民族精英集团带来新的活力和适应能力，从而也带来更高的社会能量。与此同时，在当今全球化、现代化不断推进的过程中，伴随第三次民族主义浪潮席卷全球，随着中国少数民族受教育程度的提高，社会转型期间少数民族群众的民族意识有所觉醒，政治素质和政治参与意识也逐渐提高。在此情况下，如果我们不拓宽少数民族政治参与的渠道，那么一旦他们真的参与了，就有可能演变为反体制的社会运动。近年来中国社会频发的群体抗议行动和"上访"等，都是在这种社会条件下的激烈反应。而在这一点上，随着社会转型的深化，少数民族干部在国家和民族群众之间所能起到的协调作用显然是有限度的。战略性的做法应该是，在继续加强少数民族干部队伍建设的同时，也要与时俱进地设法促进少数民族社区性的直接政治参与，让更多的少数民族群众，特别是其中新的社会精英参与到国家和地方事务的决策过程中

---

① 徐黎丽：《论多民族国家中民族认同与国家认同的冲突——以中国为例》，载《西北师大学报》2011年第1期。

来。①

综上所述，把培养使用少数民族干部与拓宽少数民族群众政治参与渠道相结合是发扬社会主义民主，让各族群众更好地当家做主的内在规定，也是避免民族主义力量在体制外生成的重要手段。党的十七大报告提出："坚持国家一切权力属于人民，从各个层次、各个领域扩大公民有序政治参与，最广泛地动员和组织人民依法管理国家事务和社会事务、管理经济和文化事业。"②党的十八大报告继续强调："加快推进社会主义民主政治制度化、规范化、程序化，从各层次各领域扩大公民有序政治参与，实现国家各项工作法治化。"③这些重大会议精神对当前民族地区的政治文明建设，对中国民族认同与国家认同和谐关系的建构无疑具有深远的指导意义。

（五）依法开展反分裂斗争与长期普遍进行民族团结思想教育相结合

作为社会主义和谐社会建设的重要组成部分，民族认同与国家认同和谐关系的建构应植根于"宽严有据"的政治治理，而不是无原则的"一团和气""息事宁人"。在这一问题上，公法制度与思想教育的合二为一，即严厉依法开展反分裂斗争与民族团结思想教育相结合是至关重要的。如果国家与政府只是进行思想教育，单纯强调善意的感召力，试图以"怀柔"的心态"优待"从事违法犯罪和分裂活动的民族成员，而忽视以一定的强制性手段特别是法治手段，那就可能破坏社会公平，并助长一些人利用民族政策的社会影响逃避法律惩罚。反之，如果国家和政府一味强调法律的强制力，而忽视思想政治教育，就会陷入"道之以政，齐之以刑，民免而无耻"的恶性循环困境，其结果可能导致民心背离和特定历史条件下社会秩序的瓦解。这两

---

① 关凯：《族群政治》，中央民族大学出版社2007年版，第288—290页。
② 胡锦涛：《高举中国特色社会主义伟大旗帜为夺取全面建设小康社会新胜利而奋斗——在中国共产党第十七次全国代表大会上的报告》，人民出版社2007年版，第28页。
③ 胡锦涛：《坚定不移沿着中国特色社会主义道路前进为全面建成小康社会而奋斗——在中国共产党第十八次全国代表大会上的报告》，人民出版社2012年版，第18页。

第五章　当代中国民族认同与国家认同的和谐关系建构思考

种极端,都有损于民族认同与国家认同的和谐关系建构。概言之,"民族政策最大的风险就在于这两个极端:简单化的强硬镇压和无原则的立场妥协。'宽严皆误'的后果就是社会整合能力的丧失,引发民族冲突"①。避免这两个极端,要求把严厉依法开展反分裂斗争与民族团结思想教育相结合,做到以法治立规矩、以思想政治教育立人心,达到"德法互济"的社会治理境界。

一方面,我们必须严格依法开展反分裂斗争。自新中国成立以来,境内外敌对势力从未放松过对中国的和平演变,利用民族、宗教问题进行渗透和破坏是其惯用伎俩。中国的新疆问题、西藏问题以及大力进行"族群分隔"的台湾问题,还有近年来的"港独"问题,无不被西方某些国家拿来作为"要挟"。藏独、疆独、台独、港独等分离势力,无论对国内采取怎样的对抗形式(或诽谤、或暴力),都被一些国际反华势力视为座上宾。一些开口闭口大谈"人权"的领导人,唯独将中国的暴力分裂主义分子视为"人权斗士"加以颂扬和扶持。民族问题一度被某些发达国家用做遏制中国发展的"一张王牌"。②2008年拉萨等地和2009年乌鲁木齐发生的打砸抢烧严重暴力犯罪事件,以及2014年新疆莎车暴恐袭击案等,正是境内外分裂势力、敌对势力进行渗透破坏活动的突出表现,充分暴露了暴力恐怖分子肆意践踏生命和人权的凶残本性,也进一步凸显了加强民族团结、反对民族分裂、维护社会稳定、支持少数民族和民族地区加快发展的极端重要性和紧迫性。这些暴力事件告诫我们,必须提高警惕、居安思危,切实做好同境内外分裂势力、敌对势力做斗争的思想准备和工作准备,继续严密防范和严厉打击他们的渗透破坏活动,坚决维护祖国统一、维护民族团结、维护社会稳定。在这个问题上,立场必须十分坚定,态度必须十分坚决,丝毫不能动摇。民族分裂势力是各族人民的公敌,是危害中国主权、安全、发展利益的心腹大患。任何一个中国人,都应旗帜鲜明的反对一切分裂祖国、破坏民族团结的言

---

① 关凯:《族群政治》,中央民族大学出版社2007年版,第303—304页。
② 吴晓林:《加强国家认同在民族政治整合中的作用》,载《中国社会科学报》2010年1月21日。

行,坚决维护社会稳定、维护社会法制、维护人民群众根本利益。"对于极少数蓄意挑拨民族关系、破坏民族团结、制造恶性事件的违法犯罪分子,要坚决依法打击。"[①]对于违反国家法律,从事分裂活动的犯罪分子,不论涉及哪个民族,都须严格依法处理,绝对能不容许逍遥于法律之外的"特权民族"存在。

另一方面,我们还必须长期普遍开展民族团结思想教育。恩格斯曾经深刻分析国家分裂与民族团结之间的辩证关系,他指出:"只有全民族的联合力量才能避免分裂的危险。"[②]"德国人民深深感到必须消除可恨的疆土分裂状态,因为这种状态分散和抵消了民族的集体力量。"[③]新中国成立以来,中国共产党和国家领导人也始终高度重视维护民族团结。毛泽东强调:"人民的团结,国内各民族的团结,这是我们的事业必定要胜利的基本保证"[④],并发出了"中华人民共和国各民族团结起来"的伟大号召。邓小平指出,"要根据本国的条件制定发展战略和政策,搞好民族团结,通过全体人民的共同努力,使经济得到发展"[⑤],并号召"争取整个中华民族大团结"[⑥]。江泽民提出"汉族离不开少数民族,少数民族离不开汉族,各少数民族之间也相互离不开"[⑦]。胡锦涛指出:"祖国统一、民族团结,是各族人民之福;祖国分裂、民族离乱,是各族人民之祸。这个道理是被历史和现实反复证明了的。当今世界,一些国家和地区因民族纷争而导致社会动荡、经济凋敝、国家分裂、生灵涂炭,这样的例子是很多的。各族干部群众都要把维护祖国统一和民族团结作为自己义不容辞的责任。"[⑧]在中国共产党和国家领导人的高度重视

---

① 《民族工作文献选编:2003~2009》,中央文献出版社 2010 年版,第 375、379 页。
② 《马克思恩格斯全集》第 21 卷,人民出版社 1965 年版,第 474 页。
③ 《马克思恩格斯文集》第 2 卷,人民出版社 2009 年版,第 395 页。
④ 《毛泽东文集》第 7 卷,人民出版社 1999 年版,第 204 页。
⑤ 《邓小平文选》第 3 卷,人民出版社 1993 年版,第 289 页。
⑥ 《邓小平文选》第 3 卷,人民出版社 1993 年版,第 161 页。
⑦ 《江泽民文选》第 2 卷,人民出版社 2006 年版,第 160 页。
⑧ 《民族工作文献选编:2003~2009》,中央文献出版社 2010 年版,第 5 页。

下，中国开展了卓有成效的民族团结思想教育，取得了良好成效，为反对分裂势力、维护祖国统一奠定了坚实的思想基础。"我国广大民族地区在发展和稳定方面能够不断取得新成就，靠的是各族人民的坚强团结。平息拉萨等地和乌鲁木齐发生的打砸抢烧严重暴力事件，靠的也是各族人民的坚强团结。"[1]

然而，中国的民族团结思想教育也仍然存在一些问题和不足，突出表现在两个方面：一方面，一些地区、单位或部门缺乏民族团结思想教育的长效机制，往往是在民族关系出了问题后，才高度重视，仓促开展起各种"运动式"的宣传教育活动；另一方面，民族团结思想教育的覆盖面不够。一说起民族团结思想教育，很多人就主观认为这应该是在民族地区、在少数民族群众中开展，似乎与人口占多数的汉族无关，这就限制了民族团结思想教育的覆盖面。为克服这两个方面的问题，今后必须开展长效性、普遍化的民族团结思想教育。其一，要建立民族团结思想教育的长效性机制。我们应高举各民族大团结的旗帜，广泛、深入、持久开展民族团结宣传教育活动。要加强思想政治教育工作，在全国范围内深入进行爱国主义、集体主义、社会主义教育，牢固树立马克思主义祖国观、民族观、宗教观，牢固树立汉族离不开少数民族、少数民族离不开汉族、各少数民族之间相互离不开的思想，筑牢民族团结的思想基础和群众基础，促进各民族相互尊重、相互学习、相互合作、相互帮助，始终同呼吸、共命运、心连心。要坚持把民族团结教育纳入公民道德教育全过程、社会主义精神文明建设全过程，尤其要在各族青少年中开展多种形式的民族团结宣传教育活动，使各族干部群众深刻认识到，各个民族都是中华民族大家庭的重要成员和中华人民共和国的共同缔造者、建设者，都肩负着维护国家统一稳定和实现中华民族伟大复兴的光荣使命，维护民族团结是各民族的根本利益和共同责任所在。[2]其二，要扩大覆盖面，在各民族中普遍开展民族团结教育，尤其应该在汉族中重点开展。主要原因

---

[1] 《民族工作文献选编：2003~2009》，中央文献出版社 2010 年版，第 376 页。
[2] 《民族工作文献选编：2003~2009》，中央文献出版社 2010 年版，第 378 页。

在于，汉族人口占全国总人口的 90% 以上，汉族地区的经济和教育事业比较发达，作为中国的主流群体很容易产生优越感。他们绝大多数人对少数民族的历史和生活了解很少，在讲话和处理事务时也很容易忽视身边少数民族成员的心理感受。[1] 随着改革开放的深入，汉族与各少数民族的交流活动急剧加强。尤其是近些年来，在"西部大开发"战略的实施过程中，在全面深化改革的治国理政大战略下，汉族与西部少数民族之间的交流互动进入一个新的历史时期。在此形势下，一些汉族或者由于自身存在的大汉族主义意识，或者由于缺乏对西部少数民族的了解，会有意或无意地伤害到少数民族的情感，进而危害民族团结。总之，在开展民族团结思想教育中，固然要在少数民族和民族地区深入开展，但更要在汉族群众中尤其是汉族青少年中重点开展。[2]

---

[1] 马戎：《实事求是、与时俱进，推动西藏社会发展研究》，载《中国民族报》2010 年 1 月 15 日。
[2] 沈壮海：《思想政治教育发展报告 2010》，高等教育出版社 2010 年版，第 40 页。

参考文献

（一）经典文献

《马克思恩格斯选集》第1—4卷，人民出版社1995年版。
《马克思恩格斯文集》第1—2卷，人民出版社2009年版。
《马克思恩格斯全集》第1卷，人民出版社1995年版。
《马克思恩格斯全集》第21卷，人民出版社1965年版。
《马克思恩格斯全集》第25卷，人民出版社2001年版。
《列宁选集》1—2卷，人民出版社1995年版。
《列宁专题文集·论马克思主义》，人民出版社2009年版。
《列宁专题文集·论无产阶级政党》，人民出版社2009年版。
《列宁专题文集·论资本主义》，人民出版社2009年版。
《列宁专题文集·论辩证唯物主义和历史唯物主义》，人民出版社2009年版。
《列宁全集》第23卷，人民出版社1990年版。
《列宁全集》第28卷，人民出版社1990年版。
《列宁论民族问题》，民族出版社1987年版。
《斯大林选集》上卷，人民出版社1979年版。
《斯大林文集》，人民出版社1985年版。
《毛泽东选集》1—2卷，人民出版社1991年版。
《毛泽东文集》第7卷，人民出版社1999年版。
《周恩来选集》下卷，人民出版社1984年版。

《邓小平文选》第2—3卷,人民出版社1993年版。

《江泽民文选》第1—3卷,人民出版社2006年版。

胡锦涛:《高举中国特色社会主义伟大旗帜为夺取全面建设小康社会新胜利而奋斗——在中国共产党第十七次全国代表大会上的报告》,人民出版社2007年版。

胡锦涛:《坚定不移沿着中国特色社会主义道路前进为全面建成小康社会而奋斗——在中国共产党第十八次全国代表大会上的报告》,人民出版社2012年版。

胡锦涛:《在庆祝中国共产党成立85周年暨总结保持共产党员先进性教育活动大会上的讲话》,人民出版社2006年版。

胡锦涛:《在中央民族工作会议暨国务院第四次全国民族团结进步表彰大会上的讲话》,人民出版社2005年版。

胡锦涛:《在中国文联第八次全国代表大会 中国作协第七次全国代表大会上的讲话》,人民出版社2006年版。

胡锦涛:《在省部级主要领导干部提高构建社会主义和谐社会能力专题研讨班上的讲话》,《人民日报》2005年6月27日。

胡锦涛:《努力建设持久和平、共同繁荣的和谐世界——在联合国成立60周年首脑会议上的讲话》,《人民日报》2005年9月16日。

李维汉:《统一战线问题与民族问题》,人民出版社1981年版。

《中共中央关于构建社会主义和谐社会若干重大问题的决定》,《人民日报》2006年10月12日。

《新时期民族工作文献选编》,中央文献出版社1990年版。

《民族工作文献选编:1990~2002年》,中央文献出版社2003年版。

《民族工作文献选编:2003~2009年》,中央文献出版社2010年版。

《十四大以来重要文献选编》上,人民出版社1996年版。

《科学发展观重要论述摘编》,中央文献出版社2008年版。

金炳镐:《马克思主义民族理论发展史》,中央民族大学出版社2007年版。

金炳镐:《民族纲领政策文献选编:1921年7月~2005年5月》,中央民族大学出版社2006年版。

金炳镐:《新中国民族政策60年》,中央民族大学出版社2009年版。

陈国新、谢旭辉、杨浩东:《中共三代领导人对马克思主义民族理论的继承发展》,贵州人民出版社2003年版。

(二)中文译著

〔英〕安东尼·史密斯:《民族主义:理论,意识形态,历史》,叶江译,上海人民出版社2006年版。

〔英〕安东尼·D.史密斯:《全球化时代的民族与民族主义》,龚维斌等译,中央编译出版社2002年版。

〔美〕菲利克斯·格罗斯:《公民与国家:民族、部族和族属身份》,王建娥等译,新华出版社年2003年版。

〔美〕本尼迪克特·安德森:《想象的共同体:民族主义的起源与散布》,吴叡人译,上海人民出版社2005年版。

〔美〕哈罗德·伊罗生:《群氓之族:群体认同与政治变迁》,邓伯宸译,广西师范大学出版社2008年版。

〔美〕安吉洛·M.科迪维拉:《国家的性格》,人民出版社2001年版。

〔美〕塞缪尔·亨廷顿:《谁是美国人?美国国民特性面临的挑战》,程克雄译,新华出版社2010年版。

〔美〕塞缪尔·亨廷顿:《失衡的承诺》,周端译,东方出版社2005年版。

〔美〕塞缪尔·亨廷顿:《文明的冲突与世界秩序的重建》,周琪等译,新华出版社2010年版。

〔美〕塞缪尔·亨廷顿:《变革社会中的政治秩序》,李盛平等译,华夏出版社1988年版。

〔美〕曼纽尔·卡斯特:《认同的力量》,曹荣湘译,社会科学文献出版社2006年版。

〔美〕曼纽尔·卡斯特:《千年终结》,夏铸九等译,社会科学文献出版社 2006 年版。

〔美〕约瑟夫·S.奈:《硬权力与软权力》,门洪华译,北京大学出版社 2005 年版。

〔美〕小约瑟夫·奈:《理解国际冲突:理论与历史》,张小明译,上海人民出版社 2002 年版。

〔美〕乔纳森·弗里德曼:《文化认同与全球化过程》,郭建如译,商务印书馆 2003 年版。

〔美〕斯蒂文·郝瑞:《田野中的族群关系与民族认同:中国西南彝族社区考察研究》,巴莫阿依、曲木铁西译,广西人民出版社 2000 年版。

〔英〕厄内斯特·盖尔纳:《民族与民族主义》,韩红译,中央编译出版社 2002 年版。

〔英〕埃里克·霍布斯鲍姆:《民族与民族主义》,李金梅译,上海人民出版社 2006 年版。

〔英〕休·希顿－沃森:《民族与国家:对民族起源与民族主义政治的探讨》,吴洪英等译,中央民族大学出版社 2009 年版。

〔美〕罗伯特·杰克曼:《不需要暴力的权力——民族国家的政治能力》,欧阳景根译,天津人民出版社 2005 年版。

〔英〕爱德华·莫迪默、罗伯特·法恩:《人民·民族·国家:族性与民族主义的含义》,刘泓等译,中央民族大学出版社 2009 年版。

〔美〕戴维·莱文森:《世界各国的族群》,葛公尚等译,中央民族大学出版社 2009 年版。

〔英〕奇格蒙特·鲍曼:《共同体:在一个不确定的世界中寻找安全》,欧阳景根译,江苏人民出版社 2003 年版。

〔美〕马丁·N.麦格著:《族群社会学:美国及全球视角下的种族和族群关系》,祖力亚提·司马义译,华夏出版社 2007 年版。

〔法〕吉尔·德拉诺瓦:《民族与民族主义》,郑文彬等译,生活·读书·新知三联书店 2005 年版。

〔法〕阿尔弗雷德·格罗塞:《身份认同的困境》,王鲲译,社会科学文献出版社 2010 年版。

〔英〕安东尼·吉登斯:《民族—国家与暴力》,胡宗泽等译,生活·读书·新知三联书店 1998 年版。

〔英〕安东尼·吉登斯:《第三条道路:社会民主主义的复兴》,郑戈译,北京大学出版社 2000 年版。

〔英〕安东尼·吉登斯:《社会学》,赵旭东等译,北京大学出版社 2003 年版。

〔英〕安东尼·吉登斯:《社会的构成:结构化理论大纲》,李康等译,三联书店 1998 年版。

〔美〕戴维·波普诺:《社会学》,李强等译,中国人民大学出版社 1999 年版。

〔美〕杜赞奇:《从民族国家拯救历史:民族主义话语与中国现代史研究》,王宪明等译,社会科学文献出版社 2003 年版。

〔美〕约瑟夫·拉彼德、〔德〕弗里德里希·克拉拖赫维尔:《文化和认同:国际关系回归理论》,金烨译,浙江人民出版社 2003 年版。

〔法〕阿兰·图海纳:《我们能否共同生存?既彼此平等又互有差异》,狄玉明等译,商务印书馆 2003 年版。

〔法〕埃米尔·涂尔干:《社会分工论》,渠东译,生活·读书·新知三联书店 2000 年版。

〔日〕王珂著:《民族与国家:中国多民族统一国家思想的系谱》,冯谊光译,中国社会科学出版社 2001 年版。

〔加拿大〕威尔·金里卡:《多元文化公民权:一种有关少数族群权利的自由主义理论》,杨立峰译,上海译文出版社 2009 年版。

〔加拿大〕威尔·金里卡:《少数的权利:民族主义、多元文化主义和公民》,邓红风译,上海译文出版社 2005 年版。

〔加拿大〕卜正民、施恩德:《民族的构建》,陈城等译,吉林出版集体有限公司 2007 年版。

〔加拿大〕查尔斯·泰勒:《自我的根源:现代认同的形成》,韩震等译,译林出版社2001年版。

〔美〕加布里埃尔·A.阿尔蒙德、小G.宾厄姆·鲍威尔:《比较政治学:体系、过程和政策》,曹沛霖等译,东方出版社2007年版。

〔美〕约翰·奈斯比特:《大趋势》,梅艳译,中国社会科学出版社1984年版。

〔美〕乔恩·谢泼德、哈文·沃斯:《美国社会问题》,乔寿宁等译,山西人民出版社1987年版。

〔美〕罗伯特·杰克曼:《不需暴力的权力——民族国家的政治能力》,欧阳景根译,天津人民出版社2005年版。

〔英〕C.W.沃特森:《多元文化主义》,叶兴艺译,吉林人民出版社2005年版。

〔俄〕瓦列里·季什科夫:《苏联及其解体后的族性、民族主义及冲突:炽热的头脑》,姜德顺译,中央民族大学出版社2009年版。

〔英〕E.霍布斯鲍姆、T.兰格:《传统的发明》,顾杭等译,译林出版社2004年版。

〔英〕阿克顿:《自由与权力:阿克顿勋爵论说文集》,侯健等译,商务印书馆2001年版。

〔英〕詹姆斯·马亚尔:《世界政治》,胡雨谭译,江苏人民出版社2004年版。

〔英〕雷切尔·沃克:《震撼世界的六年——戈尔巴乔夫的改革怎样葬送了苏联》,张金鉴译,改革出版社1999年版。

〔德〕黑格尔:《法哲学原理》,范扬等译,商务印书馆1961年版。

〔德〕尤尔根·哈贝马斯:《包容他者》,曹卫东译,上海人民出版社2002年版。

〔德〕尤尔根·哈贝马斯:《后民族结构》,曹卫东译,上海人民出版社2002年版。

〔德〕尤尔根·哈贝马斯:《对话伦理学与真理的问题》,沈清楷译,中国人民大学出版社 2005 年版。

〔德〕尤尔根·哈贝马斯：《在事实与规范之间：关于法律和民主法治国的商谈理论》，童世骏译，生活·读书·新知三联书店 2003 年版。

〔德〕阿克塞尔·霍耐特：《为承认而斗争》，胡继华译，上海人民出版社 2005 年版。

〔瑞典〕格德门德尔·阿尔费雷德松、〔挪威〕阿斯布佐恩·艾德：《〈世界人权宣言〉：努力实现的共同标准》，中国人权研究会组织译，四川人民出版社 1999 年版。

〔德〕迪特·森格哈斯：《文明内部的冲突与世界秩序》，张文武等译，新华出版社 2004 年版。

（三）中文著作

郑永廷等：《社会主义意识形态发展研究》，人民出版社 2002 年版。

骆郁廷：《精神动力论》，武汉大学出版社 2003 年版。

沈壮海：《思想政治教育有效性研究》，武汉大学出版社 2008 年版。

沈壮海：《思想政治教育发展报告 2009》，高等教育出版社 2009 年版。

沈壮海：《思想政治教育发展报告 2010》，高等教育出版社 2010 年版。

沈壮海：《思想政治教育发展报告 2011》，高等教育出版社 2011 年版。

沈壮海：《软文化·真实力：为什么要提高国家文化软实力》，人民出版社 2008 年版。

梅荣政：《用马克思主义引领社会思潮》，武汉大学出版社 2008 年版。

徐柏才：《民族思想政治教育学导论》，民族出版社 2011 年版。

费孝通：《中华民族多元一体格局》，中央民族大学出版社 2003 年版。

费孝通：《费孝通论文化与文化自觉》，群言出版社 2005 年。

郝时远：《解读民族问题的理论思考》，社会科学文献出版社 2009 年版。

郝时远、阮西湖：《当代世界民族问题与民族政策》，四川民族出版社 1994 年版。

俞可平、李慎明、王伟光：《民族和民族问题理论》，中央编译出版社

2008 年版。

俞可平：《全球化与政治发展》，北社会科学文献出版社 2005 年版。

郑杭生：《中国人民大学中国社会发展研究报告 2009》，中国人民大学出版社 2009 年版。

马戎：《民族社会学——社会学的族群关系研究》，北京大学出版社 2004 年版。

马戎、周星：《中华民族凝聚力形成与发展》，北京大学出版社 1999 年版。

杨圣敏：《中国高校哲学社会科学发展报告（民族学）：1978~2008》，广西师范大学出版社 2008 年版。

揣振宇：《中国民族学 30 年：1978~2008》，中国社会科学出版社 2008 年版。

谢立中：《理解民族关系的新思路：少数族群问题的去政治化》，社会科学文献出版社 2010 年版。

徐杰舜：《从多元走向一体：中华民族论》，广西师范大学出版社 2008 年版。

吴晓萍、徐杰舜：《中华民族认同与认同中华民族》，黑龙江人民出版社 2009 年版。

金炳镐：《民族关系理论通论》，中央民族大学出版社 2007 年版。

王浦劬：《政治学基础》，北京大学出版社 2006 年版。

王建娥：《族际政治：20 世纪的理论与实践》，社会科学文献出版社 2011 年版。

张诗亚：《强化民族认同——数码时代的文化选择》，现代教育出版社 2005 年版。

黄铸：《构建中国民族理论的学术话语体系》，华文出版社 2008 年版。

贾英健：《全球化背景下的民族国家研究》，中国社会科学出版社 2005 年版。

张海洋：《中国的多元文化认同与中国人的认同》，民族出版社 2006

年版。

杨妍：《地域主义与国家认同：民国初期省籍意识的政治文化分析》，天津人民出版社2007年版。

宁骚：《民族与国家：民族关系与民族政策的国际比较》，北京大学出版社1995年版。

房宁、王炳权：《论民族主义思潮》，高等教育出版社2004年版。

陈建樾、周竞红：《族际政治在多民族国家的理论与实践》，社会科学文献出版社2010年版。

王建娥、陈建樾等：《族际政治与现代民族国家》，社会科学文献出版社2004年版。

李友梅、肖瑛、黄晓春：《社会认同：一种结构视野的分析：以美、德、日三国为例》，上海人民出版社2007年版。

周平：《民族政治学》，高等教育出版社2007年版。

关凯：《族群政治》，中央民族大学出版社2007年版。

纳日碧力戈：《现代背景下的族群建构》，云南教育出版社1999年版。

任军锋：《地域本位与国族认同：美国政治发展中的区域结构分析》，天津人民出版社2004年版。

王希恩：《全球化中的民族过程》，社会科学文献出版社2009年版。

复旦大学历史系：《近代中国的国家形象与国家认同》，上海古籍出版社2003年版。

阮西湖：《澳大利亚民族志》，民族出版社2004年版。

李红杰：《由自决到自治——当代多民族国家的民主政治经验教训》，中央民族大学出版社2009年版。

卢勋：《中华民族凝聚力的形成与发展》，社会科学文献出版社2007年版。

王剑峰：《多维视角的族群冲突》，民族出版社2005年版。

余建华：《民族主义：历史遗产与时代风云的交汇》，学林出版社1999年版。

余潇枫等：《非传统安全概论》，浙江人民出版社2006年版。

李世涛：《知识分子立场：民族主义与转型期中国的命运》，时代文艺出版社2000年版。

徐迅：《民族主义》，中国社会科学出版社1998年版。

邓蜀生：《美国与移民——历史·现实·未来》，重庆出版社1990年。

万明钢：《多元文化视野价值观与民族认同研究》，民族出版社2006年版。

刘志刚、刘学健：《当代热点问题透视》，武汉大学出版社2011年版。

孔庆榕、张磊：《中华民族凝聚力学》，中国社会科学出版社2008年版。

李方仲：《苏联解体的悲剧会不会重演——普京政权面临的问题》，新华出版社2000年版。

袁峰：《政府解体原因论》，学林出版社2003年版。

王铁志、沙伯力：《国际视野中的民族区域自治》，民族出版社2002年版。

王绍光：《分权的底线》，中国计划出版社1997年版。

孙正甲：《生态政治学》，黑龙江人民出版社2005年版。

汪晖、陈燕谷：《文化与公共性》，生活·读书·新知三联书店1998年版。

江宜桦：《自由主义、民族主义与国家认同》，台湾扬智文化事业股份有限公司1998年版。

江宜桦、李强：《华人世界的现代国家结构》，台湾商周出版社2003年版。

王明珂：《华夏边缘：历史记忆与族群认同》，社会科学文献出版社2006年版。

王家英：《香港人的公民意识与民族认同：回归一年的发展》，香港海峡两岸关系研究中心1999年版。

(四）期刊论文

郑永廷：《论对外开放和多元文化激荡条件下的民族文化主导——兼谈高校德育的民族文化教育与主导》，载《北京大学学报》2009 年第 1 期。

郑永廷：《论先进文化与民族精神的培育》，载《思想理论教育》2008 年第 9 期。

吴潜涛、冯秀军：《弘扬和培育中华民族精神的基本途径》，载《北京大学学报》2006 年第 5 期。

吴潜涛：《坚持德法并举 实现中华民族复兴》，载《人民论坛》第 2002 年 5 期。

骆郁廷：《抗击 SARS 振奋和弘扬了中华民族精神》，载《武汉大学学报》2003 年第 4 期。

骆郁廷：《从举国抗震救灾看民族精神的弘扬》，载《中国高等教育》2008 年第 12 期。

沈壮海：《宏观思想政治教育学初论》，载《思想理论教育导刊》2011 年第 12 期。

沈壮海：《多质的大众与共享的价值——关于当代中国马克思主义大众化的思考》，载《思想政治教育研究》2009 年第 5 期。

沈壮海：《社会主义和谐文化建设的若干思考》，载《马克思主义研究》2007 年第 8 期。

沈壮海：《论思想政治教育理论研究的新范式与新形态》，载《思想理论教育导刊》2007 年第 2 期。

沈壮海：《改革开放以来思想政治教育研究的学术版图》，载《思想理论教育导刊》2008 年第 11 期。

沈壮海：《弘扬和培育民族精神的理论基石》，载《学校党建与思想教育》2003 年第 3 期。

佘双好：《文化发展与国民心态的塑造》，载《思想理论教育》2012 年第 3 期。

佘双好、田贵华:《传承传统节日文化 弘扬中华民族精神》,载《政工研究动态》2008 年第 7 期。

熊建生:《论公民道德建设的法律支持》,载《武汉大学学报》2003 年第 4 期。

倪愫襄:《论构建和谐社会中的传统文化资源》,载《湖北社会科学》2009 年第 4 期。

费孝通:《中华民族的多元一体格局》,载《北京大学学报》1989 年第 4 期。

费孝通:《简述我的民族研究经历和思考》,载《北京大学学报》1997 年第 2 期。

郝时远:《构建社会主义和谐社会与民族关系》,载《民族研究》2005 年第 3 期。

郝时远:《民族认同危机还是民族主义宣示?——亨廷顿〈我们是谁〉一书中的族际政治理论困境》,载《世界民族》2005 年第 3 期。

王希恩:《也谈在我国民族问题上的"反思"和"实事求是"——与马戎教授的几点商榷》,载《西南民族大学学报》2009 年第 1 期。

王希恩:《民族认同发生论》,载《内蒙古社会科学》1995 年第 5 期。

王希恩:《民族认同与民族意识》,载《民族研究》1995 年第 6 期。

王建民:《民族认同浅议》,载《中央民族学院学报》1991 年第 2 期。

马戎:《理解民族关系的新思路——少数族群问题的"去政治化"》,载《北京大学学报》2004 年第 6 期。

马戎:《关于当前中国城市民族关系的几点思考》,载《西北民族研究》2009 年第 1 期。

马戎:《美国的种族与少数民族问题》,载《北京大学学报》1997 年第 1 期。

杨圣敏:《社会稳定和谐的基础是什么——一个少数民族社区的案例》,载《北京大学学报》2008 年第 5 期。

高永久、朱军:《论多民族国家中的民族认同与国家认同》,载《民族研究》2010 年第 2 期。

高永久:《论民族心理认同对社会稳定的作用》,载《中南民族大学学报》2005年第5期。

俞可平:《论全球化与国家主权》,载《马克思主义与现实》2004年第1期。

贺金瑞、燕继荣:《论从民族认同到国家认同》,载《中央民族大学学报》2008年第3期。

钱雪梅:《从认同的基本特性看族群认同与国家认同的关系》,载《民族研究》2006年第6期。

韩震:《论国家认同、民族认同及文化认同——一种基于历史哲学的分析与思考》,载《北京师范大学学报》2010年第1期。

韩震:《全球化时代的公民教育与国家认同及文化认同》,载《社会科学战线》2010年第5期。

许纪霖:《共和爱国主义与文化民族主义——现代中国两种民族国家认同观》,载《华东师范大学学报》2006年第4期。

许纪霖:《现代中国的民族国家认同》,载《世界经济与政治论坛》2005年第6期。

周平:《论中国的国家认同建设》,载《学术探索》2009年第6期。

周平:《中国族际政治整合模式研究》,载《政治学研究》2005年第2期。

郭艳:《全球化时代的后发展国家:国家认同遭遇"去中心化"》,载《世界经济与政治》2004年第9期。

郭艳:《意识形态、国家认同与苏联解体》,载《西伯利亚研究》2008年第4期。

郭艳:《印度尼西亚国家认同的危机与重构》,载《东南亚纵横》2004年第8期。

沈桂萍:《民族问题的核心是国家认同问题》,载《中央社会主义学院学报》2010年第2期。

张友国:《族群认同与国家认同:和谐何以可能》,载《首都师范大学学报》2008年第5期。

张友国:《亚文化、民族认同与民族分离主义》,载《西南大学学报》

2007 年第 4 期。

罗惠翾：《族群认同与国家认同：和谐何以可能》，载《理论视野》2009 年第 8 期。

都永浩：《民族认同与公民、国家认同》，载《黑龙江民族丛刊》2009 年第 6 期。

都永浩：《论民族的观念性》，载《黑龙江民族丛刊》2010 年第 2 期。

戴晓东：《浅析族裔民族主义与公民民族主义》，载《现代国际关系》2002 年第 12 期。

戴晓东：《当代民族认同危机之反思——以加拿大为例》，载《世界经济与政治》2005 年第 5 期。

戴晓东：《全球化视野下的民族认同》，载《欧洲研究》2006 年第 3 期。

肖滨：《两种公民身份与国家认同的双元结构》，载《武汉大学学报》2010 年第 1 期。

彭兆荣：《在国家与民族认同之间》，载《北方民族大学学报》2010 年第 4 期。

彭兆荣：《民族认同的语境变迁与多极化发展》，载《广西民族学院学报》1997 年第 1 期。

叶江：《当代西方的两种民族理论》，载《中国社会科学》2002 年第 1 期。

向大有：《"大框架下多模式"的走向——兼论海外华人的国家认同与民族同化》，载《八桂侨史》1992 年第 2 期。

张立军：《文化核心与民族认同的思辩———兼议亨廷顿的"文明冲突论"》，载《内蒙古民族大学学报》2010 年第 6 期。

彭庆军：《国家认同视角下民族地区乡镇政府公共服务职能探析》，载《上海行政学院学报》2010 年第 4 期。

佐斌、秦向荣：《中华民族认同的心理成分和形成机制》，载《上海师范大学学报》2011 年第 4 期。

姜勇：《论庸俗民族认同观》，载《新疆大学学报》2002 年第 2 期。

王建娥：《民族分离主义的解读与治理——多民族国家化解民族矛盾、

解决分离困窘的一个思路》，载《民族研究》2010 年第 2 期。

张永红、刘德一：《试论族群认同和国族认同》，载《中南民族大学学报》2005 年第 2 期。

滕星、张俊豪：《试论民族学校的民族认同与国家认同》，载《中南民族学院学报》1997 年第 4 期。

马惠兰、陈茂荣：《论民族认同与国家认同一体化路径选择》，载《中南民族大学学报》2011 年第 4 期。

陈茂荣：《论"民族认同"与"国家认同"》，载《学术界》2011 年第 4 期。

李学保：《民族认同、族裔民族主义与后冷战时代的世界冲突》，载《青海民族研究》2010 年第 4 期。

祁进玉：《公民身份与国家认同：我国少数民族地区的公民教育实践》，载《黑龙江民族丛刊》2009 年第 1 期。

祁进玉：《族群认同与族群性研究——兼论对中国民族问题研究的意义》，载《青海民族研究》2010 年第 1 期。

吴开松、解志苹：《论我国少数民族地区国族认同的构建》，载《中南民族大学学报》2008 年第 3 期。

解志苹、吴开松：《全球化背景下国家认同的重塑——基于地域认同、民族认同、国家认同的良性互动》，载《青海民族研究》2009 年第 4 期。

解志苹、吴开松、马娜：《改革开放以来少数民族认同意识的变迁》，载《中国民族》2009 年第 2 期。

热米娜·肖凯提：《南疆族群认同根源另类探析》，载《西南民族大学学报》2010 年第 1 期。

查火云、郑航：《当代中国爱国主义教育的话语分析：国家认同的视角》，载《教育学报》第 6 期。

庞金友：《族群身份与国家认同：多元文化主义与自由主义的当代论争》，载《浙江社会科学》2007 年第 4 期。

金志远：《论国家认同与民族（族群）认同的共生性》，载《前沿》2010 年第 19 期。

徐黎丽:《论多民族国家中民族认同与国家认同的冲突——以中国为例》,载《西北师大学报》2011年第1期。

郭艳、徐博东:《回归前后香港同胞"国家认同"的变迁及其对解决台湾问题的启示》,载《北京联合大学学报》2008年第19期。

李崇林:《边疆治理视野中的民族认同与国家认同研究探析》,载《新疆社会科学》2010年第4期。

唐书明:《认同理论演变中的民族认同》,载《思想战线》2008年第2期。

王仲孚:《历史认同与民族认同》,载《中国文化研究》1999第3期。

王亚鹏:《少数民族认同研究的现状》,载《心理科学进展》2002第1期。

王亚鹏、万明钢:《民族认同研究及其对我国民族教育的启示》,载《比较教育研究》2004年第8期。

王鉴、万明钢:《多元文化与民族认同》,载《广西民族研究》2004年第2期。

万明钢、王舟:《族群认同、族群认同的发展及测定与研究方法》,载《世界民族》2007年第3期。

张海超:《微观层面上的族群认同及其现代化发展》,载《云南社会科学》2004第3期。

罗平、张雁军:《民族认同的心理学研究述评与展望》,载《上海师范大学学报》2011年第1期。

张健一:《现代国家认同与国家权力合法性分析——兼与徐勇教授商榷》,载《东南学术》2008年第2期。

张健一:《现代国家认同与国家权力合法性》,载《东南学术》2008年第2期。

陈晓婧:《从需求的角度看我国的民族认同》,载《新疆大学学报》2006年第1期。

陈晓婧:《社会主义多民族国家制度性国家认同的实现机制》,载《西北师大学报》2011年第1期。

王付欣、易连云:《论民族认同的概念及其层次》,载《青海民族研究》

2011年第1期。

王付欣：《从"民族""认同"的概念探讨"民族认同"的内涵》，载《科技咨询（科技·管理）》2010年第11期。

周建新、罗柳宁：《试论多样性文化互动下的民族认同》，载《广西民族学院学报》2004年第1期。

马克林、邓美：《西部少数民族政治认同心理探析》，载《北方民族大学学报》2009年第6期。

余建华：《民族认同与南斯拉夫民族危机》，载《世界历史》2006年第5期。

覃乃昌：《从族群认同走向民族认同——20世纪中后期广西的民族识别研究之三》，载《广西民族研究》2009年第3期。

孔庆榕：《改革开放与民族认同》，载《广东省社会主义学院学报》2008年第4期。

覃彩銮：《壮族的国家认同与边疆稳定——广西民族"四个模范"研究之二》，载《广西民族研究》2010年第4期。

张庆林、史慧颖、范丰慧、张劲梅：《西南地区少数民族大学生民族认同内隐维度的调查》，载《西南大学学报》2007年第1期。

王立新：《美国国家认同的形成及其对美国外交的影响》，载《历史研究》2003年第4期。

苏昊：《民族认同和国家认同研究综述》，载《民族论坛》2010年第8期。

石茂生、程雪阳：《论当代中国国家认同和国家统一的基础——基于民族主义与宪法爱国主义的考量》，载《郑州大学学报》2009年第3期。

唐胡浩：《民族认同研究回顾》，载《新疆大学学报》2006年第5期。

唐胡浩：《当代土家族民族认同的维系因素剖析——以来凤县土家族为例》，载《中南民族大学学报》2008年第3期。

艾菊红：《族群认同与构建的动态过程——历史与现今的陇南宕昌藏族》，载《民族研究》2009年第6期。

余海波:《纳西族中学生的民族认同意识》,载《中央民族大学学报》2008年第4期。

张宝成:《民族认同与国家认同之比较》,载《贵州民族研究》2010年第3期。

张宝成:《民族认同研究述评》,载《前沿》2010年第11期。

李瑞君:《改革开放以来"国家认同"研究概述》,载《中共杭州市委党校学报》2010年第6期。

张文喜:《马克思的自我认同观与现时代》,载《浙江社会科学》2000年第5期。

佐斌:《论儿童国家认同感的形成》,载《教育研究与实验》2000年第2期。

奂平清:《全球化背景下的当代中国民族认同》,载《北京工业大学学报》2010年第1期。

苏晓龙:《浅论中文语境中的国家认同》,载《科学社会主义》2008年第6期。

吴玉军:《国家认同视阈中的社会主义核心价值体系》,载《中国特色社会主义研究》2011年第4期。

郭忠华:《动态匹配·多元认同·双向建构——再论公民身份与国家认同的关系》,载《中山大学学报》2011年第2期。

吴玉军:《"他者"之镜中的"自我"——全球化语境下的中国近代民族认同》,载《山东社会科学》2006年第5期。

张诗亚:《华夏民族认同的教育思考》,载《北京大学教育评论》2003年第2期。

刘燕:《国家认同建构的现实途径:大众媒介与"想象社群"的形成》,载《浙江学刊》2009年第6期。

黄其松:《制度建构与民族认同:现代国家建构的双重任务》,载《云南行政学院学报》2010年第6期。

黄岩:《试论全球化与国家认同》,载《前沿》2007年第11期。

吴玉敏:《公民道德建设中的民族认同与国家认同相统一探析》,载《青海师范大学学报》2010年第3期。

宋伟:《国家认同与共有观念——对社会建构主义核心概念的反思》,载《国际政治科学》2008年第4期。

马忠才:《族群认同的力量———读沃特斯〈族群选择〉》,载《西南民族大学学报》2009年第7期。

陆海发、袁娥:《边疆少数民族国家认同建设的意义、挑战与对策》,载《青海民族研究》2010年第4期。

于鹏杰:《族群认同的现代含义:以湖南城步苗族为例》,载《广西民族学院学报》2004年第6期。

明跃玲:《也论族群认同的现代含义:瓦乡人的民族识别与族群认同的变迁兼与罗树杰同志商榷》,载《中南民族大学学报》2006年第6期。

明跃玲:《民族识别与族群认同——以湘西红土溪村的民族识别过程为个案》,载《云南社会科学》2008年第2期。

程守艳:《制度安排与族群认同——民族区域自治视阈下族群认同的"工具性"因素分析》,载《广西民族研究》2010年第2期。

刘翠玉:《现代性视野中的民族认同》,载《重庆交通大学学报》2009年第5期。

谢俊春:《中华民族认同:西部民族地区社会稳定的重要心理基础》,载《牡丹江大学学报》2009年第7期。

崔贵强:《新马华人国家认同的若干观察(1945~1959年)》,载《兵团党校学报》2009年第3期。

龙运荣:《全球网络时代的大众传媒与民族认同》,载《广西民族研究》2011年第1期。

刘大先:《新疆:文化差异与国家认同》,载《粤海风》2008年第5期。

沈卫荣:《汉藏交融与民族认同》,载《读书》2010年第1期。

张树华:《英国前首相撒切尔夫人谈瓦解苏联》,载《红旗文稿》2010年第11期。

莫红梅:《多民族国家视域下的公民身份与国家认同》,载《教学与研究》2010年第9期。

杨海萍:《新疆大学生国家认同教育的现状调查与路径选择》,载《新疆师范大学学报》2010年第4期。

金玉萍:《媒介中的国家认同建构——以春节联欢晚会为例》,载《理论界》2010年第1期。

韦诗业:《民族认同与国家认同:宏观思想政治教育学的重要论域》,载《湖北社会科学》2013年第9期。

韦诗业、韦冬雪:《西部民族地区的国家认同建构应坚持"五个结合"》,载《学校党建与思想教育》2014年第7期。

韦诗业:《论民族认同与国家认同的和谐关系建构取向》,载《理论导刊》2016年第11期。

〔美〕M.G.史密斯:《美国的民族集团和民族性——哈佛的观点》,何宁译,《民族译丛》1983年第6期。

〔法〕让·卢·昂塞勒:《全球化与人类学的未来》,张海洋译,《世界民族》2004年第2期。

（五）报纸文章

费孝通:《多元一体 和而不同》,载《人民日报（海外版）》2000年7月27日。

朱维群:《对当前民族领域问题的几点思考》,载《学习时报》2012年2月13日。

郝时远:《民族国家建构中的民族问题》,载《中国民族报》2007年1月19日。

马戎:《现代化不是汉化,更不是民族同化》,载《中国民族报》2009年12月11日。

马戎:《实事求是、与时俱进,推动西藏社会发展研究》,载《中国民族报》2010年1月15日。

马戎:《中华民族的共同文化与黄帝崇拜》,载《中国民族报》2009年4

月3日。

马戎:《个人一小步,能否带动民族一大步?》,载《中国民族报》2008年7月11日。

马戎:《"民族化"政策的影响及其后果——读萨尼〈历史的报复:民族主义、革命和苏联的崩溃〉》,载《中国民族报》2010年10月22日。

马戎:《联邦体制对苏联解体的影响》,载《中国民族报》2007年11月2日。

马戎、赵志研:《多元一体理论:拓展中华民族研究新视野》,载《中国民族报》2008年8月9日。

张践:《国家认同下的民族认同与宗教认同》,载《中国民族报》2010年2月23日。

于福坚:《失去了自己的文化却获得一个民族——法兰西民族的形成及法国国家认同危机的根源》,载《中国民族报》2009年12月11日。

刘力达:《法国:国家认同大讨论解决了什么问题》,载《中国民族报》2010年8月6日。

于福坚:《一杯鸡尾酒:美国民族与国家认同的构建》,载《中国民族报》2009年11月6日。

朱军:《多民族国家的民族认同与民族整合》,载《中国社会科学报》2010年4月1日。

左高山:《社会主义核心价值观是国家认同的基础》,载《中国社会科学报》2010年7月1日。

王立新:《美国的国家认同及面临的挑战》,载《中国社会科学报》2010年8月24日。

吴晓林:《加强国家认同在民族政治整合中的作用》,载《中国社会科学报》2010年1月21日。

王希恩:《说民族认同》,载《学习时报》2002年12月9日。

吴玉敏:《实现民族认同与国家认同相统一》,载《人民日报》2009年12月17日。

李义天：《构建认同意识下的多民族国家》，载《社会科学报》2009年5月28日。

傅华：《全球认同与民族国家文化认同》，载《光明日报》2006年4月18日。

陈福民：《文化认同与国家认同》，载《文艺报》2008年5月13日。

温宪：《从偏见到卑劣》，载《人民日报》2008年4月2日。

邹声文、顾瑞珍：《中共中央国务院召开新疆工作座谈会》，载《光明日报》2010年5月21日。

（六）外文资料

Will Kymlieka,*Multicultural Citizenship : A Liberal Theory of Minority Rights*,Oxford：Oxford UniversityPress,1995.

Friedman J,*Culture Identity and global process*,London,Sage publication,1994.

Frederick L.Shiels,*Ethnic Separatism and World Politics*,Lanham,MD：University Press of America,1984.

David D.laidin,*Nations,States and Violence*,New York：Oxford University Press,2007.

Michel Wintle,ed.,*Culture and Identity in Europe*,Illinois Hunt,1995.

Ross Poole,*Nation and Identity*,Hampshire Ashgate Publishing Limted,2002.

John Rex and David Mason eds.*Theories of Race and Ethinic Relations*,New York：Cambridge University Press,1986.

David A. Whetten,Paul C.Godfrey ed.,*Identity in Organizations,Building Theory through Conversations*,London：Sage Publications,1998.

Monteserrat Guibernau.*National Identity and Modernity.*Ashgate Publishing Limited,2001.

Philip.G.Roeder,*Where Nation State Come From：Institutional Change in the Age of Nationalism*,Princeton University Press,2007.

Henry E.Hale,*The Foundations of Ethnic Politics,Separatism of States and*

Nations in Eurasia and the World,Cambridge University Press,2008.

Phinney,J.S., "Ethnic identity in adolescents and adults : Review of Research". *Psychology Bulletin*,1990,108(3).

Phinney J S,Ong A D. "Conceptualization and measurement of ethnic identity : Current status and future directions". *Journal of Counseling Psychology*,2007,54.

Carla J,R eginald J. "Racial identity,African self-consciousness,and career decision making in African American college women". *Journal of Multicultural Counseling and Development*,1998,26(1).

Helms J E. "Some better practices for measuring racial and ethnic identity constructs". *Journal of Counseling Psychology*,2007,54

Kwan K K,Sodowsky G R, "Internal and external ethnic identity and their correlates : A study of Chinese American immigrants". *Journal of Multicultural Counseling and Development*,1997,25.

Bennett M,Lyons E,Sani F,Barrett M. "Children's subjective identification with the group and ingroup favoritism", *Developmental Psychology*,1998,34.

Trimble J E. "Prolegomena for the Connotation of Construct Use in the Measurement of Ethnic and Racial Identity". *Journal of Counseling Psychology*,2007,54

Costigan C,Su T F,Hua J M. "Ethnic Identity Among Chinese Canadian Youth : A Review of the Canadian Literature". *Canadian Psychology*,2009,50.

后 记

本书是在我的博士学位论文基础上修改而成，前后历时四年多时间。其实，这本书应该更早些与读者见面。毕竟，如今是一个讲求效率的年代，各领域学术研究突飞猛进，早出成果就意味着早成正果。但遗憾的是，我并非想快就能快得起来的人。既因天资愚钝、生性懒散，也因受到各类琐事牵累，更重要的是，民族认同与国家认同属于跨学科、难度大、较为复杂的研究论题。虽然我的博士学位论文于 2012 年 6 月顺利答辩通过，但此后的修改完善却显得举步维艰。美国人类学家克利福德·吉尔兹在其著作《文化的解释》中，曾给出一个朴素而冷静的劝言："努力在可以应用、可以拓展的地方，应用它、拓展它；在不能应用、不能拓展的地方，就停下来。"我是赞成这种态度的，既然举步维艰，就不妨暂且放缓步伐，况且"停下来"亦为著书立说之常事。于是，在时断时续的修改过程中，四年光阴弹指一挥间。目前虽经最后一次修改，仍觉得有不少疏漏和粗浅之处，但是受到功力和精力约束，也只好狠心交稿付印，算是了却一桩心事吧。

将民族认同与国家认同作为论文选题，这对思想政治教育专业的博士生是一个不小的挑战，需要一定的学术勇气。在论文开题及写作过程中，有师友曾对此表示过担忧，我也曾数度彷徨动摇，但最终还是坚持下来了。坚持的信心与勇气从何而来呢？一是问题意识，二是导师的鼓励。我坚信问题是时代的口号、实践的起点，也是有价值研究课题的真正源泉。初步确定这一研究论题是在 2009 年 8 月，当时武汉大学沈壮海教授应邀到广西北海开会，我碰巧在场做会务工作。师生惊喜相逢，席间谈及两件震惊中外的事件——

后 记

2008年西藏拉萨"3·14"抢砸烧事件和2009年新疆乌鲁木齐"7·5"暴恐事件。两个事件皆为境内外敌对势力精心策划，属于违法犯罪事件。事件背后的民族认同与国家认同张力问题，十分值得深入研究。在沈壮海老师的支持和鼓励下，我决定以此为博士论文选题方向。

唐朝诗人杜甫在《偶题》中言："文章千古事，得失寸心知。"学术研究终归是艰辛与痛苦的，就如古人所说的学海无涯苦作舟。事实上，我的博士论文研究工作也是一路艰辛。在经历诸多迷茫、苦闷和曲折，度过了许多难眠之夜，增添了些许华发之后，论文方才完稿。这一心路历程，并非只言片语可以表达，如果定要一吐为快，唯有斗胆借用古人的词句来描绘：一是"昨夜西风凋碧树，独上高楼，望尽天涯路"（宋代词人晏殊《蝶恋花》）；二是"衣带渐宽终不悔，为伊消得人憔悴"（宋代词人柳永《凤栖梧》）；三是"众里寻他千百度，蓦然回首，那人却在灯火阑珊处"（宋代词人辛弃疾《青玉案·元夕》）。

论文选题及研究工作获得导师的认可，这是我攻坚克难的不竭动力。能有机会进入百年名校武汉大学读博深造，并得到名师悉心教导，可谓三生有幸！首先要感谢我的导师沈壮海教授！三年的求学经历，我深刻感到，沈老师知识渊博，视野宏阔，治学严谨，为人光明磊落、胸怀宽广，是可遇不可求的良师益友！至今难以忘怀，在素昧平生的情况下，沈老师百忙之中在办公室亲切接见默默无闻的我；难以忘怀，在沈老师的严格要求下，曾经在樱园宿舍与同窗好友青灯苦读的充实日子；难以忘怀，在宽敞怡人、凉风习习的武大草坪上，与沈老师一边散步，一边谈论学术与人生的感人情景；难以忘怀，沈老师时常将其最新作品转我拜读学习，经常耐心修改我的幼稚文章，指导我拓展思路，努力突破头脑中的"思维之结"；难以忘怀，无论事务多么繁忙，沈老师都会抽出时间，关心我的学习生活，提出中肯的批评建议，并给予尽可能的帮助；更难以忘怀的是，我的博士毕业论文从选题、拟定提纲、修改完善到最后定稿，都凝聚了沈老师大量的心血与精力！借此机会，我向恩师表达深深的谢意！

感谢武汉大学马克思主义学院思想政治教育专业导师组的骆郁廷教授、

余双好教授、余仰涛教授、冯刚教授、熊建生教授、倪素香教授、李斌雄教授、项久雨教授等，感谢他们在博士课程教学中的谆谆教导，感谢他们在平日生活中的诲人不倦，感谢他们在开题报告和预答辩中提供的宝贵修改意见建议。在读博期间，我还多次聆听武汉大学梅荣政教授、石云霞教授、丁俊萍教授、左亚文教授、袁银传教授、孙来斌教授、夏建国教授等开设的课程，以及校外专家郑永廷教授、吴潜涛教授等的精彩学术讲座。他们博学睿智的学者风范，执着创新的学术精神，以及对现实问题的深刻把脉，对前沿问题的精辟阐释，令我获益良多！

感谢我的亲人。特别是感谢我的父母，没有他们长期在农村的辛勤劳作，就不会有我今天的读书生涯。感谢我的妻子覃欢女士，在我脱产读博期间，她不仅自己勤奋读研深造，还独立承担起照顾家庭的主要责任，让我免去后顾之忧。她的理解、支持和鼓励，助我克服困难，顺利完成博士毕业论文。感谢我的儿子，在我博士论文接近完成之时呱呱坠地，给我增添了新的动力。

最后，我要感谢广西高校重点学科桂林电子科技大学思想政治教育学科、广西马克思主义理论研究和建设工程桂林电子科技大学研究基地提供的经费资助，感谢北京人文在线文化艺术有限公司、中央编译出版社，使得拙著顺利面世！

在民族认同与国家认同问题研究领域，学界高手如云。本人才疏学浅，虽殚精竭虑耕耘其中，却仅仅是抛砖引玉。于我而言，对此问题的研究仅仅属于初始阶段，更加艰难和充满挑战的研究工作，有待今后继续努力。因学识有限、学养不深，文中难免会存在一些问题和缺陷，恳请亲爱的读者批评与赐教！

韦诗业

2016年12月于桂林